French Revision for Leaving Certificate

(Higher Level)

Peter McDonagh

GILL & MACMILLAN

Gill & Macmillan Ltd
Goldenbridge
Dublin 8
with associated companies throughout the world
www.gillmacmillan.ie
© Peter McDonagh 1998
0 7171 2659 5
Print origination in Ireland by
Carrigboy Typesetting Services, County Cork

The paper used in this book is made from the wood pulp of managed forests. For every tree felled, at least one tree is planted, thereby renewing natural resources.

All rights reserved.
No part of this publication may be reproduced, copied or transmitted in any form or by any means without written permission of the publishers or else under the terms of any licence permitting limited copying issued by the Irish Copyright Licensing Agency, The Writers' Centre, Parnell Square, Dublin 1.

For permission to reproduce photos grateful acknowledgments are made to the following:

Camera Press; Sygma; French Picture Library; Rex Features; Rapho; Gamma; Clive Barda/Performing Arts Library; Popperfoto.

Contents

1 – The Oral Examination	**1**
Format	1
Sample Conversation	2
Tips	6
Typical Subjects	20
Other Options	36
2 – Grammar Revision	**38**
Terminology	38
La Grammaire	42
3 – Reading Comprehension: Compréhension Écrite	**89**
4 – Written Assignments: Production Écrite	**147**
Format	147
Tips	148
Samples: Opinion Writing	153
Le Mot/Fax/E-mail	164
Letter Writing	176
Diary Entry	187
Reaction Question	191
5 – The Listening Comprehension Test (Aural Examination)	**201**
6 – Examination Papers	**209**

> NOTE
> The Department of Education has announced that there will be **no role-play** in the Leaving Certificate French Oral Examination for 1999 and future years. References to role play in previous printings of this book have therefore been deleted.

Section 1 – The Oral Examination

FORMAT

(a) The oral lasts 15 minutes.

(b) Marks: 25% for Honours Level
    20% for Ordinary Level

(c) All candidates are marked out of 100. An adjustment will be made for Ordinary Level pupils (/80) by the computer in Examinations Branch, Athlone.

(d) All students must take the general conversation part of the exam. This takes the form of straightforward questions put to the student in a fairly direct way. It is intended to put the pupil at his/her ease and to develop an informal conversation between the examiner and pupil. The discussion will be about the student's general interests and life, for example, area of residence, school, hobbies, sports, career plans and so on. The oral is not an interrogation; rather it ought to be seen as a friendly chat. Note that the dialogue is usually conducted in the polite form – "vous".

(e) Students may also choose two options from the following:
   (i) discussion of a chosen article (referred to as 'document')
   (ii) picture stimulus
   (iii) project
   (iv) discussion of a piece of literature (referred to as 'document').

Note: No student is obliged to take any of the options – in which case the exam will consist simply of a 13 minute conversation. The remaining 2 minutes will include the time for the examiner to calculate the marks and to do the paper work.

(f) chosen article/picture stimulus/literary work
    Students choose this themselves. The article should not be from a textbook, and relate to France in some way. They may provide a second copy for themselves, but this is not essential.

Candidates who avail of this option will be required to bring the material into the examination room. Texts in languages other than French will not be acceptable.

Candidates will be expected to answer questions on whatever type of material they have chosen to work on.

(h) Marks: (Total = 100 marks out of 400)

(a) <u>Oral test</u>:

    Pronunciation, intonation and rhythm . . . . 20 marks
    Vocabulary . . . . 20 marks
    Structures . . . . 30 marks
    Communication . . . . 30 marks

Note: other optional elements will be marked as part of this general conversation.

IMPORTANT: LESS TOLERANCE WILL BE SHOWN TO ANSWERS WHICH HAVE BEEN LEARNED OFF BY HEART. CANDIDATES MUST BE MORE SPONTANEOUS.

SAMPLE CONVERSATION:

– Comment vous appelez-vous ?
– Je m'appelle Janice, mais mes amis m'appellent Jan.

– Quel âge avez-vous ?
– Je viens { de fêter mon dix-huitième anniversaire.
              d'avoir . . . .
– Je suis né(e) le neuf avril mil neuf cent quatre-vingts.

– Qu'est-ce que vous avez fait pour fêter votre anniversaire ?
– J'ai eu une boum chez moi. Il y avait vingt invités. J'ai reçu pas mal de cadeaux de mes amis. On s'est bien amusé. Malheureusement, on a laissé tomber du café sur la moquette.

(One vital point to be noted so early is the need for students to develop a simple area like one's age. Don't just say that you are 18 and leave it at that. Instead, say a few sentences about it, for example, your birthday, presents, party and so on. This goes for almost all questions. Even your name can give a little mileage: 'my name is William but my friends call me Bill', instead of just saying 'William'.

Remember: the ability to vary your vocabulary and to develop a subject will earn you a considerable increase in marks!)

– Qu'est-ce que vos parents vous ont donné ?
– Ils m'ont acheté un appareil-photo japonais. C'est formidable.
– Vous vous intéressez à la photograhie ?
– Oui, depuis longtemps. Je suis un passioné de photographie.

(Note that at this early stage of the oral that the student can and should dominate the conversation by directing the examiner into areas of the student's own interest.

For example, answering the question about birthday presents allows the student to talk about a hobby, that is, photography).

– Combien êtes-vous dans votre famille ?
– Nous sommes sept : mes parents, mes deux frères qui sont plus âgés que moi, mes deux sœurs et moi. Je suis la cadette de la famille.

– La cadette ? Alors, êtes-vous gâtée ?
– Non, je ne suis pas gâtée. Mes parents nous traitent de manière égale. Je ne suis pas plus avantagée que mes autres frères et sœurs.

– Est-ce qu'il y a des inconvénients à être la plus jeune ?
– Oui. Mes parents s'attendent à ce que je me comporte comme un adulte, à avoir de bonnes notes en classe comme mes frères et mes sœurs. Qui plus est, je ne peux pas regarder mes émissions préférées à la télé.

– Que font vos parents dans la vie ?
– Mon père travaille comme comptable chez IBM. *(When you are saying that a parent 'works' for a company, 'for' is best done by "chez")*. Ma mère est infirmière. Elle travaille à temps partiel trois nuits sur sept dans un hôpital.

NOTE: THE ABSENCE OF THE INDEFINITE ARTICLE "UN/UNE" WHEN SAYING WHAT SOMEONE DOES FOR A LIVING. OTHER EXAMPLES ARE:

Mon frère est médecin
Madame Vaurigard est vétérinaire
Il veut être dessinateur
Caroline espère devenir agent de police.

– Est-ce que vous aidez vos parents chez vous ?
– Oui, certes. Je dois ranger ma chambre et faire la vaisselle. De temps en temps je passe l'aspirateur dans le salon. La plupart du temps je fais les courses.

– L'école, ça te plaît ?
– Oui, ça me plaît parfois. Cependant, on a trop de devoirs à faire. Tout compte fait, c'est normal en Terminale.

– Qu'est-ce que vous aimez le plus à l'école ?
– Ce que j'aime le plus c'est mes copines. Sans elles, ça serait très ennuyeux pour moi.

– Et les profs ?
– On s'entend bien. Les profs sont assez sympas et nous aident beaucoup. Il y en a une avec laquelle je me dispute. Nous sommes tous différents, n'est-ce pas ?

- Vous faites du sport ?
- Oui, je suis très sportive. Je joue au hockey ; je suis membre de l'équipe de l'école. Je m'entraîne avec l'équipe deux fois par semaine. J'ai marqué deux buts la semaine dernière.

- Félicitations. Vous vous intéressez à d'autres sports ?
- Bien sûr ! Je suis passionnée de cyclisme. Le dimanche matin, je roule vingt kilomètres. En été, je joue au tennis et je participe aux tournois. Je n'ai pourtant jamais rien gagné.

- À part le sport, comment est-ce que vous passez votre temps libre ?
- D'habitude je vais voir un film au cinéma le samedi soir. Je m'intéresse à la lecture. J'aime lire les romans de Grisham. J'adore son genre de livres. Je n'ai cependant pas le temps de lire beaucoup à cause de mes études. Comme vous savez, je passe le bac en juin.

- Le cinéma, ça vous intéresse ?
- Mais oui, ça m'intéresse beaucoup. Je vais voir un film de temps en temps avec mon petit ami. Ce qui me plaît le plus, ce sont les films d'horreur.

- Quel était le dernier film que vous avez vu ?
- J'ai regardé *"Interview with a vampire"* sur cassette. C'était assez bon.

- Recevez-vous de l'argent de poche ?
- Oui. Je reçois dix livres par semaine. Je pense que cela suffit pour payer mes sorties du weekend. Cependant, il me faut plus d'argent pour couvrir mes frais quotidiens.

- Vous devez payer d'autres trucs ?
- Bien sûr. Je dois acheter mes affaires d'écoles, telles que les livres, les stylos, les cahiers et ainsi de suite. De plus, j'économise pour un séjour en Italie l'été prochain.

- Qu'est-ce que vous faites pour gagner de l'argent ? Aidez-vous à faire le ménage ?
- Oui, j'aide quelquefois. Je passe l'aspirateur, fais le repassage, fais les achats et pendant l'été, je tonds la pelouse pour mes parents.

- Avez-vous un petit boulot en été normalement ?
- Bien entendu. J'ai un boulot dans le supermarché près de chez moi. Ce n'est pas bien payé mais ça m'amuse. Je m'occupe des clients et je remplis les rayons.

- Après l'école, que comptez-vous faire ?
- J'ai l'intention de faire une licence à la Fac. J'espère m'inscrire à TCD pour étudier le Droit. Je veux devenir avocate.

- Pourquoi avez-vous choisi cette carrière ?
- Parce que ça m'attire, le Droit. Mon père est notaire, et cela a une grande influence sur moi. Je voudrais aussi servir le public.

- Est-ce qu'il vous faut beaucoup de points pour aller à l'université ?
- Certes ! C'est très dur. La plupart des élèves n'arrivent pas à obtenir une place à la Fac. C'est moche ! Ce n'est pas la bonne façon de juger les médecins, les comptables ou les professeurs de l'avenir.

- Si vous aviez le pouvoir de choisir les étudiants, comment le feriez-vous ?
- C'est facile. Je mettrais en place des interviews pour sélectionner ceux qui conviennent le mieux à telles ou telles études. De cette façon, on choisirait les meilleurs candidats.

- Si vous n'obtenez pas les points requis pour votre choix, que ferez-vous à la place ?
- Je redoublerai.

- Avez-vous déjà voyagé à l'étranger ?
- Oui, une fois il y a deux ans. Quand j'avais seize ans, ma famille et moi avons séjourné en Allemagne. C'était génial.

- Pourquoi l'Allemagne ?
- Parce que le paysage est merveilleux dans le sud du pays. Il y a beaucoup de forêts. Les Allemands sont sympas et aimables. Nous y sommes aussi allés car mon père est connaisseur de vins et il voulait déguster les vins.

- Comment est-ce que vous y êtes arrivés ?
- On est parti de Dublin et nous avons pris le ferry de Rosslare au Havre. On a parcouru le nord de la France. Puis nous avons traversé la Belgique, et enfin nous sommes arrivés en Allemagne. Il nous a fallu deux jours de voyage, mais ça valait la peine.

- Où êtes-vous restés ?
- Nous sommes descendus dans un hotel à Rothenburg. C'était confortable, mais je n'ai pas aimé la cuisine allemande.

- Êtes-vous jamais allé en France ?
- Non, je ne suis jamais allé en France. Je compte y aller bientôt pour améliorer ma connaissance de la langue.

- Très bien. Bonne chance. C'est tout. Au revoir.

TIPS

Now let's look at some areas of the oral exam worth noting:

(a) An age-old mistake with nervous candidates is to reply to questions with the exact same person of the verb! It is called 'echoing' the question, i.e. you are repeating the same sounds as the examiner's questions. To illustrate the point look at these examples:

- Allez-vous au cinéma ?
- Oui, j'allez au cinéma. (Naturally, 'I go' is "je *vais*").
- Recevez-vous de l'argent de poche ?
- Oui, je recevez dix livres par semaine. (It should of course be; "je *reçois*").
- Aimez-vous voyager.
- Oui, j'aimez aller à l'étranger. (Correction: "j'*aime*").
- Préférez-vous le sport au cinéma ?
- Non, je préférez le sport. (Insert "je *préfère*").

There has been a tendency among pupils since 1st Year to pronounce the 'e' ending of verbs as 'ez', such as "je donne" can often be mispronounced as "je donnez". So watch that, because from 1997 onwards pronunciation will be assessed during the conversation.

(b) Something that is rarely used by students, either in the oral or elsewhere, is the object pronoun (le pronom d'objet). For example, in the last question, above, about France, instead of repeating the same word back to the examiner, we change it to a pronoun. We do the exact same thing in English. Thus, we say "I intend to go there". Also, in questions like "aidez-vous votre mere a la maison ?", we should reply "oui, je l'aide" and not "oui, j'aide ma mère", though this is gramatically correct, it is just better French to use pronouns.

(c) Always listen to the verb in the examiner's question! It gives you something to retort with, instead of gazing at the wall trying to find a start to your answer, as well as an appropriate verb. Remember that marks are lost for long gaps in responding to questions. So, for example, if the question is:

– "Aimez-vous porter l'uniforme à l'école ?"

then, once you hear 'aimer', you now know that your answer can begin with either 'oui, j'aime. . . ' or 'non, je n'aime pas . . . '(a wider choice of verbs of liking are given below). Furthermore, you will also have heard the infinitive '*porter*', thus, you know that you must use it. A second example:

– "Avez-vous jamais été en France ?"

You hear the opening 'avoir', then the past participle of 'être'. It is obviously the passé composé. So you will most likely use this tense. You may find it safer to give back the same verb;

– "Non, je n'ai jamais été en France."

This shows good manipulation of an answer, a straightforward reply which proves that you understood the question. However, it is just a little unimaginative, and couldn't be used all the time;

– "Non, je ne suis jamais allé en France, j'espère y aller l'été prochain."

The use of a pronoun (y) always impresses. Also, not only should you give back a straight answer, but develop it slightly, as in the above example. Finally, this example:

– "À quoi vous intéressez-vous ?" = what are you interested in?

When you hear 'vous' twice, then you know instantly that it is a reflexive verb. So you must reply thus: "je m'intéresse à". This is especially important when speaking in the past tense;

– "À quelle heure est-ce que vous vous êtes levé ce matin ?"

Reply; "je me suis levé à sept heures."

(d) Listen for prepositions used in the question, because they have the advantage of saving you the trouble of having to think it up. The examiner has done that for you! In the above example regarding interests, you were asked "À quoi . . . ". So now you know that you must answer; " je m'intéresse à la lecture", because "s'intéresser" takes "à".

Other examples:
"À quoi sert une calculatrice ?" – "Ça sert à faire des calculs."
"En quelle matière êtes-vous faible ?" – "Je suis faible en maths."
"De quelle ville est-il parti hier ?" – "Il est parti de Rome."

(e) Don't depend on long passages to be repeated 'parrot' fashion in the exam! This goes against you for the following reasons:

   (i) It all seems so unnatural – it's coming from a book or memory-bank, not from you.
   (ii) It can reveal that you have a limited vocabulary, and that you have to learn by heart. You won't fool the examiner.
   (iii) You will not get the credit that you deserve for the language that you do understand, which is contained in the regurgitated passages. With the increased allocation of marks, regurgitation is even less acceptable.

However, some material must be learned off, and this can increase one's confidence when speaking. Weaker students have to rely upon such material. It just should not be too obvious in your oral exam.

(f) Dominate the conversation! If the conversation is punctuated with one-word or one-sentence answers, then the examiner feels pressure to come up with more questions, perhaps on more difficult subjects. So, try to lead the oral in the direction that you want it to go. For example, if you have an unusual pastime, such as collecting coins, or a rare sport like sky-diving, then these would probably be remarked upon by the examiner. However, if you have not pre-prepared the subject, then you will have problems. If you are wearing your prefect badge into the oral exam, then at least know what a prefect does, in French. An examiner will usually follow the line of dialogue which interests the student.

(g) Try to vary your language. Build up a large repertoire, of verbs especially. Practise with a friend and develop your self-confidence. Take, for example, this description of a holiday journey, and what very common verb is replaced by others?

'On est parti de chez nous à neuf heures, et a pris le train de dix heures. On est descendu du train à Rosslare, et ensuite on est monté dans le ferry. Quand nous sommes arrivés au Havre, nous avons loué une voiture. Puis, nous nous sommes dirigés vers le sud. Nous avons parcouru la campagne pendant la journée. C'était assez dur parce que nous devions conduire à droite. Nous avons roulé deux cents kilomètres le premier jour de notre séjour en France.

Le lendemain matin, ma famille et moi nous sommes mis en route pour Besançon. Nous avons voyagé pendant deux heures par un temps de chien.'

The common verb that is missing from this text is, of course, **"aller"**. This verb is over-used, and betrays a lack of variety in one's vocabulary. Fluency boosts grades. Other examples:

To return: there are a few ways apart from the usual "retourner". Try instead the following choices:

Je reviendrai à 18h. / Je serai de retour à 18h. / Je rentrerai à 18h.

To intend; two good ones:

J'ai l'intention de trouver un emploi / je compte trouver un emploi.

Talking about career plans:
Je vais être dessinateur / j'espère devenir dessinateur / je voudrais être . . . / je serai . . .

To begin: Commencer à : nous avons commencé à écrire des lettres.
Se mettre à : nous nous sommes mis à lire.

In this short section, you will find words which can, in English, be used in different contexts without changing spelling, but their equivalents in French are not so easily manipulated. The following examples will explain:

To work: (people) Mon père travaille comme dessinateur.
        (mechanical) Cette montre ne marche pas. Ça m'a coûté cher.
        (systems) Le régime de cette école ne fonctionne pas.

A job/work:
> J'ai des choses à faire avant de me coucher.
> Après mon bac j'espère trouver un poste à IDA.
> Pendant mes vacances d'été j'avais un petit boulot dans un supermarché.
> Jean, finis ton travail avant de sortir avec tes copains.

To bring and to take: translated by "*porter*" and "*mener*". "Mener" conveys the sense of leading, while "porter" implies carrying. For example,

Ma mère m'amène à l'école en voiture = my mother brings me to school by car
    (i.e. drives me to school).
Je t'amène à une boum = I'm bringing you to a party.
Apporte des disques et des cassettes = bring some records and tapes.

Marie apporte la lettre à la poste = Mary brings the letter to the post office.
L'agent emmène le voleur au commissariat = the policeman brings the thief to
    the station.

Thus,

porter = to carry (wear)
apporter = to bring
emporter = to take away
(these 3 verbs refer to objects)

mener = to lead
amener = to bring
emmener = to lead/take away
(these 3 verbs refer to people)

<u>Try these:</u>
  a. Catherine, bring your umbrella. It's going to rain.
  b. Michel, bring your girlfriend with you.
  c. The ambulance took them off to hospital.
  d. Will you take your shopping with you, madame?
  e. George, will you take the children with you?
  f. Bring me the cheque book, please, Luc.
  g. This path leads to the forest.
  h. Do you want to eat it here or take it away?

To like: A most common verb, and one which has lots of variations. A knowledge of them will get an oral examiner's attention!

> J'aime pêcher avec mon père = I like fishing . . .
> La pêche, ça me plaît = I like fishing (lit. fishing pleases me)

Je me passionne pour le foot = I love football
Je suis amateur de cinéma = I'm a fan of the cinema
Je suis fana de vélo = I'm mad about cycling
Je suis un fervent du hockey = I'm an enthusiast for hockey

➤ in answer to the question 'le sport, ça vous plaît?', you could answer 'oui, ça me plaît.'

To go: English has several phrasal verbs, e.g., get in, get out, get angry, get lost, etc.

"to go" is another one of those verbs. That is, many different phrases can be made up by using 'go' plus a preposition. However, the French do not use "aller". Look at these examples;

(i) Go on a trip, walk, etc.;

Je suis allé(e) en excursion en Suisse avec l'école = I went on a school trip to Switzerland
Nous avons fait des randonnées en montagne = we went for walks in the mountains
Ils ont fait du camping en Provence = they went camping to Provence
Elle s'est baignée en mer = she went swimming in the sea
J'ai fait un tour en voiture = I went for a drive

(ii) Go up/down;

Il m'a fallu monter l'escalier pour trouver ma valise = I had to go upstairs to find my case.
La voiture a descendu la rue à toute vitesse = the car went quickly down the street.

(**N.B.** "descendre" and "monter" are transitive verbs in these examples, i.e. they take a direct object. They both take "avoir" in the Passé Composé. See '*Passé Composé Peculiarities*' in the Grammar Section).

(iii) Go up to;
Je me suis approché du guichet pour acheter mon billet = I went up to the counter to get my ticket.
Je me suis addressé à l'agent pour demander le bon chemin = I went up to a policeman to ask him the way.

(iv) Others:
Les enfants se sont couchés tôt = the children went to bed early.
Mon oncle s'est engagé dans l'armée à l'âge de 14 ans = my uncle went into the army at 14.

To wish, want:
Je voudrais devenir acteur après l'école. (vouloir)
Que désirez-vous, monsieur ? – Je veux acheter un pardessus. (désirer)

Je n'ai pas envie de sortir ce soir. (avoir envie de = to feel like)
Je vous souhaite un joyeux anniversaire. (souhaiter, in greetings)

To be able to, can:
Nous pouvons partir maintenant. (pouvoir, suggests convenience or skill)
Nous savons conduire ; je sais chanter. (savoir, suggests skill or learning)

To go:
Elle va chez sa copine. (normal use of 'aller')
Ma montre ne marche pas. (when something doesn't work, isn't going – 'marcher')
Le camion roulait à 60 kilomètres à l'heure. (when cars, trucks, etc. are 'going' – 'rouler')

To be:
Il existe de nombreux points de vues.
Il y a une pharmacie près de l'hôtel.
Ma maison se trouve en banlieue.
On trouve beaucoup de misère dans le centre-ville. (you'll find = there is)

Avoir :
Qu'est ce qu'il a ? = what's wrong with him?
Il a mal aux dents = he has a toothache.
J'ai dix-huit ans = I am 18 years old.
Elle a faim = she's hungry.

Faire :
Je vais faire une randonnée en montagne = I'm going on a hike in the mountains.
Est-ce que tu fais une excursion en vélo ? = are you going for a cycle?
Nous faisons du tennis = we play tennis.
Il fait deux milles = he goes two miles.
Les inondations ont fait douze morts = the floods claimed 12 deaths.
Elle a fait venir le médecin = she sent for the doctor (lit: 'she makes . . . come).
J'ai fait construire cette maison = I had this house built (lit: 'I made to build' this house).

Passer :
Je passe le sel à mon hôte = I pass the salt to my host.
Je passe mon bac = I'm sitting (not passing) my Leaving Cert.
Nous passons notre temps à jouer au hockey = we spend our time playing hockey.
Ils passent chez moi = they call on me (drop into my house).
On passe "Batman" au cinéma = they're showing "Batman" in the cinema.
Le film passe à l'Adelphi = the film is on in the Adelphi.
Elle passe une robe = she slips on a dress.

Mettre :
Je mets mon jean le weekend = I put my jeans on at the weekends.
La présidente met la loi en vigueur = the president puts the law into force.
L'agent a mis fin à la dispute = the policeman put an end to the argument.
Je mets Gary Lineker parmi les plus grands footballeurs = I rank/rate Lineker among the best players.
J'ai mis trois heures à le faire = it took me 3 hours to do it (I put in 3 hours . . .).
Nous nous sommes mis en route à huit heures (reflex.) = we started out at 8 o'clock.
Mettons que j'aie raison = let's assume/say that I'm right.
J'ai mis ses projets en question = I questioned his plans.

Prendre :
Les hommes politiques prennent conscience de la crise = the politicians are aware of (realise) the crisis.
Ils prennent une décision = they make (take) a decision.
J'ai pris un rendez-vous = I made an appointment.
Elle prend sa retraite = she retires.
Les assassins ont pris la fuite = the killers fled (took flight).
La grève prend racine / fin = the strike is taking root / is over.
Le bâtiment prend feu = the building catches fire.

Tenir :
Il tient les yeux fermés = he keeps his eyes shut.
Le café me tient éveillé = the coffee keeps me awake.
La direction tient une séance = the management are holding a meeting.
Son offre tient toujours = his offer still stands.
Je la tenais pour une honnête femme = I took her for an honest woman.
Il tient à vous rencontrer = he is anxious to meet you.
Je tiens à ce que vous sachiez (subjunc.) = I'm anxious that you should know.

PRONUNCIATION (20 MARKS)

This section will be examined as you speak. You are no longer expected to read sentences. It has been deemed unnatural.

The principle aspects of pronunciation to be targeted are the following:

1. The Nasal vowels:

(a) **"on / om":** as in "bonbon, ton, nom, son, donjon, façon". This vowel sound is achieved by saying the English word 'on'. You will notice that your tongue touches the roof of your mouth. Now say 'on' again, but don't let your tongue touch the upper part of your mouth. Round your lips a little more and you have now got the French sound "on".

Practise with;

"prénom, liaison, font, sont, thon, raison, le pont d'Avignon, Besançon."

(b) **"in / im"**: as in "pain, imperméable, principal, vingt, coincé".

also in words ending in **"ien, ain"**: "américain, bien, ancien".

To achieve this vowel, say the word 'an'. As above, your tongue touches the roof of your mouth. Repeat the word 'an', but do not allow your tongue to touch the roof of the mouth.
Practise with;

"matin, instant, immobile, impoli, je viens, le terrain de foot, Africain."

However, if the word is in its feminine form, then there should be no nasalisation, i.e., you can let your tongue reach the top of your mouth;

"américaine, africaine, certaine."

(c) **"en / an"**: as in "pendant, décembre, chance, rendre."

To say this vowel, pronounce the English word 'on' again. Repeat and do not allow the tongue to touch the roof of your mouth. That is the sound of the French "en / an".
Practise with;

"il semble, enfant, maintenant, agent, elle ment, les gens, température."

2. The consonants **"P, T,"** are to be pronounced without aspiration. That means that these consonants are spoken without any release of breath as is done in English.
  Hold up a mirror to your mouth. Say "poser, parler, tant, temps". If you have aspirated, then the mirror will fog up. If the mirror is clear, then you got them right.

3. The letter **"R"**. A very difficult one indeed, because it is so unnatural for Anglophones to vibrate the **"R"**. For example, try to pronounce these words like a true Frenchman:

   Elle regarde ; par terre ; la rédactrice ; on est rentré

Try again, but this time 'clear' (as in gargling) your throat slightly when you come across the letter **"R"**. Initially try 'R' after 'g' and 'b';

   "grand, gros, brun".

Now attempt these:

   "rang, rare, rapporter, ramener, rattraper, rue, renverser, ronronner."

4. The **"ille"** sound: as in "ville". The "ll" is pronounced in a few cases:

"ville, tranquille, mille".

However, it is silent in the most cases:

"famille, fille, habille".

5. Watch out too for the **"heure"** sound. It is not pronounced as in the English "Moors". Rather it is spoken as the English word "earl" without pronouncing the "rl". Try these:

"leur, les mœurs, mes sœurs, les fleurs, la peur".

6. The difference between **"ou / u"** as in "vous / vu". Here, say the letter "e". Repeat it but instead of saying "e", say "u". That is the French "u" sound. The "ou" sound is the same as the English "oo" as in 'school'. It is very easy. Now pronounce these:

"bu / bout ; tu / tout ; nu / nous ; vu / vous ; pu / pour ; su / sous ; fut / mou".

Be careful also with:

"Louis / lui".

7. The **"eil"** sound which is frequently mispronounced. It is pronounced as "ay" as in 'Monday'. Some common examples:

"le soleil, la corbeille, l'oreille, le réveil, une vieille dame, c'est pareil, surveillez-les".

8. The typically French **"gn"** consonant, as in "Cognac". The "g" is silent:

"les montagnes, la ligne, Champagne, les champignons, l'agneau, c'est magnifique, il est mignon".

9. The "t" in **"-tion"** in French has an "s" sound. "Attention" is pronounced as though it were spelt 'Att-once-ion'. Practise:

"l'inaction, les attractions, avec mention, la situation, la constitution".

10. Be careful not to pronounce the letter **"s"** where you should not, for example:

"dans la maison, ils jouent, nous donnons des fleurs, les voitures."

So avoid pronouncing 's' before a consonant.

11. Finally, avoid the temptation to pronounce the **"-ent"** ending (*in verbs* only). This is also a common error. The "-ent" is silent in verbs:

"ils me donnent, elles jouent au hockey, ils prennent, ils regardent, ils écoutent.

Expressions useful for conversation (and also for the 'Production Ecrite' questions (see pages 147–200)):

(1) Liking / preferring something:
J'aime la lecture = I like reading.
J'adore le théâtre = I love theatre.
Le sport, ça me plaît beaucoup = I like sport (sport pleases me).
Je me passionne pour la pêche = I love fishing.
Je suis un fana de l'ordinateur = I am mad keen on computers.
Je suis amateur de films = I'm keen on films/an avid follower of films.
Je suis passionné par le foot = I'm passionate about soccer.
Elle préfère le hockey = She prefers hockey.
Je m'intéresse au cinéma = I'm interested in the cinema.
Elle aime mieux parler allemand = She prefers to speak German.
Sa matière préférée est le dessin = Her favourite subject is Art.
Il est fort/moyen en gaélique = He's good/average at Irish.
Ça m'intéresse beaucoup = That interests me.
Je les trouve formidables = I think they're great.
Ce n'est pas mal = it's not bad/it's OK.
Ce que j'aime le mieux, c'est l'informatique = What I like best is Computer Studies.
J'ai envie de faire un tour en voiture = I feel like going for a drive.
Je meurs d'envie de voir la Suisse l'an prochain = I'm dying to see Switzerland next year.

(2) Disliking:
Je n'aime pas ça = I don't like that.
Le dopage, ça ne me plait pas du tout = I don't like drugs at all (does not please me).
Je deteste la pluie = I hate rain.
Ça ne m'intéresse pas tellement = That doesn't interest me so much.
Ça ne me dit rien ! = That does nothing for me!
Je ne peux pas supporter l'impolitesse = I can't stand rudeness.
Je trouve ça difficile = I find it difficult.
J'ai horreur de ça ! = I hate that!
Il n'y a rien qui me déplaise plus que de me lever tôt = there's nothing I dislike more than getting up early.

(3) Enjoyment:
Ça m'a beaucoup plu = I really liked/enjoyed that.
C'était formidable/super/extra/chouette/génial = It was great/terrific.
Je me suis bien amusé = I enjoyed myself/I had a great time.
C'est marrant ! = It's a howl/a great laugh!

(4) Criticism:
Je le trouve casse-pieds ! = I think it's a pain!
Ce qui m'agace, c'est le. . . = what gets me is the . . .
Ce qui m'énerve, c'est que . . . = what annoys me is that . . .
Ce qui m'ennuie, c'est la . . . = what annoys me is the . . .
Ça ne me dit pas grand chose = it doesn't do much for me
Je crois que c'est ennuyeux = I think it's boring
Que c'est barbant ! = what a bore!
L'embêtant, c'est son style = the annoying thing is his style
Ce n'est pas mon genre de roman = it's not my type of novel
Je m'y oppose catégoriquement = I'm dead against it
Je doute que ce soit vrai = I doubt that this is so

(5) Agreeing:
D'accord = OK / agreed.
Ça me va = That suits me.
Ça me convient = That's OK with me / suits me.
Si tu veux = If you like.
Je suis entièrement d'accord avec vous = I'm in total agreement with you.
Il est évident qu'elle a raison = It's obvious that she's right.
Rien n'est plus vrai que cela = Nothing is more true than that.

(6) Giving your point of view:
À mon avis / selon moi / d'après moi = in my opinion / according to me.
En ce qui me concerne / pour ma part = as far as I'm concerned / for my part.
Je soutiens qu'ils ont tort = I maintain that they're wrong.
Ce qui me frappe le plus, c'est le chômage = what I find most striking (strikes me the most) is the unemployment.

(7) Indifference:
J'ignore tout du rugby = I know nothing at all about rugby.
Cela m'est égal = it's all the same to me.
Peu importe = no problem.
Ça ne change rien = it makes no odds.
Vous en savez autant que moi = your guess is as good as mine.
Je n'en ai aucune idée = I have no idea.
Je ne suis pas à même de dire = I'm not in a position to say.
Je n'ai pas la moindre idée de ce que je vais faire = I haven't the slightest idea about what I'm going to do.

(8) Troubleshooters:
Phrases to help you when you either don't understand the question or when you don't have an opinion about a topic.

NOTE: *If you say, too often, that you do not understand a question, it may result in lower marks for Communication. These phrases are to be used as a last resort, not a first resort!*

Voulez-vous répéter la question, s'il vous plaît ?
   = Will you repeat the question, please?
Pardon, je n'ai pas compris.
   = Sorry, I don't understand / I didn't get that.
Excusez-moi, mais je ne comprends pas la question.
   = Sorry, but I don't understand the question

Je regrette, mais je ne sais pas.
   = Sorry, but I don't know.
Je n'en ai aucune idée .
   = I've no idea about that / I haven't a clue.
Je n'en suis pas sûr.
   = I'm not sure about it ("en" = about, of it)
Je ne m'y intéresse pas mais . . . .
   = I have no interest in that / it but . . .

NOTE: *Over the years, teachers have remarked on a number of common errors made by their students. If these mistakes are experienced in several schools, you can bet that they are found throughout the country. It is recommended that students learn from these errors. Here are some examples:*

(i) Words connected with school life were not known:

"niveau ordinaire / supérieur", "pause-déjeuner", "école primaire".

(ii) Words connected with career or third-level studies were often unavailable:

"formation" (training), "stage" (course), "diplôme" (diploma).

(iii) Most candidates do not realise that a "collège" is a junior cycle second-level school.

(iv) The word for 'facilities', relating to the locality or school, is in fact "installations", as in: "il y a des installations sportives dans notre école". Students could use the words "équipements" or "possibilités".

(v) Even average candidates confused "matière" (school subject) with "métier" (occupation).

(vi) Problems with numbers, especially "cinq"/ "quinze" / "cinquante", "six / seize".

(vii) Many students did not know the meaning of "attendre" (to wait for). 'To attend' is "assister à";

"Mon frère a assisté à cette représentation" = 'my brother attended this play.'

(viii) The oral examiners were surprised at the number of students who introduced a topic, but could not develop it. They did not have the necessary vocabulary. For example, some students said that they liked television 'soaps' but could not describe characters / events / scenes. Similarly with film 'buffs'.

(ix) Examiners were equally surprised that students from farming backgrounds did not know the basic vocabulary for farm animals / activities;

e.g. "poule", "vache", "mouton", "donner à manger à", "traire".

(x) Failure to understand simple questions about school routine;

e.g. "À quelle heure est-ce que les cours commencent / se terminent ?"

(xi) Failure to understand basic vocabulary relating to time;

e.g. "hier", "l'année dernière", "la semaine prochaine".

Therefore, candidates made serious mistakes by giving the wrong tenses in their answers.

(xii) The misuse of "d'accord" to mean "O.K." The proper use of this word is when you are agreeing to a suggestion;

"Si on faisait une partie du tennis ?" – "D'accord" (O.K. / Agreed)

but,

"Êtes-vous fort en anglais ?" – "Je suis un élève moyen" (I'm O.K.; I'm average)

(xiii) Too many candidates confined their responses to a mere "oui" or "non".

(xiv) There were problems with regard to "pour / pendant / depuis" (for);
    a. J'ai fait du cyclisme *pendant* cinq ans = I did cycling for 5 years (Past).
    b. Je fais du cyclisme *depuis* cinq ans = I have been doing cycling for 5 years (Present – still cycling).
    c. Je ferai du cyclisme *pour* cinq ans = I will do cycling for 5 years (Future).

(xv) Beware the 'echo response'. i.e.;

Q: Qu'est-ce que vous achetez ?
R: J'achète des disques. (Not 'j'achetez')

(xvi) Watch out for the following prepositions;
to / in France = en France
to the cinema = au cinéma
on Saturday = samedi (no preposition)
at the weekend = le weekend.

(xvii) Get the genders right for fundamental phrases, e.g.;

mon père ; ma mère ; ma petite sœur ; ma sœur.

(xviii) Generally, few people used the object pronouns, e.g.;
"J'*y* vais ; je *l'*aide ; mes parents *me* donnent ; je *lui* ai parlé ; j'*en* ai six".

(xix) The partitive article;
J'ai beaucoup **de** disques.

(xx) Do not add prepositions to the following verbs;
Nous <u>regardons</u> la télé le soir = we <u>look at</u> the television in the evenings.
J'aime <u>écouter</u> mes disques = I like <u>listening to</u> my records.
J'<u>espère</u> revenir en France = I <u>hope to</u> return to France.

(xxi) Be careful when giving people's ages;
"J'**ai** dix-huit ans et ma sœur **a** vingt ans." (Always use "avoir")

(xxii) Watch the exceptional past participles;
"J'ai *pris*" = I took / have taken
"J'ai *lu* un roman" = I read a novel
"J'ai *mis* mes gants" = I put my gloves.

(xxiii) Remember!
C'est un ordinateur = **it is** a computer
Il est malade = *he is* sick (Also: masculine 'it is' with an adjective: "*Il est* vert" = it is green)
<u>Il y a</u> trente élèves dans ma classe = <u>there are</u> 30 pupils in my class.

(xxiv) Note also the present 'continuous':
Je <u>vais</u> passer du temps à l'étranger = I <u>am going</u> to spend some time abroad.
Je <u>travaille</u> dans un bistrot = I <u>am working</u> in a pub.

(xxv) Include prepositions here:
Mon ami joue *au* foot.
Je joue *du* piano.
Elle fait *du* ski.

(xxvi) Communication is hampered (hence fewer marks) by poor pronunciation.

(xxvii) Too many students prepare a set script, and if the examiner ventures slightly off the script, the student becomes confused;

Q: Quelle est la matière que vous aimez le plus ?
R: Pardon ?
Q: Quelle est votre matière préférée ?
R: Ah, oui . . . la biologie !

Marks are lost when the pupil cannot reply to simple questions about the material which s/he has learned off.

TYPICAL SUBJECTS

We will now deal with some of the typical subject areas usually covered in the oral examination. Firstly, you will see 5 subjects highlighted in a question/response style. Then you will be able to formulate your own answers to 5 other subjects in which there will be blanks after every question to allow you to respond. These answers can be corrected by your teacher, and then you can rehearse them on your own or with another student. They should, of course, be your own individual responses relating to your own situation, and not those of the entire class.

If working alone at home, you could use a tape-recorder. Just read out the questions to be taped, allow a short pause for your answer and read the next question, and so on. Then play back the tape. Listen to the questions, and respond aloud as if speaking to someone. This is a good exercise for answering under pressure, timing your answers and verbalising your responses aloud. It is a simulated oral test.

NOTE:
The sequences of these conversations may at times seem out of 'sync'. That is because the aim of this exercise is to offer several possible answers from people of different tastes. Each subject does not take one person's answers into account. Questions may be repeated, but this is merely to show you how questions can be asked in different ways.

Subject (A): *Vous-même* :
(Remplissez les blancs):

1. Vous vous appelez comment ?
   ....
2. Quel âge avez-vous ?
   ....
3. Quand est votre anniversaire ? / Quand aurez-vous dix-neuf ans ?
   ....
4. Vous êtes né(e) en quelle année ?
   ....
5. D'habitude, qu'est-ce que vous aimez recevoir comme cadeau pour votre anniversaire ?
   ....
6. Pouvez-vous vous décrire ? / Comment sont vos cheveux ?
   ....
7. Que font vos parents dans la vie ? / Que fait votre père pour gagner sa vie ? / Quel est le métier de votre mère ?
   ....
8. Combien êtes-vous dans votre famille ? / Combien de personnes y a-t-il chez vous ?
   ....

9. Êtes-vous l'aîné / le cadet, la cadette ?
   ....
10. Est-ce que vous vous entendez bien avec vos frères / sœurs ?
    ....

Subject (B): *Le sport* :

1. Vous pratiquez du sport ? / Êtes-vous sportif / sportive ?
   – Oui, je suis sportif / sportive. J'aime les activités en plein air. Je fais du cyclisme toute l'année. Je me passionne aussi pour l'athlétisme.

2. Quels sont les sports les plus populaires dans votre école ?
   – Ce sont le rugby, le badminton et le tennis. Le rugby est le plus populaire des trois.

3. Pourquoi est-ce qu'on préfère en général les sports d'équipes ?
   – Être membre d'une équipe, ça donne du plaisir. Il faut travailler en harmonie avec ses co-équipiers. On se fait beaucoup d'amis.

4. Que fait-on à l'entraînement de rugby / foot / hockey ?
   – On court, on saute, on fait des tractions et de la gymnastique. On se fait suer. C'est dur et on est épuisé après l'entraînement. Mais on s'amuse !

5. Combien d'heures par semaine passez-vous à faire du sport ?
   – Hélas, la saison de rugby / foot/ hockey est terminée. En ce moment j'étudie pour mon bac. Alors, je n'ai pas le temps pour le sport. Pendant la saison dernière, je me suis entraîné trois fois par semaine, avec un match chaque weekend.

6. Aimez-vous regarder le sport à la télé ?
   – Oui, je regarde la Coupe du Monde, les Jeux Olympiques, les courses de chevaux et ainsi de suite.

7. Êtes-vous membre d'un club de golf ?
   – Oui, je suis membre du club de Skerries. Qui est plus, je fais partie de l'équipe de l'école. Cependant, je suis en Terminale et je dois me consacrer à mes études.

8. À quoi bon le sport ?
   – C'est bon pour la santé, pour se tenir en forme. Quand on fait du sport, on ne s'ennuie pas. C'est important pour former le caractère. Certains pensent que le sport contribue au développement personnel. C'est aussi une période de décontraction.

9. À quoi sert l'exercice physique alors ?
   – Ça sert à maintenir une vie équilibrée. Il faut prendre de l'exercice. Ça vous tient en forme.

10. Croyez-vous qu'on attache trop d'importance au sport dans votre école ?
    – Non, mais l'éducation physique est obligatoire pour tout le monde. Si on fait partie de la première équipe de rugby / foot / hockey, on prend le sport au sérieux. C'est entendu. Pour le reste, on peut participer au sport si on veut. Ça me convient.

Vocabulary:
Il est sportif = He is interested in sport
Ses co-équipiers = His team-mates
On fait des tractions = We do press-ups
Ainsi de suite = And so on
Se consacrer à = To devote yourself to
Se tenir en forme = To keep fit
La décontraction = Relaxation

Subject (C): *L'argent de poche* :

1. Est-ce que vous recevez de l'argent de poche ? / Est-ce que vos parents vous donnent de l'argent de poche ?
   – Oui, je recois dix livres par semaine / ils me donnent dix livres . . .

   (ou)

   (Comment est-ce que vous gagnez de l'argent ? – j'ai un petit boulot)

2. Que faites-vous de cet argent ? / Comment est-ce que vous depensez l'argent ?
   – Je depense mon argent pour mes frais de transports, mes affaires pour l'école, les friandises. J'achète aussi des disques. En plus, je dois payer le prix d'entrée à la discothèque le samedi.

3. Vous croyez que ça suffit ?
   – Non, ça ne suffit pas. C'est dur de joindre les deux bouts.

4. Avez-vous demandé à vos parents d'augmenter votre argent de poche ?
   – Certes, mais mes parents sont assez sévères. Ils ont déjà refusé. Ils m'ont dit que je devrais trouver un petit boulot pour avoir plus d'argent.

5. Est-ce qu'il vous faut faire des petits travaux à la maison en échange de l'argent de poche ? Est-ce que vous donnez un coup de main dans la maison ?
   – Oui, mais pas trop. Je range ma chambre et je fais la vaisselle pour ma mère. Le weekend, je passe l'aspirateur dans le séjour. Le lundi matin, je sors les poubelles. En été, je tonds la pelouse et lave la voiture. J'aide parfois ma mère à preparer les repas. J'épluche les pommes de terre et je mets le couvert.

6. Très bien. À cause de ça, est-ce que vous estimez l'argent a sa juste valeur ?
   – Oui, bien entendu. Je me rends compte de sa juste valeur.

7. Y a-t-il des tâches que vous ne pouvez pas supporter ?
   – Oui. Je n'aime pas m'occuper de mon petit frère quand mes parents sortent le vendredi soir. Il est gâté et désobéissant. Il est méchant.

8. Est-ce que vous achetez des cigarettes ?
   – Non. Je ne fume pas. Je ne gaspille pas mon argent. Je travaille dur pour gagner mon argent.

9. Épargnez-vous de l'argent ?
   – Si je peux, je mets mon argent à la poste où l'on me donne un bon taux d'intéret.

10. Pourquoi faites-vous des économies ?
    – J'économise pour une moto que j'espère acheter d'occasion l'année prochaine.

Vocabulary :
   Les friandises = sweets
   Joindre les deux bouts = to make ends meet
   Donner un coup de main = to give a hand
   Sortir les poubelles = to put out the bins
   Éplucher = to peel
   Mettre le couvert = to set the table
   Il est gâté = he is spoiled
   Le taux d'interêt = the rate of interest
   D'occasion = second-hand

Now complete the following gaps:
1. Est-ce que vous recevez de l'argent de poche chaque semaine ?
   ....
2. Combien d'argent est-ce que vos parents vous donnent ?
   ....
3. Vous croyez que c'est assez pour vos dépenses ?
   ....
4. Est-ce que vous devez faire des tâches ménagères chez vous pour obtenir l'argent ?
   ....
5. Y a-t-il des tâches qu'on devrait faire sans recompense ?
   ....
6. Comment dépensez-vous votre argent de poche ?
   ....
7. Est-ce que vous faites des économies ?
   ....
8. Croyez-vous que chacun doit payer tous ses frais (par exemple : livres, stylos, transports, sorties) avec son argent ?
   ....

9. Devrait-on apprendre à gérer un budget avec son argent de poche ?

10. Qu'est-ce que vous avez fait de votre argent la semaine dernière ?

Subject (D): *Votre Ville* :
(Remplissez les blancs):

1. Depuis quand habitez-vous dans cette ville ?

2. Comment est-ce que vous trouvez la ville ?

3. Comment est-elle ?

4. Quelles sortes de magasins s'y trouvent ?

5. Est-ce qu'il y a des divertissements pour les jeunes ?

6. Comment est-ce que vous vous amusez en ville ?

7. Y a-t-il assez d'animation pour vous ?

8. Est-ce qu'il y a une bibliothèque ? Vous y allez souvent ?

9. Est-ce qu'il s'y trouve beaucoup d'espace vert ?

10. Comment s'appelle la rivière qui traverse votre ville ?

11. Environ combien de gens habitent cette ville ?

12. Est-ce que la ville attire des touristes / de l'industrie ?

13. Est-ce qu'il y a beaucoup à faire et à voir ?

14. Préféreriez-vous habiter ailleurs ? Où ?

15. Est-ce qu'il y a des installations sportives ?

Subject (E): *L'école* :

1. Depuis quand venez-vous dans cette école ?

2. Comment est-ce que vous vous y rendez chaque matin ?

3. Ça vous prend combien de temps ?
   ....

4. Quel autobus prenez-vous ?
   ....

5. Êtes-vous souvent en retard ?
   ....

6. Combien de cours avez-vous pendant une journée typique ?
   ....

7. Les cours durent combien de temps ?
   ....

8. Les cours se terminent à quelle heure l'après-midi ?
   ....

9. Qu'est-ce que vous faites pendant la récréation ?
   ....

10. Avez-vous une heure de permanence ?
    ....

11. Quelle est votre matière préférée ? Pourquoi ?
    ....

12. Y a-t-il une matière que vous aimez le moins / que vous ne pouvez pas supporter ?
    ....

13. Comment êtes-vous en gaélique ? en anglais ? en dessin ?
    ....

14. Est-ce que vous parlez des langues vivantes, à part le français ?
    ....

15. Est-ce qu'il y a une langue que vous parlez couramment ? Laquelle ?
    ....

16. À quelle heure y a-t-il une récréation ?
    ....

17. Est-ce qu'on vous apprend l'informatique dans votre école ?
    ....

18. Selon vous, les ordinateurs sont-ils importants ?
    ....

19. En quoi êtes-vous le plus fort à l'école ?
    ....

20. Est-ce qu'on vous donne beaucoup de devoirs à faire ?
    ....

21. Combien de temps passez-vous à faire vos devoirs ?
    ....

22. Quelles installations sportives y a-t-il dans votre école ?
    ....

23. Faut-il porter un uniforme ? Décrivez-le.
    ....

24. Le régime à l'école est-il trop sévère, ou est-il libéral ?

....

25. Qu'est-ce qui vous arriverait si vous ne portiez pas l'uniforme ? Quelles sont les punitions ici ?

....

Vocabulary:
    J'en ai pris pour dix minutes pour arriver ici = it takes me 10 minutes to get here.
    Arriver = to get somewhere (i.e. to arrive)
    Je passe mon bac (baccalaureat) = I'm doing my 'Leaving Cert'.
    On a une pause = we have a break.
    Je cause/bavarde avec mes copains = I chat with my friends.
    Je traîne avec mes copines = I hang around with my friends.
    On n'a pas d'heure de permanence = we don't have a free class.
    Je me passionne pour la comptabilité . . . = I love Accountancy . . .
    Parce que j'aime les chiffres et faire des calculs = because I like figures and doing sums.
    L'histoire, ça ne me plaît pas = I don't like History.
    Je trouve ça casse-pieds ! = I think it's a pain!
    Je parle espagnol assez couramment = I speak Spanish fluently.
    Je peux soutenir une conversation en allemand = I can hold a conversation in German.
    Je sais me servir d'un ordinateur et d'un traitement de texte = I can use a computer and a word-processor.
    On nous donne pas mal de devoirs = they give us (we are given) a lot of homework.
    Le proviseur / le directeur/ la directrice = Principal (lycée / college)
    La politesse = good manners
    Je bosse tous les samedis matins = I 'swot' every Saturday morning.
    Je fais partie de l'équipe de tennis = I am part of/a member of the tennis team.
    On porte un blazer à écusson = we wear a blazer with a badge.
    Il est demodé = it's outdated.
    Il n'est pas 'dans le vent' = it's not 'cool'/up to date/'with it'.
    J'ai fait l'école buissonière = I 'mitched'.
    On ne m'a pas surpris = I wasn't caught
    On nous colle/on nous met en retenue le samedi = they put us in detention on Saturdays.
    Mes notes étaient moches = my marks were lousy
    Je fais de mon mieux = I do my best
    Je préfère le contrôle continu = I prefer continuous assessment

Subject (F): *La Drogue* :

1. Est-ce qu'il y a un problème de drogues dans votre école/quartier ?
   – Oui, mais ce n'est pas aussi grave en banlieue que dans les lotissements [housing estates]. Il y a certains élèves qui se droguent. Pour moi, c'est idiot. C'est nuisible à la santé.

2. Pourquoi est-ce qu'on se drogue ?
   – La plupart des toxicomanes [addicts] sont des adolescents qui viennent des foyers vivant la misère ou le chômage. Ces problèmes ne partent jamais. On se drogue par curiosité. En plus, il y a la pression exercée par les copains.

3. Est-ce que le problème ne touche que la classe ouvrière ?
   – Non, cela touche toutes les couches sociales, les pauvres aussi bien que les milieux 'aisés'.

4. Connaissez-vous quelqu'un qui est toxicomane ?
   – Non, je ne connais personne qui le soit / je n'en connais pas.

5. Est-ce qu'on vous a déjà offert des drogues ?
   – Oui, ça s'est passé dans une discothèque, mais je les ai refusées.

6. Est-ce qu'il existe dans les écoles une campagne contre la drogue ?
   – Bien entendu. On enseigne aux élèves les dangers de la drogue et du dopage. Partout dans les couloirs, on voit des posters aux murs avec le message "À bas les drogues ! Attention au dopage !" et ainsi de suite. Des vedettes [stars] du sport et de la musique pop figurent sur les posters. Les écoles luttent contre les drogues.

7. Ça suffit ?
   – Peut-être que c'est un peu efficace. Cependant, je crois que les héros des jeunes, tels que les footballeurs, les vedettes de cinéma et les groupes de musique devraient condamner la drogue et le dopage. Par contre, il y a plusieurs vedettes qui prennent des drogues. Ils sont si égoistes.

8. Peut-on renoncer à l'habitude de la drogue ?
   – C'est possible, mais c'est dur. Il faut avoir de la volonté. L'embêtant, c'est que la drogue fait maintenant partie de la culture de la jeunesse.

9. Quels sont les effets des drogues ?
   – Cela depend des drogues. Quand on se drogue, on cherche de nouvelles sensations, mais ça entraîne la tristesse, la peur et des pertes de mémoire. Ça détruit aussi les rapports avec amis et famille.

10. Que faut-il faire pour faire face à [to confront] ce problème ?
    – Il faut que les pouvoirs publics exercent plus de pression sur les trafiquants [dealers]. Les parents doivent surveiller leurs enfants et les copains pour pouvoir agir ensemble. L'union fait la force.

Answer the questions:

1. Est-ce que le problème touche votre école ?
   ....
2. Connaissez-vous quelqu'un qui se drogue ?
   ....
3. Selon vous, pourquoi est-ce qu'on prend des drogues ?
   ....
4. Avez-vous jamais goûté à la drogue ?
   ....
5. Quelles sont les drogues dures ?
   ....
6. Doit-on légaliser les drogues douces ?
   ....
7. Est-ce que la toxicomanie est un fléau à Dublin ?
   ....
8. Qu'est-ce que vous feriez pour résoudre le problème ?
   ....
9. Qu'est-ce que les communautés devraient faire ?
   ....
10. Quel est le lien/le rapport entre les drogues et l'augmentation de la criminalité ?
    ....

Subject (G) *Le voyage* :

1. Quels sont les moyens de transport ?
   ....
2. À votre avis, lequel est le plus confortable/plus cher ?
   ....
3. Lequel préférez-vous ?
   ....
4. Où avez-vous voyagé dans le monde ?
   ....
5. Quel est le plus beau pays du monde que vous ayez visité ?
   ....
6. Qu'est-ce que vous avez vu dans ce pays ?
   ....
7. Comment avez-vous trouvé les gens ?
   ....
8. Comment était la nourriture ?
   ....

9. Qu'est-ce que vous avez reçu comme cadeaux ?
   ....
10. Avez-vous jamais fait de l'auto-stop ?
    ....
11. Qu'est-ce qu'il faut faire avant d'entrer dans un pays (– la douane)
    ....
12. De quoi a-t-on besoin avant de quitter son pays ?
    ....
13. Où allez-vous en vacances cet été ?
    ....
14. Si vous aviez beaucoup d'argent, où iriez-vous dans le monde ?
    ....
15. Avez-vous jamais voyagé en bateau ?
    ....
16. Avez-vous déjà eu le mal de mer ?
    ....
17. Où êtes-vous allé en vacances l'été dernier ?
    ....
18. Avec qui ? / Qui vous a accompagné ?
    ....
19. Combien de temps y êtes-vous resté ?
    ....
20. Qu'est-ce que vous avez fait l'année dernière pendant les grandes vacances ?
    ....
21. Un syndicat d'initiative, qu'est-ce que c'est ?
    ....
22. En général, où vont les Irlandais en vacances ?
    ....
23. Quels sont les avantages et les inconvénients de l'auto-stop/du camping ?
    ....
24. Êtes-vous jamais resté dans une auberge de jeunesse ?
    ....
25. Le voyage, ça vous plaît ?
    ....

Vocabulary:
   Séjourner = to stay [as in 'to sojourn']
   Passer un bon séjour = to have a good holiday
   Descendre dans un hôtel = to stay in a hotel
   Le voyage a duré plusieurs heures = the trip lasted several hours

Phrases to say what you saw in a country:

Je suis allé au Louvre/j'ai vu la Joconde (Mona Lisa) / j'ai visité la Tour Eiffel/ j'ai été à la Place de la Concorde/on m'a emmené à Versailles (I was brought to . . .).
Faire le tour du Portugal = to tour Portugal.
Passer par la douane = to go through customs.
Rien à déclarer = nothing to declare.
Faire une promenade en bateau-mouche = to go on a pleasure-boat cruise.
Les gens sont accueillants/sympas/gentils = the people are hospitable/nice/kind.
Notre emplacement était près de la mer = our site (tent/caravan) was near the sea.
On avait un branchement électrique = we had electricity.
Notre terrain de camping avait de l'eau en permanence = our campsite had running water.
Le camp était sale/malpropre = the camp was dirty/unclean.
Il avait une salle de réunion = it had a common room.
Avoir la bougeotte = to have the wanderlust.
Le pays que j'aime le mieux, c'est l'Autriche = the country I like the most is Austria.
Je n'ai pas les moyens d'aller aux États-Unis = I can't afford to go to the States.
L'auto-stop est un moyen économique de voyager = hitch-hiking is a cheap form of travelling.
Emballer / déballer = to pack / unpack.
Coûteux / à prix modéré = costly / reasonably priced.
Les préparatifs = preparations.

Subject (H) *Le Chômage* :

1. Le chômage, qu'est-ce que c'est ?
   – Cela veut dire que l'on est sans emploi ; qu'on n'a pas de travail.
2. Comment est-ce que cela arrive ?
   – soit on est renvoyé / congédié, soit on ne peut pas trouver de travail, à cause de la crise économique.
3. Est-ce qu'il y a beaucoup de chômage en Irlande en ce moment ?
   – Il y en a trop. Par rapport à d'autres états de l'UE, l'Irlande a un des plus hauts taux de chômage. C'est inquiétant !
4. Pour qui est-ce que le problème du chômage est le plus inquiétant ?
   – Sans aucun doute les jeunes. Ils perdent leur confiance lorsqu'ils sont chômeurs. Ils n'ont pas d'espoir. Ils deviennent très pessimistes.
5. Comment est-ce qu'ils réagissent ?
   – Soit ils décident de vivre des allocations de chômage, ou alors ils émigrent.

Quelquefois il y a ceux qui se révoltent, qui se comportent mal ; qui se droguent et qui boivent trop.

6. **Comment est-ce que le chômage touche la société ?**
   – C'est un fléau social qui ne prend pas fin. Les parents s'inquiètent de l'avenir de leurs enfants.

7. **Quels sont les emplois disponibles ?**
   – D'une part, ce sont les postes dans le secteur des technologies de pointe, créés par des entreprises multinationales. Il faut avoir une licence pour obtenir un emploi dans ce domaine. De l'autre part, bien des chômeurs trouvent des emplois, mais ce ne sont que des emplois à temps partiel. On ne peut pas gagner sa vie avec du travail mal payé.

8. **Quelle est la solution de ce problème ?**
   – je n'en ai aucune idée, mais je crois qu'on devrait poursuivre ses études après l'école pour développer ses aptitudes et capacités. La plupart des chômeurs n'ont aucune qualification. De nos jours on exige des diplômes.

9. **Croyez-vous que l'éducation prépare les jeunes pour la vie ?**
   – C'est une question délicate. Pour certains élèves, l'éducation est une perte de temps. À mon avis, une personne sans éducation sera sans emploi.

10. **Qu'est-ce que vous conseillez aux chômeurs de faire ?**
    – Faire des études d'informatique. On doit savoir travailler avec les ordinateurs. Il faut être bilingue pour travailler à l'étranger. Donc, il faudrait apprendre au moins une langue.

Answer the questions:

1. Le chômage, c'est un problème grave en Irlande ?
   ....
2. Y a-t-il quelqu'un chez vous qui est au chômage ?
   ....
3. Est-ce qu'il y a beaucoup de chômeurs dans votre quartier ?
   ....
4. Qui sont les gens les plus touchés par le chômage ?
   ....
5. Est-il difficile de trouver un emploi ?
   ....
6. Que feriez-vous si vous étiez sans emploi ?
   ....
7. À votre avis, est-ce qu'il y a une solution au problème du chômage ?
   ....

8. Quels en sont les causes, selon vous ?
   ....
   9. Que fait-on pour trouver un emploi après avoir quitté l'école ?
   ....
10. Dans quel domaine aujourd'hui y a-t-il plus d'emplois ?
   ....

Subject (I) *Les Langues Vivantes* :

1. Depuis quand apprenez-vous le français ?
   – J'apprends le français depuis cinq ans.

2. Avez-vous eu le choix entre plusieurs langues en sixième ? ['sixième' = 1st year in France who operate in reverse order].
   – Non, c'était obligatoire d'étudier le français. Mais on avait le choix entre l'allemand et les travaux manuels. Il est important d'apprendre une langue.

3. Le français, ça vous intéresse ?
   – Oui, ça m'attire beaucoup. Je crois être doué pour ça.

4. Pourquoi est-ce qu'on étudie les langues vivantes ?
   – Parce qu'on doit savoir parler au moins deux langues pour obtenir un bon emploi et pour mieux communiquer avec nos partenaires européens. Après tout, nous faisons la plupart de notre commerce avec l'UE.

5. Y a-t-il d'autres raisons pour étudier une langue étrangère ?
   – Oui, certes. Cela aide pour pouvoir voyager. Il faut savoir se débrouiller quand on se trouve dans un pays étranger. Qui plus est, il y a de plus en plus d'emplois dans le domaine du tourisme.

6. Comment trouvez-vous la grammaire française ?
   – Je la trouve assez difficile. Il faut que je me rattrape constamment. Cependant, je pense que la grammaire française est plus facile que celle de l'allemand.

7. Quelle est la meilleure façon d'apprendre une langue ?
   – Selon moi, il faut qu'on aille dans le pays d'origine et qu'on y reste pendant deux ans.

8. Avez-vous des projets pour aller à l'étranger ?
   – Oui. J'ai envie d'aller en France pour travailler comme cuisinier.

9. Pourquoi la France dans ce cas ?
   – Parce que c'est le centre de la haute cuisine. Tous les meilleurs chefs ont étudié en France. De plus, les cartes des restaurants sont écrites en français.

10. Est-ce que vous vous exercez à [do you practice] parler français en classe ?
    – Bien sûr. Le prof nous divise en groupes et nous parlons tous français.

Oral Examination

Answer the following questions:

1. Les langues vivantes vous plaisent ?
   ....
2. Depuis quand apprenez-vous le français ?
   ....
3. À part le français, étudiez-vous d'autres langues étrangères ?
   ....
4. Avez-vous visité un pays étranger ?
   ....
5. Est-ce que votre école organise des voyages à l'étranger ?
   ....
6. Combien de cours de français avez-vous par semaine ?
   ....
7. Quelles sortes de choses faîtes-vous pour apprendre le français ?
   ....
8. À votre avis, quel est l'aspect le plus difficile de la langue française ?
   ....
9. Quels avantages y a-t-il à connaître une langue ?
   ....
10. Avez-vous l'intention d'aller en France ?
    ....
11. Aimeriez-vous y travailler ?
    ....
12. Connaître une langue, ça vous aidera à trouver un emploi ?
    ....
13. Avez-vous déjà participé à un échange ?
    ....
14. Est-ce que vous avez jamais eu un correspondant français ?
    ....
15. Croyez-vous que le gaélique doit être obligatoire ?
    ....

Subject (J) *La Musique* :

1. Écoutez-vous de la musique ?
   – Ah oui ! c'est mon passe-temps favori. J'écoute toutes sortes de musique; telles que le jazz, le rock et ainsi de suite.

2. Est-ce que vous jouez d'un instrument ?
   – Oui, je joue de la batterie. Une fois, nos voisins se sont plaints à mes parents qui m'ont dit de jouer plus doucement. C'est difficile avec la batterie ! En tout cas, je me suis plié à leur demande.

3. Vous exercez-vous beaucoup ?
– Bien entendu. Je joue pendant au moins huit heures par semaine, dont deux heures chez mon copain. Nous avons formé un groupe.

4. Très bien ! Vous avez beaucoup de succès ? Vous donnez des représentations dans des discothèques, des boums ?
– Pas vraiment. En fait, pas du tout parce que nous ne sommes pas formidables ! On fait des efforts, mais on nous ignore. Cependant, on s'amuse.

5. Depuis quand êtes-vous batteur ? Quand est-ce que vous avez commencé à jouer de la batterie ?
– J'ai commencé à prendre des cours à l'âge de quatorze ans. J'apprenais à jouer du piano à l'école depuis trois ans, mais ça m'ennuyait. D'ailleurs, le piano exige plus d'adresse. Je l'ai trouvé trop difficile.

6. Avez-vous une chaîne hi-fi chez vous ?
– Oui, j'ai aussi un magnétophone pour enregistrer ma musique. En partant pour l'école, je mets mon baladeur. J'aime écouter de la musique en marchant. C'est très décontractant.

7. Est-ce qu'on permet les baladeurs à l'école ?
– Non, c'est interdit. On peut vous les confisquer. C'est casse-pieds.

8. Vous faîtes une collection de disques ?
– Oui, j'ai une bonne collection de disques. Je reçois beaucoup de disques comme cadeaux depuis des années. J'achète des disques compacts avec mon argent de poche, mais ils sont très chers.

9. Est-ce que vous assistez souvent à des concerts ?
– Pas souvent. Seulement quand un supergroupe, tel que R.E.M. ou Blur donne une représentation. Pourtant ça coûte très cher d'aller aux concerts.

10. Êtes-vous membre de l'orchestre d'école ?
– Oui, je joue dans l'orchestre de temps en temps, quand il y a une séance.

<u>Complete the gaps with your own answers:</u>

1. Vous vous intéressez à la musique ?
....

2. Quel est votre genre de musique favori ?
....

3. Quelle sorte de musique est-ce que vous ne pouvez pas supporter ?
....

4. Avez-vous un groupe préféré ? Décrivez-le.
   ....
5. Qui est votre chanteur / chanteuse favori / favorite ?
   ....
6. Est-ce que vous jouez d'un instrument ?
   ....
7. Depuis quand jouez-vous de cet instrument ?
   ....
8. Est-ce que vous vous exercez souvent ?
   ....
9. Avec qui / Où vous exercez-vous ?
   ....
10. Êtes-vous membre d'un groupe ?
    ....
11. Assistez-vous aux concerts de rock au Point / à Slane ?
    ....
12. Combien ça coûte, environ, pour aller à un concert ?
    ....
13. Que pensez-vous des nouveaux genres de musique tels que la 'Dance' ?
    ....
14. Pourquoi est-ce que le 'gangsta rap' est si populaire parmi les jeunes ?
    ....
15. Voudriez-vous jouer de la musique pour gagner votre vie ?
    ....

ORAL OPTIONS

PICTURE STIMULUS: PHOTO

The details in the photograph may lead into a discussion of some related theme. These sample questions refer to a photograph taken by a student while on holidays in La Baule.

Examinateur/rice :
1. Qui est dans cette photo ? C'est vous à droite ?
2. Où l'avez-vous prise ?
3. Vous y êtes allé en vacances ? Quand ?
4. Avez-vous pris le ferry ? De Cork ?
5. Avez-vous eu le mal de mer ? C'est terrible, n'est-ce pas ?

THE DOCUMENT:

(1) Remember that the examiner will not have read or seen your document until the very moment when you produce it at the examination. This can be to your advantage because the range of questions should be limited. Imagine how difficult it is for somebody to produce questions 'out of a hat' about a document which s/he has not even read?

(2) The time involved depends upon how it goes. Probably **ONE MINUTE**.

(3) It is likely that this section of the oral examination will take place during the **SECOND HALF** of the test, and will be included as part of the normal conversation. Here is a sample of some questions that you may be asked:

SAMPLE QUESTIONS:

(DOCUMENT):

Examiner : Cet article est tiré de quel texte ?
Étudiant(e) : Il provient [comes from] d'une revue qui s'appelle "l'Express".
Exam : Lisez-vous souvent ce magazine ?
Étud : Non, ma mère l'achète une fois par mois.
Exam : Bon, alors, de quoi s'agit-il [what's it about?], cet article ?
Étud : Il s'agit (it's about) d' un _____.

(PICTURE STIMULUS):

Examiner : Qu'est-ce qui se passe (what's happening?) dans cette image ?
Étudiant(e):
Exam : Pourquoi avez-vous choisi cette photo / image ?
Étud : Je l'ai choisie (I chose it – remember to include pronouns !) parce que _____ .
Exam :

(PROJECT / GAME):

1. Quel était le but de ce projet ?
2. Est-ce que tout le monde a dû faire le projet ?
3. Quelle note avez-vous reçue ?
4. Avez-vous gagné un prix ?
5. Pourquoi avez-vous choisi d'inventer un jeu de société ? (board game)
6. Comment est-ce que cette idée vous est venue à l'esprit ? (come to mind)
7. Dites-moi comment on gagne à ce jeu ?
8. Est-ce que vous avez déjà utilisé un traitement de texte ?

Section 2 – Grammar Revision

A. TERMINOLOGY

1. le nom, le substantif = the noun; thing, place or person, e.g., le <u>stylo</u>, la <u>fille</u>, la <u>voiture</u>.
2. le nom masculin = the masculine noun (le jardin)
3. le nom féminin = the feminine noun (la rivière)
4. le singulier = the singular (le coin)
5. le pluriel = the plural (les coins)
6. l'objet = direct object (j'ai donné les fleurs = I gave the flowers)
7. le sujet = subject (le facteur est arrivé = the postman arrived)
8. le complément = indirect object (j'ai donné les fleurs à ma mère = I gave the flowers to my mother)

B. LES ADJECTIFS

1. l'adjectif = adjective (word which describes a noun), e.g., le ciel <u>bleu</u>, la ville <u>surpeuplée</u>, une rue <u>étroite</u> (= blue, over-populated, narrow).
2. l'adjectif possessif = possessive adjective (mon frère) = **MY, YOUR**, etc.
3. l'adjectif interrogatif = interrogative adjective (quels romans lisez-vous ?) = **WHAT** books . . . ?
4. l'accord des adjectifs = agreement of adjectives, i.e. masculine, feminine and plural (elle est fatiguée; ils sont grands).

C. LES PRONOMS

1. le pronom = pronoun (je lui parle) = I'm speaking to **HIM**.
2. le pronom personnel = personal pronoun (je parle allemand = **I** speak German)
3. le pronom possessif = possessive pronoun (il a perdu son argent et j'ai trouvé le mien) = MINE.
4. le pronom interrogatif = interrogative pronoun (qui a téléphoné ?) = **WHO**?
5. le pronom relatif = relative pronoun (où est la valise que j'ai laissée ici ?) **THAT, WHICH**.
6. le pronom réfléchi = reflexive pronoun (elle se dépêche) = **HERSELF** (when action is done to oneself)
7. le pronom démonstratif = demonstrative pronoun (celle que vous voyez) = **THE ONE** which . . .

D. LES VERBES

1. **le verbe transitif** = transitive verb, i.e. one that takes a direct object (without a preposition),

    e.g., j'écris une lettre; il mange un gâteau; nous regardons la télé.

2. **le verbe intransitif** = intransitive verb, i.e., one that takes an indirect object (with a preposition),

    e.g., j'arrive à deux heures; elle vient d'Espagne.

3. **l'infinitif** = infinitive (the name / title of the verb or the verb the verb as you find it in the dictionary),

    e.g., aller; donner; recevoir; écrire; trouver, etc.

4. **le verbe impersonel** = impersonal verb (a verb which has no person, such as 'I, you, we, etc.' There is only 'it' – "il"),

    e.g., il pleut = it's raining / il faut que = it's necessary that / il est temps que = it's time that.

5. **le verbe pronominal** = reflexive verb (the action reflects back on the subject, i.e., the action of the verb is done to the subject),

    e.g., la voiture s'arrête = the car stops (car stops itself) / je me dépêche = I hurry (I hurry myself).

E. TENSES AND MOODS:

1. **l'indicatif présent.** = present tense (is, are doing),
    e.g., j'attends = I'm waiting
    elle va = she's going
    nous voyons = we see
    les enfants jouent = the children are playing.

2. **le futur simple** = future tense (will),
    e.g., on (y) sera à temps = we'll be on time
    ils iront en ville = they will be going into town
    il fera beau = the weather will be fine.

3. **le conditionnel** = conditional (would),
    e.g., que voudriez-vous ? = what would you like?
    je voudrais un café = I'd like a coffee
    ça serait mieux = it would be better.

4. **le passé composé** = perfect tense (have done),
   e.g., tu as écrit = you have written
       avez-vous compris ? = have you understood?
       j'ai compris = I've understood.
       elles sont arrivées = they arrived

5. **l'imparfait** = imperfect tense (was, were doing / used to do),
   e.g., quand j'étais jeune = when I was young
       elle se promenait = she was walking
       ils écoutaient la radio = they were listening to the radio.

6. **l'impératif** = imperative (giving orders),
   e.g., ouvrez vos cahiers ! = open your copies!
       attends un instant ! = wait a moment!
       allons ! = let's go!

7. **le passé simple** = past definite (I did; he saw; we went; they said),
   e.g., je fus = I was
       il vint = he came
       ils allèrent = they went.

8. **le plus-que-parfait** = pluperfect (had done),
   e.g., on avait écrit la lettre = we had written the letter
       je lui avais dit = I had told him.

9. **le subjonctif** = subjunctive (that I may, might – depends on preceeding verb),
   e.g., il faut que nous partions = we have to leave (it is necessary that we leave)
       quoiqu'il soit malade, il travaille toujours = though he is sick, he's still working.

10. **le subjonctif au passé composé** = perfect subjunctive,
    e.g., je doute qu'il ait menti = I doubt that he lied
        jusqu'à ce que nous soyons arrivés = until we arrived.

11. **le participe présent** = present participle (not a verb, just – doing; going; having; being),
    e.g., en lisant mon livre, j'ai pris des notes = while reading my book, I took some notes.

12. **le participe passé** = past participle (not a verb, just – done; gone; had; been),
    e.g., j'ai <u>étudié</u> = I have <u>studied</u>
        elle est <u>sortie</u> = she has <u>gone</u> out
        il s'est <u>amusé</u> = he has <u>enjoyed</u> himself.

13. **la voix active** = active voice (subject does the action of the verb),
    e.g., <u>il</u> aime tout le monde = <u>he</u> likes everyone
        <u>il</u> écrit une lettre = <u>he</u>'s writing a letter.

14. **la voix passive / le passif** = the passive voice (the subject is passive, i.e., the action is done to it),
    e.g., il est aimé = he is liked
        la lettre est écrite = the letter is written
        la tente a été dressée = the tent was put up (pitched).

F. LES ARTICLES

1. **l'article défini** = definite article (**THE**),
   e.g., le roman, la Fac, les amis.

2. **l'article indéfini** = indefinite article (**A**),
   e.g., un vélo, une maison, des copains.

3. **l'article partitif** = partitive article (**OF THE, SOME**),
   e.g., le fils de l'agent = the policeman's son (the son of the policeman)
       je vais boire du lait = I'm going to drink some milk.

G. MISCELLANEOUS

1. **l'adverbe** = adverb (a word which describes a verb),
   e.g., il court lentement = he runs slowly
       tout d'un coup, il y a eu un bruit = suddenly, there was a noise
       j'ai bien dormi = I slept well

2. **le comparatif** = comparatif,
   e.g., plus étroit que = narrower than
       moins cher que = cheaper than
       aussi grand que = as tall as

3. **le superlatif** = superlatif,
   e.g., le plus étroit = the narrowest
       le moins = the cheapest

4. **la phrase** = sentence,
   e.g., je fais mon lit = I make my bed.

LA GRAMMAIRE

1. "ON":

This is a very useful and popular word, which must be practised orally and in writing. It represents 'one, we, you, they, people'. One advantage of it is that it avoids having to use different parts of the verb, such as 'nous, vous, ils,' etc. You only use the 3rd person singular. "ON" is widely exploited by the French. In the U.K. and Ireland, it is considered 'posh' and pretentious to say: "One shouldn't be without a credit card". In fact, in French, it is quite normal to say "ON" for "one". Look at these examples:

(i) What do you do in school ? = Que fait-*on* à l'école ?
(ii) They speak English here = *On* parle anglais ici.
(iii) People say that he is right = *On* dit qu'il a raison.
(iv) Well, did you win the match? = Alors, *on* a gagné le match ?
   No, we lost! = Non, *on* a perdu !

Remember: "*On*" is a subject [un sujet] — not an object [un objet]! "*On*" does the action of the verb.

"*On*" can be used instead of the passive (where the action is done to the subject):

All windows have been opened = *On* a ouvert toutes les fenêtres.

The thief was arrested = *On* a arrêté le voleur.

Note: we do not know who 'opened the windows' or who 'arrested the thief'. The **REAL** subject is **NOT** mentioned. Hence, the use of "*On*".

The possessive equivalent of "*On*" is "son". Therefore;
On perd *son* temps = They are wasting their time.

The reflexive of "*On*" is 'se'. Hence;
En Allemagne on *se* lève très tôt = In Germany, people get up very early.

2. "MIEUX" AND "MEILLEUR(E)":

The difference between these two words (they both mean 'better') is that "**MIEUX**" is an adverb which describes a verb; and "**MEILLEUR**" is an adjective which describes a noun:

- J'étais malade, mais maintenant je vais **MIEUX** – 'vais' is a verb. "**MIEUX**" describes how 'I am feeling'.
- Everton est une bonne équipe, mais Liverpool est une **MEILLEURE** équipe – **MEILLEURE** describes the noun which is the Liverpool team.

Note that, as **MEILLEUR** is an adjective, it agrees with 'Équipe'. Adverbs like **MIEUX** never agree.

Before doing the following exercise, it is worth revising "bon / bien".
(1) "Bon" is an adjective which agrees with the noun. It means 'good':
   C'est une bonne idée = it's a good idea.
   J'ai beaucoup de bons amis = I have a lot of good friends.
(2) "Bien" is an adverb which describes a verb, and never agrees with any word. It means 'well':
   L'équipe de Spurs a bien joué hier soir = Spurs played well yesterday.
   Vous travaillez très bien = you are working very well.

Exercises:
 (i) Je parle (well) italien mais je parle (better) allemand.
 (ii) Louis est un (good) étudiant mais Frédéric travaille (better).
 (iii) Ma voiture roule (better) que les autres parce que c'est (the best).
 (iv) L'équipe de l'Angleterre a de (good) footballeurs qui jouent (well), mais les Allemands jouent (the best).
 (v) Mon (best) ami habite près de chez moi.
 (vi) Son idée est (good) mais j'aime (best) ton idée. Je crois que c'est la (best) idée.
 (vii) Le (best), ce serait de lui faire entendre raison.
 (viii) Faites de votre (best).

3. "N'IMPORTE" = NO MATTER:

This little phrase can give you several useful expressions for oral purposes as well as for writing opinions. They involve the English equivalent of 'anything, anywhere', etc,. They include:

a. Téléphone-moi **N'IMPORTE QUAND** = Ring me anytime (lit: no matter when).
b. Il boit **N'IMPORTE QUOI** = He drinks anything.
c. Posez-les **N'IMPORTE OÙ** = Put them down anywhere.
d. Parlez à **N'IMPORTE QUI** = Talk to anyone.
e. Raconte-moi **N'IMPORTE QUELLE** histoire = Tell me any story.
f. J'ai acheté des livres. Prenez **N'IMPORTE LEQUEL** = I bought some books. Take anyone.

Exercise:
1. Come any time.
2. Anyone can see that it's a lie.
3. I got some cans of coke. Take anyone.
4. He reads all the time. He'll read anything.
5. Read any newspaper you want.

6. Go into any shop.
7. We'll go there anyhow.
8. Any doctor will tell you the same thing.

4. LE DISCOURS INDIRECT:

This is important for note writing in particular, but also for comprehension and opinion questions. It has to do with reporting something that was said some time before. The same tense changes take place in both languages:

(i) The **PRESENT** tense becomes the **IMPERFECT**;
   Direct: "Je **suis** fâché", a-t-elle dit.
   Indirect: Elle a dit qu'elle **était** fâché.

(ii) The **PASSE COMPOSÉ** becomes the **PLUPERFECT**:
   Direct: "Nous **avons lavé** la voiture", ont-ils dit.
   Indirect: Ils ont dit qu'ils **avaient lavé** la voiture.

(iii) The **FUTURE** becomes the **CONDITIONAL**:
   Direct: "Je **rendrai** le livre demain", a-t-elle repondu.
   Indirect: Elle a repondu qu'elle **rendrait** le livre demain.

5. "DEPUIS, IL Y A" AND "VOILÀ":

As explained in the Junior Certificate Revision Book, "depuis" with the present tense signifies that the action took place in the **PAST**, and is still going on in the present. It means that you have been doing something for a certain time. 'Depuis' means 'for' or 'since'.

   Je **LIS** ce livre **DEPUIS** la semaine dernière = I **HAVE BEEN READING** this book **SINCE** last week (and I am still reading it).

If, however, the action had been going on in the **PAST**, and is not still going on in the present, then you use the **IMPERFECT**:

   Je **LISAIS** le livre **DEPUIS** deux semaines, et je l'ai rendu à la bibliothèque = **I HAD BEEN READING** the book **FOR** two weeks, and I gave it back to the library (the action of reading is over).

Now, there is another way of expressing this point:

   VOILÀ deux semaines **QUE** je lis ce livre

   or

   IL Y A deux semaines **QUE** je lis ce livre
   (both mean: I have been reading this book for two weeks).

To say: 'I had been reading . . . ', simply put 'il y a' into the Imperfect tense:

IL Y AVAIT deux semaines **QUE** je lisais ce livre.
IL Y AVAIT déjà une heure **QUE** j'étais là
= I had already been there for an hour.

NOTE: The question which leads into this answer is usually:

'How long have you been . . . ?'

In French, it is translated as:

'Depuis quand . . . ?' (lit. 'Since when . . . ?')
or
'Depuis combien de temps . . . . ?' (lit. 'Since how much time . . . . ?')

Example:
1. How long have you been writing poems?
   = Depuis quand écrivez-vous des poèmes ?
2. I've been writing them (a) for seven years, (b) since I was seven.
   = Je les écris (a) depuis sept ans, (b) depuis que j'avais sept ans.
(Note the inclusion of que with 'depuis' when 'since' is followed by a verb).

Exercises:
(i) We had been talking for an hour when Thomas showed up.
(ii) How long has she been waiting here?
(iii) She's been waiting for two hours.
(iv) How long have you been living in Waterford?
(v) I've been living here for ten years.
(vi) We've been living here since we were teenagers.
(vii) I had been smoking cigarettes since I was fifteen, but I gave them up (renoncer à).
(viii) He had been trying to find a job for five months, when he emigrated.

6. EXPRESSIONS OF QUANTITY: (E.G. 'BEAUCOUP DE')

A very frequent mistake made by Leaving Cert. students, even by the best ones, has to do with the **EXPRESSIONS OF QUANTITY**. These expressions relate to those which express an amount of something, that is;

a kilo of   = un kilo de
a pound of   = une livre de
a box of   = une boîte de
a packet of = un paquet de
a bottle of = une bouteille de
a can of   = une boîte de
a cup of   = une tasse de

a little   = un peu de
a lot, much = beaucoup de
how much?   = combien de ?
enough   = assez de
too much   = trop de
more   = plus de

Can you identify the common link among these expressions in the following examples?

---

1. Donnez-moi un peu de fromage, s'il vous plaît.
2. J'ai passé beaucoup de temps à jouer aux échecs.
3. Combien de pièces as-tu, Alain ?
   Il me faut téléphoner.
4. Il veut acheter une boîte d'allumettes et une bouteille de vin.

Yes, they all use 'de' whether or not the nouns are masculine, feminine or plural!

This point is so easily forgotten. Now try these sentences . . . (Careful, they are not all straightforward expressions of quantity with 'de'):

a. When I'm thirsty, I drink water.
b. I'd like a pound of steak and some mince, please.
c. Would you like a cup of coffee? – Yes, thanks, and a spoonful (cuillerée) of sugar, please.
d. How many pupils are there in your school? – I don't know, but we have a lot of students here.
e. I need too many points to get into university.
f. I'm going to eat more vegetables in future. I'll eat peas, carrots, cabbage and broccoli.
g. There is too much traffic in my area, and not enough buses.
h. Give me a little time and it will be ready.

In addition to this section, it must be mentioned that there are other times when 'de' alone is used:

– when the verb is negative;
   "As-tu des frères, Anne ? – Non, je n'ai pas de frères".

– when, in the plural, the adjective goes before the noun;
   "Paul a des idées". "Oui, il a de bonnes idées, lui".

Exercises:

a. Look, there are some old cars over there.
b. Have you any change? – No, I don't have any change.
c. At the bookshop, I bought some new novels and some magazines.
d. I have no more time.

7. LE PARTICIPE PRÉSENT: (IN ENGLISH, IT REPRESENTS THE '-ING' PART OF A VERB)

A. You have experience of the past participle (do not be put off by these terms) 'done, chosen, gone,' and so on. The Present Participle is 'doing, choosing, going, etc,'. But participles do not by themselves act as verbs in the indicative mood. Therefore, they cannot by themselves make sentences. Let's look at some examples:

   (i) She didn't go to school, having the flu.
   (ii) Being well off, they went abroad on holidays.
   (iii) Laughing out loud, he disturbed the silence.
   (iv) Crying, she continued the story.

NOTE: In each of these examples, the present participles 'having, being, laughing, crying' do not have 'is' or 'are' as in 'he is laughing, she is crying'. Thus, they are not verbs in the Present Indicative!

B. Form:
To find the present participle of a verb is not difficult – there are only 3 exceptions!
   Get the 1st Person Plural (Present Tense) of any verb – 'nous écoutons, nous disons, nous faisons . . . '
   Remove 'nous' of course, and the ending '-ons'; then add the ending '-ANT'

Thus;   écoutant   =   listening
        disons   =   saying
        faisant   =   doing
        lisant   =   reading.

What are the three exceptions? As usual, they include 'avoir' and 'être', and also 'savoir'. They become;

        Avoir   =   **AYANT**
        Être   =   **ÉTANT**
        Savoir =   **SACHANT**

Now we can try our examples above:

   (i) **AYANT** la grippe, elle n'est pas allée à l'école.
   (ii) **ÉTANT** bien aisés, ils sont partis à l'étranger.
   (iii) **RIANT** à toute voix, il a interrompu le silence.
   (iv) **PLEURANT**, elle a continue l'histoire.

C. IMPORTANT NOTE : The present participle does not agree with the subject, except when the participle acts as an adjective:

1. **(a)** We had running water in our room = Nous avions de l'eau courante dans notre chambre.

   but

   (b) The water, running quickly, drenched the carpet = L'eau, courant rapidement, a trempé la moquette.

   In (a), 'courante' describes the 'water' in the same sense as 'cool, warm, etc.,'so it must agree with 'eau'; whereas in (b), 'courant' describes what the water is doing. When a word describes a verb, it has the status of an adverb, like 'slowly, easily, etc'. Thus it does not agree. Again;

2. **(a)** La femme mourante a chuchoté dans mon oreille = The dying woman whispered in my ear.
   (b) La femme, mourant dans mes bras, a chuchoté dans mon oreille = The woman, dying in my arms, whispered in my ears.

Note also: un film amusant ; une histoire passionnante ; de la puissance suffisante ; une place importante ; répondez aux questions suivantes ; le voyage fatigant.

D. Used with 'EN':
It means 'while, by, in, on' doing something:
(a) J'ai perdu mes clés EN jouant au foot = I lost my keys WHILE playing soccer.
(b) On réussit EN travaillant dur. = You succeed BY working hard.
(c) EN rentrant, j'ai rencontré Gérard = ON returning, I met Gerard.
(d) J'ai appris à me concentrer EN lisant = I learned to concentrate BY reading.

E. LE VERBE PRONOMINAL:
  (i) Nous causions en NOUS promenant = We chatted while walking.
  (ii) Il chantait en SE lavant = He sang while washing.
  (iii) Je prenais mon petit déjeuner en ME dépêchant = I had my breakfast while hurrying.
  (iv) Elle lisait en SE reposant = She read while resting.

F. "TOUT":
This is used to emphasise that two actions are happening at the same time:
1. Elle écoutait son baladeur TOUT en courant = She was listening to her walkman while running.
2. Nous prenions des notes TOUT en écoutant = We took notes while listening.

G. With verbs of 'seeing, hearing,' that is, the senses, the present participle is not used. Instead, we use the infinitive or "qui" plus the verb. Therefore;

1. Je les entends arriver (or: qui arrive) = I **HEAR** them arriving.
2. Il nous a vus faire du jardinage = He **SAW** us gardening.

H. INFINITIFS:

Sometimes the infinitive is preferred instead of the present participle;

(i) I like fishing = J'aime **PÊCHER** (not: J'aime pêchant)
(ii) I prefer walking = Je préfère marcher/me promener.

I. PREPOSITIONS:

ALL prepositions take the infinitive, even if the verb ends in '-ing'. "**EN**" is the only one that requires the present participle:

a. Un ouvre-boite sert à ouvrir les boîtes = A tin opener is used for opening tins.
b. Je pense à faire un stage = I'm thinking about doing a course.
c. Elle parle de travailler comme traductrice* = She's talking about working as a translator.
d. Tu passes trop de temps à jouer du piano = You spend too much time playing the piano.

* **No indefinite article "une" used in French for 'occupations'.**

Exercises:
1. They were talking about the party while playing chess.
2. I can't listen to the CD player while I'm studying.
3. Do you hear Tina Turner singing on the radio?
4. No, but I saw her performing at the Point Depot.
5. We spend a lot of time arguing.
6. By constantly revising, anyone can do well in the exams (réussir aux examens).
7. Knowing that drugs affect (toucher / nuire à) your brain, I refused them.
8. Word processing (le traitement de texte) is a very good way of writing an essay.
9. Let's go to Mark's house instead of going to the party.
10. You learn the news by reading the papers.

8. VERBS WITH PREPOSITIONS:

A very confusing aspect of the language for every learner. The question always asked is: 'How do we know which preposition to use with which verb?' There is a list that can be learned off, but it would be better to learn them in examples, and to practise them.

A. Here are the more common verbs that take 'a' before the noun or infinitive:

1. <u>Commencer à</u> : Il a commencé à pleuvoir.
   <u>Se mettre à</u> : L'enfant s'est mis à jouer.
2. <u>Jouer à</u> (playing games) : Je joue au foot
3. <u>Répondre à</u> : Répondez à la question, s'il vous plaît.
4. <u>Obéir à</u> : Il faut obéir aux règles du sport.
5. <u>Nuire à</u> : Le tabac nuit à la santé.
6. <u>Assister à</u> : Nous avons assisté à une pièce du théâtre hier soir.
7. <u>S'intéresser à</u> : Je m'intéresse à la lecture.
8. <u>Réussir à</u> : Si je réussis à mon bac, je poursuivrai mes études à la Fac.

NOTE that most of these verbs do not use the preposition 'to' in English. This is the difficult part, because people do not expect a preposition, but the French use one.

B. In the next list, we have a group of verbs which have prepositions in ENGLISH but NOT in French:

> Attendre = to wait for
> Chercher = to look for
> Payer = to pay for
> Demander = to ask for
>   . . . these verbs do not translate "for";
>
> Écouter = to listen to
> Regarder = to look at
>   . . . these verbs do not translate "to, at".
>
> Habiter = to live in
>   . . . "in" is often included in the verb.

1. To look for = chercher – Je cherche mon billet. Où est-il ?
2. To pay for = payer – Moi, je paye (also: je paie) les places.
3. To ask for = demander – Demandez-lui l'heure.
4. To wait for = attendre – Il attend le train de sept heures.
5. To look at = regarder – Nous regardons la télé ce soir.
6. To listen to = écouter – Qu'est-ce que tu fais ? J'écoute mon baladeur.
7. To live in = habiter – Elle habite une maison en banlieue.

More examples:
  (i) J'attends l'autobus = I'm waiting for the bus.
  (ii) Avez-vous payé les billets du concert ? = Have you paid for the concert tickets?

(iii) J'aime écouter la radio = I like listening to the radio.
(iv) Elle a demandé de l'argent = she asked for some money.
(v) Je regardais la télé = I was looking at the television.
(vi) Bien des jeunes cherchent un emploi = many young people are looking for a job.
(vii) J'habite Thurles depuis dix ans = I've been living in Thurles for ten years.

In the above examples, the French don't bother with the English prepositions "in, at" and "for". This does not apply to every verb with "in, at, for".

C. There are many verbs which take a preposition before the next verb, which then, in turn, becomes the infinitive.

(i) Here is a list of the most common verbs that take "à";
  1. Aider à = to help ➤ J'aide ma mère à passer l'aspirateur.
  2. S'amuser à = to enjoy ➤ Elle s'amuse à écouter la radio.
  3. Apprendre à = to learn ➤ J'apprends à jouer de la guitare.
  4. Chercher à = to try to ➤ Les élèves cherchent à faire les calculs.
  5. Commencer à = to begin to ➤ Il commence à pleuvoir.
  6. S'habituer à = to get used to ➤ On s'habitue à voyager.
  7. Inviter à = to invite to ➤ On m'a invité à rester.
  8. Se mettre à = to start to ➤ Je me suis mis à monter l'escalier.
  9. Réussir à = to succeed in ➤ Marie a réussi à gagner la médaille d'or.

(ii) Here is a list of those verbs which take "de" before the infinitive:
  1. Cesser de = to stop, cease ➤ Il a cessé de fumer.
  2. Craindre de = to be afraid of ➤ Je crains de faire faillite.
  3. Décider de = to decide to ➤ Nous avons décidé de partir de bonne heure.
  4. Se dépêcher de = to hurry ➤ On s'est dépêché de finir le travail.
  5. Éssayer de = to try to ➤ Il a essayé d'attraper le voleur.
  6. Éviter de = to avoid ➤ Elle évite de me rencontrer dans la rue.
  7. Menacer de = to threaten to ➤ L'assassin a menacé de tuer le temoin.
  8. Mériter de = to deserve to ➤ Tu mérites d'aller à la Fac.
  9. Obliger de = to be obliged to ➤ Tu es obligé de te reposer.
  10. Oublier de = to forget to ➤ J'ai oublié de mettre ta carte à la poste.

D. There is also a more complicated list of verbs which take "à" before the object, and "de" before the infinitive. These verbs are associated with verbs of communication, that is, 'asking, advising, telling, allowing, etc.':

Dire *à* quelqu'un *de* faire quelque chose = to tell someone to do something.
  e.g. J'ai dit à l'électricien de passer chez nous plus tard
    = I told the electrician to call later.

Conseiller *à* quelqu'un *de* faire quelque chose. = to advise someone to do something.
    e.g. La police à conseillé aux gens de s'éloigner
        = The police advised the people to stay away.

Défendre / Interdire *à* quelqu'un *de* faire quelque chose. = to forbid someone to do something.
    e.g. Le père de Sean lui a défendu / interdit de fumer
        = Sean's father forbade him to smoke.

Demander *à* quelqu'un *de* faire quelque chose. = to ask someone to do something.
    e.g. Ma copine m'a demandé de l'accompagner en Finlande
        = My friend asked me to go to Finland with her.

Ordonner *à* quelqu'un *de* faire quelque chose. = to order someone to do something.
    e.g. La mère a ordonné à son enfant de se coucher
        = The mother ordered her child to go to bed.

Permettre *à* quelqu'un *de* faire quelque chose. = to allow / let / enable someone to do something.
    e.g. Mon travail a permis à ma famille de voyager l'an dernier
        = My job enabled my family to travel last year.

(**NOTE:** When "à" comes before an object pronoun, i.e. him, her, them, then "à" combines with them to become "lui" (to him/her) and "leur" (to them).

Exercise:
1. I will ask my friend to drop in today.
2. Frank advised his neighbour visit the new art gallery.
3. Patricia persuaded her mother to give her more pocket money.
4. We advised everyone to buy this disque.
5. I told him to sit down.
6. Tell her not to annoy you.
7. Monsieur Dantes let his son go out to the disco.
8. Ask Antoine to lend you his book.
9. I wasn't allowed (careful! See "Passive") to speak too loudly.
10. Tell Michael to write / to phone me.
11. My father ordered me to put away [*ranger*] my video tapes.
12. Our boss forbids us to leave before five o'clock.
13. I asked my neighbours to keep the noise down.
14. Our guidance counsellor advised Denis to do Sciences.
15. She told them to hurry.

It is important to get good practice at these verbs because they are so widely used and contain those tricky prepositions:

   (i) M. Forestier forbids his children to smoke.
  (ii) 545 points would enable me to get into Medicine.
 (iii) Ask the clerk to give you a form.
  (iv) The Principal ordered the students to go into detention.
   (v) I told her to answer the question.
  (vi) My parents allowed me to stay out late.
 (vii) The referee told the players to restart the game.
(viii) The politicians advised the unions to share the available work.

E. Finally, there are those verbs which have the preposition 'de', but English does not use one;

s'approcher de = to go up to, go near, approach
avoir besoin de = to need
se servir de = to use
se souvenir de = to remember
se tromper de = to take the wrong . . . , to make a mistake in . . . ('de' here also does not agree; 'du, de la, des, de l'')
partir de = to leave
s'occuper de = to look after, to see to.
jouer de = to play (a musical instrument)

Let's look at some examples:
(a) Je ne peux pas sortir. Je dois m'occuper de mon petit frère
    = I can't go out. I'm minding my little brother.
(b) On se sert d'une tondeuse pour tondre la pelouse
    = You use a lawnmower to cut the grass.
(c) Je suis en retard parce que je me suis trompé de train
    = I'm late because I took the wrong train.
(d) Est-ce que tu te souviens du nom de l'équipe ?
    = Do you remember the name of the team?
(e) Ma sœur joue de la batterie
    = my sister plays the drums.

Now, putting them all together, try these exercises:
(a) <u>Remplacez les tirets avec la preposition qui convient (s'il en est besoin)</u>:

   1. J'écoute ____ les disques.
   2. Regardez____ sa voiture neuve.
   3. L'avion est parti ____ Shannon a dix heures.
   4. Ma mère nous a conseillé ____ prendre garde des étrangers.
   5. Servez-vous ____ vos calculatrices pour faire les calculs.

6. Ne t'inquiète pas. Je paie ____ les friandises.
7. Que fais-tu ? Je cherche ____ ma montre.
8. Ça alors ! Je ne peux pas répondre ____ question, madame.
9. Permettez-moi ____ me présenter.
10. On a besoin ____ plus de médicaments. C'est urgent.
11. Il demande ____ l'agent où se trouve la mairie.
12. Je me souviens ____ mon enfance.
13. Le gouvernement a promis ____ électeurs.
14. J'ai raconté l'histoire ____ classe.
15. Les refugiés ont essayé ____ échapper ____ camp.

(b) <u>Traduisez les phrases suivantes:</u>
1. They are waiting for the bus.
2. Ask the lads to bring their CD's on Saturday.
3. I use shampoo for my hair.
4. Who's paying for the damage?
5. I remembered my lines just in time.
6. Ask them for the time. My watch is slow.
7. She's leaving Limerick on Friday.
8. Look after the software (*le logiciel*), Anne. I'll mind the computer.
9. She advised me to study Information Technology.
10. He went up to the counter to cash a traveller's cheque.
11. Start writing!
12. You will have to stop smoking.
13. I can play the piano.
14. Do you help your parents to do the housework?
15. We're going to go for a hike (*faire une randonnée*).

9. LE PASSÉ SIMPLE (SIMPLE PAST TENSE):

This tense has to be learned mainly from the point of view of recognising it in comprehensions. It is chiefly a literary tense – it is not used in conversation or letter writing – so that's a relief! You come across it in literature, journalism and narrative. In English, the Passé Simple translates as the simple past tense, for example, 'I did, he saw, we went, they sold, etc,'.

Students would have had experience, up to now, of the Perfect (passé composé), Imperfect and Pluperfect tenses, that is, 'have done, was doing, had done' respectively. The Passé Simple expresses 'I DID', and replaces the <u>Passé Composé</u> in the 3 forms already mentioned; literature, journalism and narrative.

The Passé Simple has to do with actions which occurred in the past. It has a similar time span in the past as the Passé Composé; as though you were being asked the question: 'What happened next?' It replaces the Passé Composé in a narrative.

Now we will look at the formation of the Passé Simple. The endings for the regular verbs are as follows:

(ER) verbs Regarder	(IR) verbs Chosir	(RE) verbs Attendre
je regard**AI** (I watched) tu regard**AS** il/elle regard**A**	je chois**IS** (I chose) tu chois**IS** il/elle chois**IT**	j'attend**IS** (I waited) tu attend**IS** il/elle attend**IT**
nous regard**ÂMES** vous regard**ÂTES** ils/elles regard**ÈRENT**	nous chois**ÎMES** vous chois**ÎTES** ils/elles chois**IRENT**	nous attend**ÎMES** vous attend**ÎTES** ils/elles attend**IRENT**

NOTE: The endings of the (IR) and (RE) verbs are the same. Note also other similarities. For example, the 'avoir' endings for the first three persons singular of the (ER) verbs. Then the predominance of the letter 'A' throughout the verb.

Furthermore, the endings of the (IR)/(RE) verbs are very like the present tense endings of the same types of verbs – in the 1st, 2nd and 3rd persons singular. Then there is the continuation of the letter 'I' throughout the verb.

When you are aware of these patterns, then the learning of these, and other verbs, becomes easier.

There is still the third category of verbs – the (**OIR**) verbs. These are all **EXCEPTIONS**. Their formation often comes from the past participle of the verb:

E.g., **RECEVOIR** = to receive (past part.; reçu)

> je reç**US** (I received, I got)
> tu reç**US**
> il/elle reç**UT**
>
> nous reç**UMES**
> vous reç**UTES**
> ils/elles reç**URENT**

<u>Note</u> the frequency of the letter 'U' in this verb. At this stage, the patterns of the plural persons should be clear.

Learn also, the following popular exceptions;

    boire (past part.; bu) ➤ je bus, tu bus, il but, etc,.
    vouloir (voulu) ➤ je voulus
    connaitre (connu) ➤ je connus
    pouvoir (pu) ➤ je pus
    devoir (du) ➤ je dus
    mettre (mis) ➤ je mis

    écrire ➤ j'écrivis
    faire ➤ je fis
    naitre ➤ je naquis
    vaincre ➤ je vainquis
    ouvrir ➤ j'ouvris
    voir ➤ je vis

<u>Note especially:</u>

Avoir	**Être**	**Venir**
j'eus (I had)	je fus (I was)	je vins (I came)
tu eus	tu fus	tu vins
il/elle eût	il/elle fût	il/elle vint
nous eûmes	nous fûmes	nous vînmes
vous eûtes	vous fûtes	vous vîntes
ils/elles eurent	ils/elles furent	ils/elles vinrent

It is time to look at the practice of this tense:

Je commençai par une excursion en Italie. Le soleil me fît du bien. Pendant six mois, j'errai de Gênes a Venise . . . Puis je parcourus la Sicile, terre admirable par sa nature et ses monuments, reliques laissées par les Grecs et les Normands. Je passai en Afrique, je traversai ce grand desert jaune et calme, où errent des chameaux.

                                                                                     (Maupassant).

Try a passage of literature yourself. Change the verbs in brackets into the Passé Simple:

Le médecin (examiner) la blessure, et la (declarer) en bonne voie. Il (faire) un pansement complet et (ordonner) le repos. Mais Javel ne (vouloir) pas se coucher sans avoir repris son bras, et il (retourner) bien vite au port pour retrouver le baril qu'il avait marqué d'une croix.
    Sa femme et ses enfants (examiner) longuement ce debris du père . . . Puis on (faire) venir le menuisier pour un petit cercueil.
    Javel (cesser) de naviguer. Il (obtenir) un petit emploi dans le port.

                                                                                       (Maupassant).

10. QUI, QUE (PRONOM RELATIF):

They both mean 'which' and 'that', as well as 'who/whom'. Students frequently confuse them:

(i) J'ai envoyé la lettre **QUI** était sur la table = I sent the letter **WHICH** was on the table.

(ii) J'ai envoyé la lettre **QUE** tu as écrite = I sent the letter **WHICH** you wrote.

Take note that **"QUI"** refers to the subject (the noun that does the action of the verb. In example (i), "la lettre" is the subject of "était"). **"QUE"** refers to the object of the sentence (the noun that suffers the action of the verb. In example (ii), "la lettre" is the object, because it was 'written'). Now there are two ways of knowing when to use **"QUI / QUE"**:

A. Take two more examples:

1. Voilà l'athlète _____ a gagné la médaille d'or !
                              and
2. As-tu le roman _____ je t'ai prêté ? (Have you got the novel that I lent you?)

The two gaps obviously represent the relative pronouns. Now, you ask yourself; has the verb 'a gagné' got a subject before it? No, it hasn't. So put one in – **"QUI"**. In the second example, has the verb 'ai prêté' got a subject before it? Yes, it has. It is "je". So don't put another one in there. Use the object **"QUE"**. Hence:

1. Voilà l'athlète **QUI** a gagné la médaille d'or !
2. As-tu le roman **QUE** je t'ai prêté ?

B. The second method of deciding which pronoun to use is less obvious.

In example (1.), it is the athlete who won the gold medal. Now, since **QUI** stands in for the subject (and 'athlete' is the subject because s/he did the action of 'winning'), then only **QUI** can go before "a gagné".

Similarly with **QUE**, which replaces the object only. In example (2.), "have you got the novel that I lent you?", the 'novel' is the object, because it was 'lent'. Since **QUE** stands in for the object (and 'roman' is the object), then **QUE** must replace 'roman'.

Remember also that there is a slight difference in English between **QUI / QUE**:

QUI = who, that, which.   **QUE** = whom, that, which.

NOTE as well that only QUE can lose the "e" before a vowel – QU'il, QU'elle, etc., QUI never loses it – QUI êtes-vous ?

Not an easy concept, so get some practice.

(i) Quel est le nom du film _____ tu as vu hier ?
(ii) Lineker est le joueur _____ j'aime le plus.

(iii) Je suis entré dans la pièce ____ se trouvait en face de la cuisine.
(iv) Où sont les cadeaux ____ je viens d'acheter ?
(v) Je vois le chemin ____ mène à la ville.
(vi) Ils sont descendus dans un hôtel ____ donne sur la mer.
(vii) La Suisse est le plus beau pays ____ nous connaissions (subjunctive after superlative, cf. Subjunctive).
(viii) C'est Joanna ____ m'a raconté l'histoire.

This time, somewhat harder; translate:

(NOTE: Remember that when the direct object pronoun – "que" – comes before the verb in the Passé Composé the past participle agrees with it.)

1. The pupil who won first prize, received a tracksuit.
2. Where is the gold ring that I left here?
3. I know that who's speaking.
4. The novel, which he is reading, is very funny.
5. The car you see is mine. (Be careful with the English usage of LEAVING OUT the words 'that, which'. So you must appreciate the French way of doing things: "The car THAT you see . . . ").
6. People who work hard deserve to get benefits.
7. Blackburn is the team I like least.
8. The Olympic Games, which are held every four years, and which I enjoy [*apprécier*], will probably never take place in Ireland.
9. The Workers Party [*Le Parti Travailliste*] don't get the same quantity of support that conservative parties receive.
10. Aids [*le SIDA*] is a disease which threatens [*menacer*] millions of people.

Finally, do not confuse **QUE** as a pronoun with **QUE** as a conjunction. A conjunction joins two clauses to make one sentence; so there is usually two verbs in the whole sentence when using **QUE**;

J'espère **QUE** vous avez raison = I hope that you are right.

Here, there is no question of subjects or objects. **QUE** merely **LINKS** two verbs – 'hope' and 'are'. **QUE** is a conjunction in this case.

11. DONT (PRONOM RELATIF):

This can be a difficult pronoun, and one which students seldom use – or know how to use. "Dont" is in the same category of pronouns as "qui, que", that is, it is a relative pronoun. "Dont" translates: 'of whom, of which' and 'whose', etc. It stands in for "de" plus a relative pronoun. In other words, it is like trying to say "de que", which would not be correct. Look at these examples to explain it better:

A. "DONT" is used as a relative pronoun when the verb takes the preposition "DE":

(i) Ce sont les trucs **DONT** tu as besoin = these are the things *that* (of *which*) you need.

"Avoir besoin" takes **DE**, and since you cannot get rid of a preposition as in English, "**DE**" must be included somewhere. So instead of using "**QUE**", you have to introduce "**DONT**" which makes allowance for the inclusion of "**DE**". Also, quite commonly used is:

L'acteur, **DONT** il parle tant, est mort = the actor, *whom* he talks about so much, has died (i.e. about whom).

(ii) Voilà l'ordinateur **DONT** je me sers = that's the computer *which* I'm using.

Although the English 'which' may seem straightforward, you have to ask yourself whether or not the verb takes a preposition. In fact, "se servir" takes "**DE**". Thus, again, 'which' has to become 'of which' so as to include "**DE**".

Note (without any pronoun): "Je me sers DE cet ordinateur" = I'm using this computer.

B. "DONT" is also the possessive case of the relative meaning 'whose, of whom':

(i) Je connais un homme **DONT** le fils a gagné le gros lot
 = I know a man *whose* son won the lottery – (i.e. 'the son of whom').

NOTE here that the subject of the relative clause must come immediately after "dont". Thus, it reads: "I know a man of whom the son won the lottery."

(ii) Mon père parlait à la femme **DONT** le mari vient de mourir
 = my father was speaking to the woman *whose* husband has just died –
  (i.e. 'the husband of whom')

 Thus, it reads: "My father was speaking to the woman of whom the husband . . . "

C. The order is always: "DONT" + Subject + Verb + Object :

(i) Je questionais Louise à propos du magasin DONT elle avait oublié le nom
 = I was asking Louise about the shop whose name she had forgotten.
   (lit: 'of which she had forgotten the name')

(ii) J'écris à l'entreprise DONT je me méfie des employés.
 = I'm writing to the company whose staff I do not trust.
   (lit: 'of which I do not trust the staff')

Note 1: The article "le, la, les" is not left out after "DONT": " . . . dont LE nom . . . "

Note 2: "DONT" always stands first in its own clause; see above examples.

Note 3: It is difficult to translate sentences which include 'whose'; so, try to reorder the sentence to suit the French way of thinking, i.e. use 'of which, of whom' instead of 'whose':

        The man, whose car broke down, walked to work

becomes;

        The man, of whom the car broke down, walked to work.

= L'homme, **DONT** la voiture est tombée en panne, est allé au travail en marchant.

Note 4: Other uses of "DONT";

(a) 'including' – Le tremblement de terre a fait deux cents morts, dont douze enfants = the earthquake caused 100 deaths, including 12 children.

(b) "la façon de" – Cela depend de la façon dont il marche
        = that depends on the way in which it works.

Exercise :
1. Do you see the person I'm talking about?
2. The teacher, whose pupils did well, received praise [**des éloges**] from the parents.
3. The child, whose name appeared in the paper, won the award.
4. Where are the video tapes I was using? (Note: ' . . . tapes which I was . . . ')
5. Have you found the list I need?
6. I sometimes see that player you're talking about.
7. Do you know the magazine he's complaining about (Note: 'about which he's . . . '). (to complain about = *se plaindre de*)
8. My neighbour, whose daughter got married last year, will visit us soon.
9. He's the politician that I don't trust.
10. The horse, you were talking about yesterday, won second prize.
11. The floods caused thirty-five injuries, including ten serious.
12. I didn't like the manner [*la façon*] in which he spoke.

12. "LEQUEL" (PRONOM INTERROGATIF):

In the previous section, we saw how to say "of which, of whom", but how do you say: "with which, in which, without which", and so on?

That is where "lequel" comes in. "Lequel" is another relative pronoun like "qui, que, dont", but is used when the relative 'which' comes after a preposition:

(i) La feuille, sur **laquelle** j'écris, est propre
= The page, on which I'm writing, is clean (Eng: ' . . . which I'm writing on . . . ').

(ii) Les questions **auxquelles** j'ai répondu étaient faciles
  = The questions which I answered were easy (Note: '... to which I replied ...')

Note 1: You will have noticed that there are genders, unlike "qui, que, dont", with "lequel":

	masc.	fem.
sing:	lequel	laquelle
plur:	lesquels	lesquelles

Note 2: "à" with "lequel" contract to form "auquel".

	masc.	fem.
sing:	auquel	à laquelle
plur:	auxquels	auxquelles

Note 3: It is correct to use "qui" after a preposition, instead of "lequel", in conversation, when referring to people. For example;

  L'agent, avec lequel tu parlais, est mon oncle

can be spoken thus;

  L'agent, avec qui tu parlais, est mon oncle.

Note 4. There is yet another variation of "lequel", and that is "duquel", which is used when the preposition takes "**DE**" before "lequel". It is merely "de" + "lequel":

(i) Cette fille, à côté de laquelle tu étais assis, te connaît
  = That girl whom you were sitting beside knows you.
(ii) La rue, au bout de laquelle on a construit un rond-point, est toujours bloquée
  = The street at the end of which they built a roundabout is always jammed.

	masc.	fem.
sing.	duquel	de laquelle
plur.	desquels	desquelles

Exercise :

  (i) Where is the biro that I was working with? (lit: 'with which I was ...')
  (ii) Lend me the cards you were playing with, please.
  (iii) We are staying in the hotel in which they (use "on") have a great pool.
  (iv) That's the table under which you'll find the suitcase.
  (v) Do you remember the old lady you wrote to? She's back.
  (vi) I'm leaving this note with the letters among which I found your postcard.
  (vii) The neighbours, for whom I bought messages, gave me two pounds.

(viii) The chair you're standing on is broken (to be standing = *être debout*).
(ix) The old man in whose house I stayed is my grandfather.
(x) The mountains near which we camped were lovely.
(xi) The principal asked the students for the number of the room in which they were studying.
(xii) The pupils, whose principal has just retired, do not realise the privileges that they enjoy (*jouir de*).
(xiii) I don't like the way that some politicians operate (*la façon de . . .*).
(xiv) The ideals, for which the unions are demonstrating, are hard to achieve.
(xv) Kevin Keegan, with whom Liverpool won so many contests and on whose integrity (on whose integrity) everyone is agreed, has left the club.

13. LE FUTUR LOGIQUE : (LOGICAL FUTURE)

Another tricky idea to absorb and understand is the Logical Future. In fact, you may have covered this area for the Junior Certificate. Think of the title – 'Logical' and 'Future'.

The idea is that when the main clause is in the Future, and if the minor clause starts with the words 'when' or 'as soon as', then that clause will <u>logically</u> take the Future Tense also. For example;

I'll phone him when I get home = Je lui téléphonerai quand j'arriverai chez moi.

In this example, the main clause (i.e. the clause which can stand on its own and make sense) 'I'll phone him . . . ' is in the Future. The minor clause 'when I arrive . . . ' goes into the Future also, because it begins with 'when' and the main clause is the Future.

To put it another way, the 'logical' aspect of this is that 'I' cannot 'phone' anyone until '**I WILL ARRIVE** home'. Another example;

As soon as they see you, they'll speak to you = Dès qu'ils te verront, ils te parleront.

Here again, it is logical to say that 'they' can't 'speak' to anyone until such a time as they can 'see' someone.

There is one more aspect to this. If, instead of a normal main clause (i.e. subject, verb, object), you have a command, then the same rules apply, i.e. 'when, as soon as' plus Future. For example;

As soon as you meet them, let me know = Aussitôt que vous les rencontrerez, faites-moi savoir.

Hence, 'let me know as soon as you WILL meet them'. Thus, to summarise;

| MAIN CLAUSE (FUTURE) (COMMAND) | + | AS SOON AS/WHEN (dès que, aussitôt que/ quand, lorsque) | + | MINOR CLAUSE (FUTURE) |

Exercise – Translate (Be careful, not every sentence is a logical Future):
1. As soon as I get my Leaving Cert, I'll go abroad.
2. Whenever I don't bring my umbrella, it rains!
3. When I got my wages last week, I spent it all on CD's.
4. When Julie rings, tell her that I have just left.
5. Let me know when she rings.
6. Each time that I go on a diet (*faire un régime*) it makes no difference.
7. If you visit New York you'll see the Statue of Liberty.
8. Remind me to buy a coat when I'm in London.
9. We'll arrange things as soon as we drop in to Ann's.
10. When he gets home we'll all go out together.

14. LE PASSÉ COMPOSÉ – PECULIARITIES:

As an honours student, you will recall the Passé Composé from the Junior Cert; that certain verbs of motion take "être" instead of the usual "avoir". For example;

Lisa a reçu des fleurs / Lisa est sortie avec ses copines.

NOTE the agreement 'e' on "sortie" when using "être". However, there are four of these verbs of 'motion' which can take "avoir" rather than "être", and do not take any agreement. These are "sortir, monter, rentrer, descendre". Their meanings also alter when used in this respect:

(a) Lisa a sorti son mouchoir = Lisa took out her handkerchief.
   Papa a sorti les poubelles = Dad brought out the bins.
(b) Les porteurs ont monté les valises à la chambre = the porters brought the suitcases up to the room.
   Paul et ses copains ont remonté la rue = Paul and his friends went up the street.
(c) J'ai rentré mon vélo parce qu'il pleuvait = I brought in my bike because it was raining.
(d) L'ambulance a descendu la rue à toute vitesse = the ambulance sped down the street (went down the street in a hurry).

Questions:

(i) Can you work out why these past participles do not carry any agreement?
(ii) Why do the other verbs of 'motion' cause an agreement?

Answers:

(i) Because these verbs take a direct object, i.e. one without a preposition, such as, "de/a". "Dad took out the bins".
(ii) Because they all have indirect objects; "Lisa went out of her house" = "Lisa est sortie de chez elle".

Just when you thought that it was all nice and manageable, along comes another hitch. Observe these examples;

(a) Elle s'est coupé le doigt avec un couteau.
(b) Elle s'est coupée avec un couteau.

Spot the difference, apart from 'le doigt'. Yes, there is an agreement in one past participle. **Question:** why?

   Answer: because, in example (b), the direct object "se" comes before the verb, i.e. "être". In example (a), the direct object, "le doigt" comes after the verb. Thus, whenever a reflexive verb has been used, the reflexive pronoun "me, te, se,"etc, was always the direct object, and an agreement necessary.

   Yet, when this pronoun is itself indirect, then no agreement is required. In (a), the "se" is indirect and "le doigt" is direct – no agreement. Observe also (but not with a reflexive verb this time):

(i) Il nous a salués.
(ii) Il nous a dit 'bonsoir'.

Question: "nous" is apparently the same word in each example, but there is one agreement instead of two. Why?

   Answer: Because in (i), "nous" is a direct object – 'he greeted us'. In (ii), "nous" is indirect – 'he said good evening to us'. So, no agreement in (ii). Finally observe:

(i) Ils se sont écrit l'année dernière.
(ii) Ils se sont amusés en Italie.

Question: Why agreement in (ii) and not in (i), when both are reflexive verbs?
Answer: In (i), 'se' is <u>INDIRECT</u> – "they wrote to themselves". In (ii), 'se' is <u>DIRECT</u> – "they enjoyed themselves", thus, agreement.

NOTE: I think that is worth noting the significance of "passer" which can have <u>TWO MEANINGS</u>. "Passer" can mean either 'to spend' (as in time), or 'to pass by, call in'. Their meanings will decide whether to use "avoir" or "être":

Examples:
   (i) Le facteur est passé ce matin.
      = The postman called in, (dropped by) this morning.
   (ii) Les copines de Marie sont passées chez elle.
      = Marie's friends called into her house.
   (iii) Les autos sont passées dans la rue.
      = The cars passed by in the street.

(a) L'été dernier, j'ai passé mon temps à jouer au tennis.
   = Last Summer, I spent my time playing tennis.

(b) Comment avez-vous passé votre weekend ?
   = How did you spend your weekend?

Exercise: (Translate)
1. She hurt her leg.
2. She took out her purse.
3. I went up the stairs.
4. She went to the door and closed it.
5. We enjoyed ourselves.
6. She hurt herself in the leg.
7. She went out without her purse.
8. My brother and I wrote to one another.
9. The teacher spoke to her yesterday.
10. The teachers met her yesterday.
11. The buses went down the road.
12. The pupils brought in the chairs.
13. The staff (*le personnel*) stopped working.
14. The woman stopped at the lights.
15. My friends and I set off the following day (*se mettre en route*).

14. LE PASSIF : (THE PASSIVE)

Look at these two sentences;
 (i) The car knocks down the boy = La voiture renverse le garçon (Active).
 (ii) The boy is knocked down by the car = Le garçon est renversé par la voiture (Passive).

Often called the Active Voice when the subject of a sentence carries out the action of the verb, as it does in (i). Whereas in (ii), the subject – "The boy" – is not doing anything – he is passive! The action <u>IS DONE TO</u> him. The boy is not active.
   Try two more examples:

 (i) Paul écrit la lettre (Active).
 (ii) La lettre est écrite par Paul (Passive).

Thus, you will notice that in (ii), the 'letter', which is the subject, is not doing anything, it is passive. It 'is written by Paul'. You will also perceive by now that to form the Passive, you use the verb "être" plus the past participle – in any tense;

   La lettre est écrite = is written
   La lettre a été écrite = was written
   La lettre avait été écrite = had been written
   La lettre sera écrite = will be written
   etc.

NOTE further that the past participle (écrite) agrees with the subject (la lettre) because you are using "être", and also because you are describing something:

>La fille est aimée de tous.
>La chemise a été déchirée.
>Les enfants avaient été réveillés.
>Nous avons été vus.

The Passive is more frequently used in English than in French. So, there are ways of avoiding the Passive.

A. "ON" and the ACTIVE:

This is used when the action is <u>INTENTIONAL</u> and the person doing the action of the verb is not mentioned, e.g.,

> <u>ON</u> parle anglais ici = English is spoken here.
> <u>ON</u> l'avait emmené à l'hôpital = he was brought to hospital.

However, be careful with the intention – "he was killed in an accident" would not be "<u>ON</u> l'a tué dans un accident", because it implies murder! Instead, we must use the passive – "il a été tué . . .".

B. A REFLEXIVE verb:

> Elle s'appelle Marie = she is called Marie.
> Ils s'organisent pour demain = they are getting organised for tomorrow.

NOTE 1: *If a subject is also an indirect object, then it cannot be passive. For example; I was told the time by my friend*

In this sentence, the verb 'to tell' [*dire*] takes "*à*"; therefore, if the object of 'told' is "I", then "I" is the indirect object as well as being the subject of 'to tell'. Since the preposition "à" cannot vanish, as in English, it has to be included somewhere. Thus, 'to me' comes into it, and "<u>ON</u>" is used;

> <u>ON</u> m'a dit = one told me/I was told.

Likewise with;

> She was given the job = <u>ON</u> lui a donné l'emploi/one gave to her the job.

With "<u>ON</u>" we use the indirect object pronoun – "me, te, lui, nous, vous, leur".

NOTE 2: *With regard to "was/were", you have to decide whether we are dealing with an action or a state;*

> La fenêtre a été ouverte = the window was opened.

This is a real passive sentence because an action was done to the window.

La fenêtre était ouverte = the window was open.

This is not a passive, rather it is the state of the 'window'. It already stood open. No action was done to it. In fact, 'open' is an adjective here. Now try these exercises;

1. The motorcyclist was knocked down by the lorry.
2. The lorry driver knocked down the cyclist.
3. We were advised to leave.
4. I advised him to take notes.
5. She was promised a present.
6. It is said that they will arrive.
7. He was defeated in the match.
8. The letter was written.
9. The car was stopped by the police.
10. He was asked a question (*poser une question*).
11. That is not done here.
12. The house had been burgled.
13. They were killed in an earthquake.
14. The door was open.
15. We were asked to come here.

16. L'INFINITIF PARFAIT : (THE PERFECT INFINITIVE)

In English – 'AFTER HAVING DONE', but usually we say – 'AFTER DOING'. What we are talking about here is the Passé Composé in the infinitive. The reason that the infinitive is used is because we are saying 'after doing' something, and all prepositions, except "en", take the infinitive;

(i) After writing down the message, he left
  = après <u>AVOIR ÉCRIT</u> le message, il est parti.
  (lit: after to have written)

Take note of how verbs with "être" and reflexive verbs operate here;

(ii) After leaving the office she saw an accident
  = après <u>ÊTRE SORTIE</u> de son bureau, elle a vu un accident.

(iii) After sitting, I began to read
  = après <u>M'ÊTRE ASSIS</u>, j'ai commencé à lire.

It is not too difficult provided that you remember which auxiliary verb to use, either "être" or "avoir".

Exercise:
1. After receiving the gift, I thanked my aunt.
2. She rang the office after hearing the news.

3. I went to the tourist office after returning to the town.
4. After washing myself, I shaved (*se raser*).
5. After arriving late, we apologised.
6. Paula went into kitchen after coming downstairs.
7. After reading the paper, the business started to work.
8. After looking left and right, the child crossed the zebra crossing.
9. After getting off the plane, I hired a car.
10. I read a book after going to bed early.

17. QU'EST-CE QUE/ QUE ?

This causes major problems for students. Maybe it is because this area is not sufficiently covered in either the Leaving or Junior Certificates. The main point here is to know the difference, in French, between 'what' as a question and as a relative pronoun. Examine these sentences;

(i) <u>What</u> did you say, Mathieu? = <u>Qu'est-ce que</u> vous avez dit, Mathieu ?

or

Qu'avez-vous dit ? (just omitting 'est-ce que')

(ii) Tell me <u>what</u> you said = Dis-moi <u>ce que</u> vous avez dit.

Therefore, "que" is the question 'what', and "ce que" is the relative pronoun. To put it another way, "ce que" does not ask a question!

You would have noticed that the word "que" is the object (remember "qui/que" already explained in this section). What if the word 'what' is the subject?

(iii) What is happening here? = Qu'est-ce qui se passe ici ?

(iv) Tell me what is happening here = Dis-moi ce qui se passe ici.

Exercise:

1. I don't know what's going on.
2. What did they do?
3. What I like about school, is the friends.
4. What do you like about school?
5. What should we do?
6. Don't ask them what they are doing today.
7. What's not working in the factory?
8. That's what's not working, there.

Be careful, as already shown in the example above:

What did he say? = Qu'a-t-il dit ? (turn around 'il a' when not using 'est-ce que')

or

Qu'est-ce qu'il a dit ?

There are other expressions of 'what' depending on whether the verb takes a preposition or not;

(a) <u>penser à</u> = to think about (something or to do something)
   Je pense à rester à Dijon = I'm thinking about staying in Dijon
   À quoi penses-tu ? = what are you thinking about?

(b) <u>avoir besoin de</u> = to need
   (i) J'ai besoin de conseil = I need advice
   (ii) De quoi ont-ils besoin ? = what do they need? (lit: 'of what do they need?')

(c) <u>What!</u> (as an exclamation):
   (i) Comment ! Il a raté ses examens ?! = what! he failed his exams?!

N.B. Do not use this word when you don't hear what someone has said. Instead, use "Pardon ?"

   (ii) Quel dommage ! = what a shame! (note that the article 'a' is not translated)

(d) Finally, there is the relative pronoun for verbs with prepositions, e.g., 'penser de':

   (i) Nous avons besoin d'argent = we need money.
   (ii) Ce dont nous avons besoin, c'est l'argent = what we need is money.
   (iii) Demandez-lui ce dont elle pense = ask her what she thinks of it
       (i.e. her opinion; 'penser de' means 'to think about' in the sense of having an opinion).
   (iv) Dites-leur ce dont vous vous souvenez ? – Je me souviens de son nom
       = tell them what you remember? – I remember her name.

Exercise:
1. What! No more wine!
2. What do you want?
3. What does that mean?
4. What do you like reading?
5. What is there to do?
6. What a storm! Broken windows everywhere!
7. What do you think about our idea?
8. What are they thinking about?
9. Sorry ? What did you ask me?
10. Tell us what you (fam.) remember.
11. Let me know what she says.
12. Tell him what you know.

18. LE SUBJONCTIF: (THE SUBJUNCTIVE)

The Subjunctive is rarely used in English; and even when it is used, the verb seldom changes. However, the Subjunctive is widely used in French. It appears regularly in literature, conversation and journalistic writing. It isn't reserved for a certain educated class, but throughout society. It can be a difficult area of grammar to master because there are so many rules governing it. Besides, we don't have any real experience of it in English, except with a few conjunctions, such as "as if, as though, if" and verbs of wishing.

NOTE: Students should not be worry too much about the Subjunctive. Mainly, recognise it in Comprehension and articles, and learn some examples for use in the oral and written sections of the exam.

To explain, remember the famous song "If I were a rich man" from the film *"Fiddler on the Roof"*. Why didn't "Tevye" use *was* instead of *were*? Because he was expressing a desire he knew was unlikely ever to be fulfilled, and that requires the subjunctive. In the subjunctive, the verb "to be" is always expressed as were – both singular and plural.

When should you use the subjunctive? Whenever you're saying something that is highly unlikely or contrary to fact. A good test is to add a "but" statement to the sentence: "If I were you (but I'm not), I'd lose weight." "If it were up to me (but it isn't), all of you would get a day off."

What is the Subjunctive in French? Firstly, think of the tenses that you have studied so far. These tenses would come under the heading of the <u>INDICATIVE MOOD</u>. They express fact and certainty; the way things are, were or will be, such as;

(a) Joe worked hard.
(b) She will return soon.
(c) This is true.

The Subjunctive is less certain, more doubtful and vague. It expresses what, in the mind of the speaker, is desirable, undesirable; what is preferred, doubtful and dependent on an emotion:

(a) I prefer that Joe worked hard (best English: I prefer Joe worked hard).
(b) It is possible that she will return.
(c) I doubt that this is true.

Normally it is preceeded by "que". (This doesn't mean that the Subjunctive is used everytime you use "que").

It is rarely found in the main clause of a sentence. The main clause is the one which makes sense on its own if removed from the sentence. For example;

> 'Your mother and I are hoping that you'll do well tomorrow'
>
> 'Your . . . hoping' is the main clause. 'That you'll do well' doesn't stand too well on its own.

The Subjunctive has 4 tenses – Present, Imperfect, Perfect and Pluperfect. Fortunately, there is no Future tense. The Imperfect and the Pluperfect are more or less redundant. They are Subjunctives which you only find in old literature. The Perfect Subjunctive merely consists of changing "avoir" and "être", not the past participles. That leaves the Present Subjunctive to learn. It is the most important.

Form:

> (1) Take the 3rd person plural of the verb;
> (2) Remove the "-ent" ending;
> (3) Add the endings "-e, -es, -e, -ions, -iez, -ent"

As you can see, the Subjunctive is very similar to the Present tense (Indicative, or 'ordinary'). Thus,

(Regular) Visiter
  que je visite = that I (may) visit
  que tu visites
  qu'il/elle visite
  que nous visitions
  que vous visitiez
  qu'ils/elles visitent

(Irregular) Aller
  que j'aille = that I (may) go
  que tu ailles
  qu'il/elle aille
  que nous allions *
  que vous alliez *
  qu'ils/elles aillent

* Note that in several irregular verbs, the stems of the verbs with "nous/vous" refer back to the infinitive, just like the Present Tense. Other notable exceptions are:

Être	Avoir	Faire
je sois	j'aie	je fasse
tu sois	tu aies	tu fasses
il/elle soit	il/elle ait	il/elle fasse
nous soyons	nous ayons	nous fassions
vous soyez	vous ayez	vous fassiez
ils/elles soient	ils/elles aient	ils/elles fassent

Check your textbook for a more comprehensive list.

USES:

(a) <u>after verbs of wishing / wanting:</u>
- (i) I would like to go to Wales.
  = je voudrais aller au Pays de Galles.
- (ii) I would like him to go to Wales.
  = je voudrais qu'il aille au Pays de Galles.

Why do you think that, in (i), the subjunctive isn't used? – The reason is that when the two verbs in each clause have two different subjects, then 'wishing' takes the Subjunctive. So, in (ii), 'I' wish that 'he' goes to Wales – Subjunctive.

However, in (i), there is only the one subject, that is 'I'. Thus, 'I' wish that 'I' go to Wales. This also applies to verbs of preferring;

(b) <u>verbs of preferring:</u>
- (i) We prefer to stay here (1 subject)
  = Nous préférons rester ici.
- (ii) We prefer you to stay here (2 subjects)
  = Nous préférons que vous restiez ici.

(c) <u>verbs of liking:</u>
- (i) I'd like to join the army (1 subject)
  = J'aimerais m'engager dans l'armée.
- (ii) I'd like you to ring me (2 subjects)
  = J'aimerais que tu me telephones.

(d) <u>after certain conjunctions:</u> (the best way to learn these expressions is to select examples of their use and to learn them);

- (i) **avant que** (before):
  Don't leave before I come = Ne partez pas avant que je vienne.
- (ii) **à moins que ... ne** (unless):
  I'll go out unless it rains = Je sortirai à moins qu'il ne pleuve.
  (Note the use of "ne" with 'unless' and before the verb)
- (iii) **pourvu que** (provided that):
  They'll come back to Ireland provided that they can get jobs
  = Ils reviendront en Irlande pourvu qu'ils puissent obtenir un emploi.
- (iv) **pour que/afin que** (in order that / so that):
  He explained it to me carefully so that I would understand (lit ... that I may understand) = Il me l'explique avec soin pour que je puisse comprendre.

(v) **bien que/quoique** (although / though):
Though/Although he's sick, he doesn't stay in bed
= Quoiqu'/bien qu'il soit malade, il ne reste pas au lit.

(vi) **jusqu'à ce que** (until):
Wait here until I return = Attendez ici jusqu'à ce que je revienne.

(vii) **sans que** (without):
I left without anyone seeing me
= Je suis parti sans que personne me voie.

(viii) **de peur / de crainte que . . . ne** (for fear that):
I'd better go with him for fear (in case) he does something stupid
= Je devrais l'accompagner de peur qu'il <u>ne</u> fasse une bêtise.
(Note the use of <u>ne</u> in this construction)

(e) <u>after verbs of doubt / denial</u>:
  (i) I doubt that you are right = je doute que tu aies raison
  (ii) he denies knowing you = il nie qu'il te connaisse / il nie te connaitre

(f) <u>after certain common expressions / impersonal verbs</u>:
  (i) **il faut que** = it is necessary
      You have to go away now = Il faut que tu t'en ailles maintenant.
  (ii) **il est possible que** = it's possible that
       It's possible that he said that = Il est possible qu'il ait dit cela.
  (iii) **il vaut mieux que** = it's better that
        It's better for you to learn a language
        = Il vaut mieux que tu apprennes une langue.
  (iv) **il est temps que** = it's time that
       It's time for them to go = Il est temps qu'ils s'en aillent.
  (v) **il est bon que** = it's good that
      It's good that more are concerned about hunger in the Third World
      = Il est bon que plus de gens se soucient de la faim au tiers monde.
  (vi) **il se peut que** = it may be that
       It may be that she is guilty after all
       = Il se peut qu'elle soit coupable après tout.
  (vii) **il est important que** = it's important that
        It's important that you succeed in your exams.
        = Il est important que tu réussisses à tes examens

NOTE: ALL THESE EXPRESSIONS HAVE TO DO WITH POSSIBILITY AND DOUBT. HOWEVER, THOSE EXPRESSIONS WHICH ARE CONCERNED WITH CERTAINTY AND PROBABILITY DO NOT TAKE THE SUBJUNCTIVE:

(1) Il est certain que nous avons gagné = It's a certainty that we've won.
(2) Il est évident qu'il ne vient pas = It's obvious that he's not coming.
(3) Il est vraisemblable qu'il pleuvra = It's likely that it'll rain.
(4) Il paraît qu'il meurt = It appears that he's dying.

A. Le Subjonctif au Parfait (THE PERFECT SUBJUNCTIVE).

This is used under the exact same conditions as the present subjunctive. It is also used for the same type of actions (i.e. finished, complete) as the passé composé. So the perfect subjunctive is quite easy to learn. Just remember this simple rule – put "avoir / être" into the subjunctive, nothing else! Now you have the perfect subjunctive. The usual agreements apply also. Examples:

- Je doute que tu aies perdu ta place.
- Il est possible que nous ayons gagné le gros lot.
- J'ai attendu jusqu'à ce que les agents soient partis de la maison.
- Nous avons acheté les billets avant que mes parents se soient mis en route.

Exercise:

Translate the following: (remember that not all these verbs will be subjunctive)

1. It may be that his business has gone bust (*faire faillite*).
2. It's likely that you will change your mind (*changer d'avis*).
3. It's time for those responsible (*les responsables*) to tell the truth.
4. It's possible that I'll be here tonight.
5. Unless you agree with me, we won't get on (*s'entendre*).
6. It appears that they are good friends.
7. My parents want me to be happy in life.
8. They prefer me to make my own (*propre*) decisions.
9. We'll lose our way unless we go with her.
10. I'm not staying here in case (for fear that) they come back.
11. Apply (*poser ta candidature*) to several companies so that you will have more choice.
12. I'll do Accounting provided I'm in the honours class.
13. It's true that we are living in the age of computers.
14. The developed countries must help the under-developed ones (les pays en voie de développement (*les PVD*) = under-developed countries).
15. I don't think that there is a problem.
16. Would you like me to read out loud, Miss?
17. Unless you do your best, you won't succeed.
18. Although I started the book yesterday, I haven't finished it yet.
19. Though she knew the address, she said nothing.
20. It is forbidden to smoke in the school.

B. Le Subjonctif à l'Imparfait: (IMPERFECT SUBJUNCTIVE)

NOTE first of all that this tense is purely a literary one, and, even at that, it is fading from use. For our purposes, we will normally find it in the Comprehension section, and, in particular, the Literary Comprehension. You will not use it in speaking French, nor in the Listening Comprehension. You will not come across the Imperfect Subjunctive in any exam question apart from the Comprehension.

I am including it in this grammar section for one reason, that is, to recognise it. After studying this subjunctive, read a sample comprehension in your exam papers and spot the Imperfect Subjunctive. How is it formed?

It is formed, without exception, by removing the last letter from the 1st person singular of the passé simple; e.g.,

donna(i)   **fini(s)**   **reçu(s)**

– and add the endings thus:

Donner	Finir	Recevoir
je donnasse	finisse	reçusse
tu donnasses	finisses	reçusses
il/elle donnât	finît	reçût
nous donnassions	finissions	reçussions
vous donnassiez	finissiez	reçussiez
ils/elles donnassent	finissent	reçussent

ÊTRE	AVOIR
que je fusse	eusse
que tu fusses	eusses
qu'il/elle fût	eût
que nous fussions	eussions
que vous fussiez	eussiez
qu'ils/elles fussent	eussent

There is no point in trying exercises in the Imperfect Subjunctive since you will never be required to use it, but rather to recognise it. We now tend to put the Imperfect Subjunctive into the Present Subjunctive:

I preferred he were more pleasant = je préférais qu'il soit plus agréable

(instead of – je préférais qu'il fut plus agréable)

19. LES PRÉPOSITIONS:
(In alphabetical order)

(1) About:

    (a) meaning <u>around</u> = autour de
        J'ai marché autour de l'école = I walked around the school.
        Il a regardé autour de lui = He looked around him.

    (b) with <u>numbers</u> = environ, à peu près
        Environ quatre-vingt mille personnes habitent Limerick
        = About eighty thousand people live in Limerick.
        Ça coûte à peu près trente francs la livre
        = That costs about 30 francs a pound.

    (c) with <u>time</u> = vers (also "environ, à peu près")
        Je rentrerai vers dix heures = I'll be back at about 10 o'clock.
        Il y arrive vers cinq heures et demie = He'll get there at about five thirty.

    (d) expressing an <u>opinion</u> = de
        Qu'est-ce que vous pensez de son dernier film ?
        = What do you think of his latest film?

    (e) expressing <u>intention</u> = à
        Je pense à faire un stage d'informatique
        = I'm thinking of doing a computer course.

    (f) <u>subject about which</u> you are thinking = à
        Elle pense à ses parents = She is thinking about her parents.

    (g) <u>information</u> = sur
        Nous voudrions de l'information sur le coût de la vie en France
        = We'd like some information about the cost of living in France.
        Veuillez m'envoyer des renseignements sur les campings en Normandie
        = Please send me some information about campsites in Normandy.

NOTE other ways of saying "about", though they are not prepositions:

- Si on prenait un café ? = What / how about a cup of coffee?
- Si on allait au théâtre ? = How about going to a film?
- De quoi s'agit-il ? = What's it about?
- Il s'agit d'un pauvre homme qui . . . = It's about a poor man who . . .

(2) After:

    (a) With <u>time and order</u> = après
        Après vous, madame = After you, madame.

(b) To say "after doing something", **becomes**
"after having done something" (see 'Perfect Infinitive' p. 67)

Après avoir fini mes devoirs, je me suis reposé
= After finishing my homework, I rested.

(c) When 'after' implies 'at the end of' = au bout de
Au bout de huit jours, les pluies sont arrivées.
= After eight days, the rains finally came.

(3) Against:
- Opposition and feelings of anger = contre
- L'Irlande joue contre la Pologne = Ireland are playing against Poland.
- Elle s'est fâchée contre moi = She got angry with me.
- Le pharmacien m'a donné un médicament contre la grippe
  = The chemist gave me medicine for the flu.

(4) At:

(a) At somebody's premises or house = chez
Il est chez le dentiste = He is at the dentist's
Nous restons chez Paul = We're staying at Paul's (house).

(b) "at" is a very general word, and is used in many contexts. The normal word in French is "à":

- à la maison = at home
- à l'âge de quinze = at the age of 15
- à la fin = at the end
- à l'école = at school
- à six heures = at 6 o'clock

(5) Before:

(a) In the sense of 'in front of' = devant
Il se tenait devant la porte = He stood in front of the door.
L'auto est stationnée devant la maison.
= The car is parked in front of the house.

(b) In terms of time and order = avant
On y arrivera avant deux heures = They'll get there by / before 2 o'clock.
J'y serai avant toi = I'll be there before you.

(6) By:

(a) by means of, by a certain way = par
Envoyez-la par mandat postal = send it by postal order.
Par ce moyen = By this means.
Allez par chemin de fer = Go by railway.

(b) after a passive = par
Il a été renversé par une voiture = He was knocked down by a car.
Le roman a été ecrit par mon ami = The book was written by my friend.

(7) From:

– most often translated by "de";

(a) from a place = de
Ils sont sortis de la maison = They went out of the house (exited from).
Marc est parti de l'école = Mark left school (departed from).
La famille est revenue des États-Unis = The family arrived from the U.S.
Son mari vient de Londres = Her husband comes from London.

(b) dating from = dès, à partir de, depuis
Le bureau est ouvert à partir de lundi
= The office is open from Monday (onward)
Dès ce jour, on s'est bien entendu
= From that day (forward) we got on well.

(c) meaning because of, out of, through = par
Fais cela par politesse = Do it out of politeness.
Il lui a donné un cadeau par gentillesse
= He gave her a present out of kindness.
Elle a échoué par paresse = She failed because of laziness.

(d) miscellaneous:
J'ai sorti un mouchoir de ma poche = I took a hankerchief from my pocket.
L'homme a bu dans une tasse = The man drank from a cup.
De mardi à dimanche = From Monday to Sunday.
(as seen in Comprehension questions):
Relevez dans le texte = Take out of / from the text.

(8) In, Into:

(a) cities, towns, villages = à
La dame habite à Moscou = The lady lives in Moscow.
Mon correspondant passe ses vacances à New Ross
= My penpal is spending his holidays in New Ross.

(b) countries:
– depends upon the gender of country;
(i) masculine = au;
J'ai acheté la voiture au Pays de Galles = I bought the car in Wales.
Lisbonne se trouve au Portugal = Lisbon is in Portugal.
(N.B.) J'habitais aux États-Unis = I used to live in the U.S.

(ii) feminine = en;
   On a loué un gîte en France = We rented a cottage in France.
   Pierre est en Italie = Peter is in Italy.

(c) <u>counties</u> = dans le
   Westport est dans le comté de Mayo = Westport is in Mayo.
   Nous avons un pavillon dans le Donegal = We have a house in Donegal.

(d) In the sense of '<u>inside, within a specific time or place</u>' = dans
   On joue dans ce champ = We're playing in this field.
   Je ne pouvais pas voir dans l'obscurité = I couldn't see in the darkness.
   Il y a un bistrot dans chaque rue = There is a pub in every street.

(e) To denote 'at the end of' and '<u>in the course of time</u>' = dans / en.
   L'avion va atterrir dans une heure
   = The plane will land in an hour (at the end of an hour).
   Je ferai cette tâche en une heure
   = I'll do that job in an hour (it'll take me an hour to do it).

(f) <u>seasons, years</u> = en, au.
   (i) "en hiver, en été, en automne", but "au printemps" (because "printemps" begins with a consonant).
   (ii) Je suis né en 1983 = I was born in 1983.

(g) after a <u>superlative</u> = de, d'.
   François est l'élève le plus intelligent de la classe
   = François is the most intelligent pupil in the class.
   La rivière Shannon est le plus long fleuve d'Irlande
   = The Shannon is the longest river in Ireland.

(h) <u>miscellaneous</u>:
   cinq sur vingt = five out of twenty
   par un temps pareil = in such weather
   à mon avis = in my opinion
   de cette manière = in this way.

(9) On:

(a) Usually translated by "sur".
   J'ai trouvé mon baladeur sur la table = I found my walkman on the table.

(b) it is left out <u>before dates</u>:
   Il aura lieu mercredi = It will take place on Wednesday.
   Nous sommes partis le trois avril = We left on the 3rd of April.

(c) <u>miscellaneous</u>:
   Elle est tombée par terre = She fell on the ground.
   On a joué dans la rue = We played on the street.

Au contraire = on the contrary
À droite (gauche) = on the right (left).
En visite / voyage = on a visit / journey.
En route = on the way.

(10) Over:

(a) in the sense of '<u>above</u>' = au-dessus de.
Apprenez les nombres au-dessus de vingt = Learn the numbers over 20.
Leur salle de bains est au-dessus de notre chambre = Their bathroom is above our room.

(b) in the sense of '<u>motion above</u>' (with proximity) = par, par-dessus
Les balles sifflaient par dessus sa tête = The bullets hissed over his head.
Le voleur s'est enfui en passant par-dessus le mur = The thief got away by jumping over the wall.

(11) Through:

(i) <u>motion across</u> = à travers / par
J'ai marché à travers la cour = I walked across the yard.
Nous sommes passés par Paris = We travelled through Paris.
Je suis passé par la douane = I went through customs.

(ii) <u>because of</u> = par
Quelqu'un l'avait fait cela par négligence
= Someone had done that through carelessness.

(12) To:

(a) translated by "à" for an <u>indirect object</u>:
Je parlais à Patricia = I was talking to Patricia.
La fille a présenté son copain à sa mère
= The girl introduced her friend to her mother.

(b) to a <u>county</u> = dans le
Nous allons dans le Kerry = We're going to Kerry.

(c) to a <u>city</u> = à
On va à Edimbourg = We're going to Edinburgh.
Elle habite à Berlin = She lives in Berlin.

(d) to a <u>country</u> = au, en (depending on gender)
(i) masculine:
Nous allons au Portugal l'été prochain
= we're going to Portugal next Summer.
(N.B.) Il va *aux* États-Unis = he's going to the U.S.

(ii) feminine:
   Je vais en Écosse = I'm going to Scotland

(e) meaning to someone's house or business = chez
   Anna est partie chez son amie = Anne's gone to her friend's house.
   Vas-tu chez le dentiste ? = Are you going to the dentist?

(13) Until, Up to:

Usually "<u>jusqu'à</u>":

Courez jusqu'à cette maison = Run up to that house.
Jusqu'ici les joueurs ne sont pas arrivés
= Up to now / so far, the players haven't arrived.
Jusque-là il y avait plein d'emplois = Up until then there were plenty of jobs.
Jusqu'où faut-il aller ? = How far do we have to go?

<u>Exercise</u>: Practise by translating the following prepositions into French. There may be one or two prepositions included in this exercise which were not covered in the notes, so you will have to use some instincts!

1. Il sera de retour (by) neuf heures.
2. J'habite (in) Londres (in) Angleterre.
3. Il y a un vase (on) le téléviseur.
4. Il y a un bon film (on) la télé.
5. Reste ici (until) demain.
6. J'ai changé (my) avis.
7. Ne sortez pas (in) la pluie.
8. Elle l'a fait (through) honnêteté.
9. (On) une belle journée d'été.
10. J'y allais une fois (a) année.
11. Mon père a pris son portefeuille (out of) sa poche.
12. Les notes sont (on the) tableau noir.
13. Les Californiens viennent (from the) États-Unis.
14. Le Brésil joue (against) le Péru.
15. Le ministre est arrivé (from) France.
16. Tout le monde va (to) église (on) dimanches.
17. Paul sera ici (in) une heure.
18. Le concert aura lieu (on) samedi.
19. (From) mardi, les cours vont commencer à neuf heures.
20. Nous y allons (by) car.
21. Il y a (about) trente élèves dans notre classe.
22. Ma tante est très malade. Elle est (in) hôpital.
23. J'aime me coucher (in) le soleil.
24. Ne fais pas cela (in) cette façon.

25. Son oncle habite (in) Donegal.
26. Sean est arrive (before) moi.
27. Le garçon est plus grand (than) nous.
28. J'ai lu le roman (in) trois jours.
29. Rien ne s'est passé (up to now).
30. Le rayon est (above) le frigo

20. AGREEMENT OF THE PAST PARTICIPLE:

(See also "passe composé — peculiarities", grammar 14.)

(1) You are acquainted with the past participle agreeing with subject of the verb in the passe composé:

> elle est née ; ils sont venus ; nous sommes rentrés.

(2) You also know that a past participle can be an adjective, and it agrees with the noun;

> les étudiants épuisés ; une colline couverte de neige ; la terre gelée.

(3) There is a third condition whereby the past participle agrees with the **DIRECT OBJECT** of a verb using "**AVOIR**" in a past tense.
    The participle agrees in (ii), in the following examples, because "les" and "la" are direct objects which come before "avoir". There is no agreement in (i) because, of course, the direct object comes after the verb.

  (a) (i) j'ai écrit les lettres = I wrote (the letters)
      (ii) je les ai écrites = I wrote (them).

   (i) le garçon a rangé (la chambre) = the boy tidied (the room)
   (ii) le garçon l'a rangée = the boy tidied (it).

   (i) elle avait fait (ses courses) = she did (her messages)
   (ii) elle les avait faites = she did (them).

  (b) (**NOTE**): the relative pronoun "que" is also a direct object pronoun because it is standing in for "les lettres", and it too comes before the verb.

   (i) j'ai écrit les lettres = I wrote the letters
   (ii) les lettres que j'ai écrites = the letters which I wrote

(4) There is *never* an agreement with **INDIRECT** object pronouns:

Nous avons envoyé la carte (à notre tante) = we sent the card (to our aunt)
Nous lui avons envoyé la carte = we sent the card (to her)

  (a) ils nous ont vus = they saw (us)
  (b) ils nous ont parlé = they spoke (to us).

Agreement in (a) because "us" is a direct object. There is no agreement in (b) because "to us" is an indirect object.

(5) There is *never* an agreement with the pronoun "en":

    J'ai reçu des romans de mon père = I got some novels from my father.
    J'en ai preté à mes copains = I lent (some) to my friends.
    Il a acheté des bonbons, et m'en a offert = he bought some sweets and offered me (some).

Exercise:

Put the following infinitives into past participles:
1. La fille s'est (mettre) à pleurer.
2. Elle nous a (regarder).
3. Où sont les serviettes que j'ai (laisser) ici ?
4. J'en ai (vendre).
5. Elles se sont (coucher) tôt.
6. Elle a (vouloir) les laisser là-bas, maman.
7. Le facteur a (distribuer) les cartes postales.
8. Le prof leur a (répondre).
9. Voilà les joueurs que tu as (reconnaître).
10. Avez-vous (voir) la femme qui est (sortir) ?
11. La femme ? Oui, je l'ai (voir).
12. Les voisins lui ont (dire) "bonjour".
13. Mon amie s'est (blesser).
14. En avez-vous (acheter), Jacques ?
15. Hélène s'est (coincer) le doigt.

Translate:
1. The courses that I studied were hard.
2. The car which I bought is going fine (use "rouler" = to go)
3. I offered them some cake.
4. Did you eat any?
5. The flowers? Yes I grew them.
6. He asked them a question.
7. I returned the books I read.
8. She picked up the apple and ate it.
9. There's the woman I met yesterday.
10. Did you find your change? Yes, I found it.

21. LE PRONOM DÉMONSTRATIF : (THIS ONE, THAT ONE; THESE ONES, THOSE ONES; THE ONE (S)).

A. You will remember the demonstrative adjective 'this' = "ce";

- this, that novel = ce roman (masc.)
- this, that friend = cet ami (masc.+ vowel)
- this, that house = cette maison (fem.)
- these, those people = ces gens (masc. + fem. plural)

Now if you wanted to replace the above nouns by a pronoun, then you would be saying:

- this, that novel   – this, that one
- these, those people   – these, those ones

Examples:

(i) Quel livre veux-tu lire ? Celui-ci ou celui-là ?
= Which book do you want to read? This one or that one?

(ii) Ne mangez pas cette pomme-ci. Mangez celle-la.
= Don't eat this apple. Eat that one.

N.B. To distinguish between 'this' and 'that', merely attach "-çi" or "-là" to the noun, to mean 'this' and 'that' respectively.

The complete list of pronouns is:

	Masc.	Fem.
Sing.	CELUI	CELLE
Plur.	CEUX	CELLES

B. This pronoun is usually followed by one of three things; (a) DE;
                                                                                                                                   (b) -CI ; -LA;
                                                                                                                                   (c) QUI / QUE.

(a) **DE :** This translates the possessive, as in " ____'s":

  (i) Si tu n'aime pas ces baskets, essaie ceux de ton frère
     = If you don't like these trainers try your brother's (those of your brother)
  (ii) Les rugbymen de la France sont meilleurs que ceux de l'Écosse.
     = The French Rugby players are better than those of Scotland.

(b) **-CI ; -LÀ:** To emphasise the difference between 'this/that' and 'these/those':

  (i) Ces fleurs-ci sont plus belles que celles-là
     = These flowers are nicer than those ones.
  (ii) Cet élève-ci travaille mieux que celui-là
     = This pupil works better than that one.

N.B. *"celui-ci" can mean "the latter", and "celui-là" can mean "the former":*

Puis-je vous présenter mes amis, Pierre et Joachim. Celui-ci est allemand, et celui-là est français
= May I introduce my two friends, Pierre and Joachim. The latter (this one) is German, and the former (that one) is French.

(c) <u>QUI / QUE:</u> to indicate 'the one which / that ____':

    (i) Quelle bouteille de vin voulez-vous, madame ? Celle-ci ou celle-là ?
       = Which bottle of wine do you want, madame? This one or that one?
       Je voudrais celle qui est sur le deuxième rayon, s'il vous plaît
       = I'd like the one which is on the 2nd shelf, please.
       (In this case, "qui" is the subject pronoun of the verb "is").
    (ii) Quel journal lisez-vous ? = Which paper are you reading?
       Celui que vous avez laissé ici = The one that you left here.
       (In this example, "que" is the object pronoun of the verb "left". "You" is the subject).

C. **CECI and CELA:**

  (i) These words mean "this" and "that".
 (ii) They are unlike "celui" insofar as they are not pronouns. "Ceci" and "cela" do not stand in for a previously mentioned noun. They are neuter.
(iii) In conversation, "cela" is reduced to "ça".
(iv) "Ceci" and "cela" refer to an idea, an event rather than a noun:
 (v) "Cela" can also mean "it".

(a) Cela ne se fait pas ici = that's not done around here. (In this case, "cela" refers to some action)
(b) Ceci est très drôle = this is very funny.
(c) Cela me rend heureux = that makes me happy.
(d) Écoutez ceci = listen to this.
(e) Cela m'est (bien) égal = it's / that's all the same to me (I don't mind).

Exercise (Translate):
1. I prefer my car to John's (that of John).
2. Here are two roads. The latter leads to Caen; the former leads to Bayeux.
3. There's his calculator and Ann's.
4. What do you think of that?
5. The engine of a 2000 cm^3. car is more powerful than that of an 1800 cm^3. car.
6. Soccer teams in the English Premier League are stronger than those of the Scottish League.
7. There are those who think the same as me.
8. He doesn't mind.

9. Did you enjoy (*apprécier*) the film? Which film? The one which was on BBC last night.
10. He who hesitates is lost.
11. What's that called?
12. I'd like to buy this coat. I don't like the ones you showed me earlier.
13. What were these pupils doing? This one was taking down the notes, and that one was studying the answers.
14. These chops are dear. What is the price of those?
15. This letter is not the one that you wrote.
16. He who wastes his money is a fool.
17. Don't watch that programme; watch this one.
18. Those who work hard earn the rewards.
19. Paul and Joanne are arriving today. The latter (this one) will be a bit late.
20. He can't do that, but you can do this.

22. CONDITIONAL : (WOULD)

A. The basic Conditional that you learned for the Junior Certificate can be revised here before going into the more difficult aspect of this very useful tense. To recap, the Conditional means;

"I <u>WOULD</u> do something."

B. The formation is simple, provided that you know the Future Tense. This is because you derive the Conditional from the Future Tense.
Firstly, you remove the endings from the Future verbs;

je donner- ; tu choisir- ; il attendr- ; nous ser- ; vous aur- ; elles ir- :

(NOTE: All verbs have the letter "r" in their stems)

Secondly, add the <u>IMPERFECT</u> endings;

Donner	**Être**
je donnerAIS = I would give	je serAIS = I would be
tu donnerAIS	tu serAIS
il/elle donnerAIT	il/elle serAIT
nous donnerIONS	nous serIONS
vous donnerIEZ	vous serIEZ
ils/elles donnerAIENT	ils/elles serAIENT

C. Uses:
Que voudriez-vous faire après le Leaving Cert ?
= What would you like to do after the Leaving Cert?

Pourriez-vous me donner l'adresse, s'il vous plaît ?
= Could you give me the address, please?

J'aimerais t'accompagner en Allemagne.
= I'd like to go with you to Germany.

D. 'IF' sentences: (Present / Future)

These sentences can take the same tenses in both English and French. To explain, look at these examples:

(a) If I see him today, I'll phone you.
  = Si je le vois aujourd'hui, je te téléphonerai.

In the 'If' clause, the tense is Present in both languages. In the main clause, i.e. "I'll phone you", the tenses are both future. So, the tenses correspond in both languages; therefore, there's no problem in deciding on tenses:

(b) François will write to me if he has the time.
  = François m'écrira s'il a le temps.

The explanation for (a) also applies to (b). It does not matter where the word "if" appears in the sentence.

E. "IF" sentences: (Imperfect / Conditional)

Now it becomes less simple. This time the tenses do not correspond nicely like the ones above. In this case, the rule goes like this:

When the MAIN CLAUSE is in the Conditional Tense, the "IF" CLAUSE goes into the Imperfect Tense:

(a) Si je gagnais le gros lot, je voyagerais partout dans le monde
  = If I won the lotto, I would travel around the world.
  (You would expect "gagnais" to be in the "Passé Composé", but not in this construction.)

(b) L'étudiante ferait mieux si elle travaillait plus dur
  = The student would do better if she worked harder.

(c) Si je m'entraînais plus, je ferais partie de l'équipe.
  = If I trained more, I would be on the team.

(d) Mes parents achèteraient une voiture neuve s'ils avaient l'argent.
  = My parents would buy a new car if they had the money.

SUMMARY:

There are 2 types of Conditional sentences:
1. Si + PRESENT in the minor clause: FUTURE in the main clause.

2. Si + IMPERFECT in the minor clause: CONDITIONAL in the main clause.

Exercise: Put the following verbs into their correct tenses:

1. If you were rich, you would not be content.
2. We'll go out if the weather is fine.
3. If they're fit, they'll win.
4. If you don't close the window, there will be a draught (*un courant d'air*).
5. If I got a good Leaving Cert, I'd go to University.
6. I would work abroad if I couldn't find a job here.
7. You'd be healthier if you didn't smoke so much.
8. If he has the time, he goes to the tennis club.
9. If I had the money, I would buy a CD player.
10. If she had the time, she'd go out to the cinema.

Section 3 – Reading Comprehension

COMPRÉHENSION ÉCRITE

NOTE:

1. The first comprehension is usually a literary piece, taken from a novel. It is likely to contain the passé simple and subjunctives. It can be a narrative with a lot of descriptive material. There may also be a good deal of conversation.

The second comprehension is likely to a journalistic passage, with perhaps more modern language but less conversation. It often deals with a contemporary issue.

2. Certain question words seem to repeat themselves. They are;

(a) "Relevez dans la première section . . . " = Take out of the 1st section . . .
In some cases, the word "dans le/la" can mean 'out of'.
(b) "Trouvez dans la deuxième section . . . " = Find in the 2rd section . . . .
(c) "Citez dans la troisième section . . . " = Quote from the 3th section . . . .
(d) "Selon"/"D'après" la quatrième section . . . = According to the 4th section . . .

In the above cases, you are really only asked to locate the relevant material and write it down directly from the text – but accurately! Do not write a whole sentence or paragraph just because it contains the information that you want. For example, if you are asked, for argument's sake, to find the number of people that a business employs in this sentence;

> "Aujourd'hui, il emploie vingt-cinq personnes et
> réalise vingt millions de chiffres d'affaires par an";

– then only give the precise answer, i.e. "il emploie vingt-cinq personnes".

Nothing else. If you wrote the whole sentence, you would be giving information about the businessman's turnover ("chiffres d'affaires"). That is irrelevant, and shows imperfect comprehension.

3. "Quelle est l'essentiel de la cinquième section ?" is another key question. It means 'What is the main point of . . . ?' Just give the main point! Often, this question can be a multiple choice question, so you need to select one correct statement out of four.

4. Words like "Trouvez une phrase" , "des mots ou des expressions qui montrent que . . . ", are commmonplace. "Une phrase" is a 'sentence', and that is what you are required to find. "Mots / expressions" are 'words' and 'expressions'; you do not need to write a sentence.

5. "Donnez deux détails / exemples de . . . " is yet another type of question, and is not difficult to understand. Give the examples; nothing more.

6. One further question has to do with finding examples of grammar points, such as; "Trouvez un exemple d'un verbe au Passé Composé". This is not a hard assignment. In fact, if you know your grammar well, you will have little trouble.

7. The last question is expressed in English and answered in English (all the other questions are answered in French). You are examined on details concerning the author's style, character descriptions or events in the comprehension. This question is dealt with more fully in the first comprehension passage.

8. You may be required to alter the 'person' of the verb. For example, you may have to change: "J'ai balayé le plancher et j'ai rangé la cuisine" to

"Il a balayé . . . et il a rangé . . . "

The task is likely to be a simple one, nothing too intricate.
The best preparation for these comprehension questions is practice and plenty of reading of short novels or short stories.

☛ SAMPLE 1

EXCLUSIF/SEAN CONNERY : "L'ÉCOSSE SERA INDÉPENDANTE !"

L'agent 007 défie Sa Majesté. Sean Connery nous dit pourquoi – selon lui – l'heure est venue pour l'Écosse de divorcer d'avec l'Angleterre. L'une et l'autre étaient "mariées" depuis l'Acte d'union de 1707 . . . *par Drusilla Fraser et Arnould de Liedekerke*

1. Le Figaro Magazine : On recense environ vingt millions d'Écossais à travers le monde, un peu plus de cinq millions en Écosse. Êtes-vous né ici ?
Sean Connery : Oui, ici-même, à Édimbourg, dans le quartier de Fountainbridge. Ma maison natale est désormais occupée par les brasseries Scottish & Newcastle. Il ne reste plus grand-chose de ce que j'ai connu enfant.
F.M.: Comment et pourquoi le sentiment nationaliste est-il apparu chez vous ?
S.C. : Cela remonte à l'époque de ma rencontre avec Winifred Ewing. C'était avant qu'elle ne siège à Bruxelles. Ensuite, je *l'*ai perdue de vue. J'étais très pris par mon métier, toujours aux quatre coins du monde, mais l'espoir ne m'a jamais quitté de voir un jour l'Écosse prendre son essor et s'affranchir enfin d'une situation de type disons féodal. Un exemple : 4% seulement des entreprises basées en Écosse *y* ont leur siège social, le reste est en Angleterre . . .
2. "Pour moi, ça ne fait pas l'ombre d'un doute"
F.M. : Vous portez un tatouage "Vive l'Écosse". Prônez-vous sa sortie du Royaume-Uni ?
S.C. : Le tatouage a un peu passé (*sourire : il relève sa manche sur son avant-bras droit*), non pas ma conviction : l'Écosse mérite d'être indépendante, et cela bien que nous soyons voisins de l'Angleterre. Nous serions vis-à-vis d'*elle* un partenaire à égalité. Nous serions . . . tout ce que nous avons envie d'être – ou de ne pas être. D'ailleurs, je ne vois pas très bien ce qui gêne les Anglais dans ce divorce. Nous sommes en démocratie, après tout . . . On n'a de cesse de reconnaître la Croatie, la Bosnie, parfait ! Mais pourquoi ne pas se pencher d'abord sur "nos" problèmes ? Commençons par le commencement . . .

F.M. : Un sympathisant du SNP (Scottish National Party) affirmait récemment : "La question n'est plus de savoir si, mais quand l'Écosse sera indépendante," Partagez-vous ce point de vue ?

S.C. : Je crois que l'indépendance est inévitable, cela ne fait pas l'ombre d'un doute pour moi.

F.M. : "L'Écosse en Europe", proclamaient il y a peu de temps certaines affiches nationalistes. Le Communauté serait-elle la condition de l'indépendance ?

S.C. : Peut-être. En tout cas, cela ne peut qu'aider à clarifier la situation. Mais, encore une fois, Europe ou pas, je crois que l'indépendance est inéluctable.

3. F.M. : En 1991, vous avez prêté votre voix à un clip vidéo du SNP, dénonçant le fait que l'Écosse verse chaque année à Londres 20 milliards de livres de ses revenus pétroliers. Peut-on parler de vous comme d'un militant ?

S.C. : Non. Si j'étais vraiment un militant, j'habiterais l'Écosse. Cela dit, d'avoir vécu depuis si longtemps dans toutes sortes de pays m'a permis de mesurer l'image que les gens se font de l'Écosse. Une image d'Epinal : paysages à la Rob Roy, tartans, whisky, etc. C'est romantique à souhait, mais nous valons beaucoup mieux que ça. Combien les États-Unis d'Amérique n'ont-ils pas eu de présidents d'origine écossaise ? Hélas ! au contraire des Irlandais, nous n'avons pas établi de véritable "pont" avec les États-Unis. Peut-être les Irlandais étaient-ils plus motivés . . .

F.M. : Selon certains sondages, au moins 30 % de l'opinion publique seraient favorables aux idées du SNP. Pensez-vous qu'il puisse encore progresser ?

S.C. : Sans doute. En tout cas, en ce qui touche à l'indépendance de l'Écosse, je suis plutôt optimiste. D'après ce que je sais, beaucoup de jeunes qui ne sont pas encore en âge de voter se sentent maintenant concernés. Il y a eu récemment des élections à Perth : Mme Cunningham, la candidate nationaliste, l'a emporté haut la main. Quant à savoir si le SNP, demain, serait à même de gouverner, c'est une autre histoire, comme d'ouvrir la boîte de Pandore. Ils n'ont jamais eu l'occasion de s'exercer au pouvoir, de faire leurs preuves. Et voyez ce qui se passe en Russie après soixante-dix ans de communisme ! De toute façon, les grands partis, eux aussi, sont conscients de la situation et de ses enjeux. Nos travaillistes, par exemple : ils nous promettent un Parlement écossais. Après tout, pourquoi pas, c'est bien grâce à leur parti que les pays de l'Empire et du Commonwealth ont accédé à l'indépendance. Mais si ces gens sont vraiment députés ici, qu'advient-il de leurs sièges à Londres ? C'est un cas de figure assez intéressant . . .

4. Pour me résumer, ce que j'appelle de tous mes voeux, c'est un gouvernement vraiment concerné par les problèmes de ce pays, et qui les prenne en main. En Écosse, aujourd'hui, l'essentiel de la population est concentrée dans quatre ou cinq grandes villes. Chômage, frustrations de toutes sortes, surtout chez les jeunes, même diplômés, mais *qui* ne trouvent pas d'emploi au pays. À Glasgow, Édimbourg, la drogue fait des ravages, peut-être plus que nulle part ailleurs en Europe. Ne me dites pas qu'on ne peut pas y remédier ! Pourquoi ne pas envoyer l'armée, identifier les responsables, les coffrer ? C'est faisable, non ? Encore faut-il le vouloir.

✍ QUESTIONS (1) – SEAN CONNERY.

1. (i) Trouvez une phrase dans la première section qui montre que l'endroit où habite Sean Connery n'est plus le même:
....

(ii) Relevez dans cette section une phrase qui fait ressortir le sentiment que l'Écosse devrait être libérée d'un système démodé :
....

2. Dans la deuxième section, comment est-ce que Sean Connery justifie son désir pour l'indépendance ? Donnez deux raisons :
(i) ....
(ii) ....

3. (i) Selon Sean Connery, quelles sont les images qu'on a de l'Écosse? Donnez deux exemples :
....

(ii) Citez une phrase dans la troisième section qui révèle que le SNP n'a jamais été au gouvernement :
....

4. (i) Dans la quatrième section, quels seraient les problèmes auxquels l'Écosse doit faire face. (Citez deux problèmes) :
(a) ....
(b) ....

(ii) Trouvez dans le texte des synonymes pour ces phrases :
(a) mon travail m'a beaucoup occupé (Sect. 1)
(b) qui dérange (Sect. 2)
(c) se rendent compte de (Sect. 3)
(d) la plupart des Écossais habitent les villes (Sect .4)

5. Pour chacun des mots en italiques, trouvez dans le texte le mot auquel il se réfère :
(a) l' (Sect. 1) ....
(b) y (Sect. 1) ....
(c) elle (Sect. 2) ....
(d) qui (Sect. 4) ....

6. How well do you think that Sean Connery puts forward his argument for Scottish independence? (50 words):
....
....

LA PRODUCTION ÉCRITE (1) :

Sean Connery cherche l'indépendance pour l'Écosse (Voir le deuxième paragraphe de la Section 2). À votre avis, est-ce que cela vaut la peine ? (90 mots environ)

(1) The first thing to do is the obvious one – read the question carefully. Know what is expected in your answer. In this instance, you are asked whether you think that independence for Scotland is worth the trouble of pursuing.

(2) Next, you should read the paragraph referred to in the question. It helps to put the subject into a perspective. You become more acquainted with the main character's thoughts.

(3) You may try to re-read the text so as to get a more complete picture of the story/argument.

(4) It is recommended that you highlight/underline any words or phrases which would help you in your answer. For example, you might note the following material:

Sect. 1: (a) j'ai connu = I've experienced ("connaître" does not only mean 'to know').
    (b) l'espoir . . . de voir un jour . . . = the hope to see, one day . . .

Sect. 2: (a) l'Écosse mérite d'être indépendante
    = Scotland deserves to be independent.
    (b) Nous serions . . . un partenaire à égalité
    = we would be . . . equal partners.
    (c) Nous sommes en démocratie, après tout
    = we're in a democracy, after all.
    (d) reconnaître la Croatie = recognise Croatia.
    (e) je crois que l'indépendance est inéluctable
    = I believe that independence is inescapable.

Sect. 3: (a) l'Écosse verse . . . à Londres 20 milliards de livres . . .
    = Scotland pours 20 billion pounds into London . . .
    (b) Selon certains sondages = according to some polls/surveys.
    (c) D'après ce que je sais = according to what I know.
    (d) C'est une autre histoire, comme ouvrir la boîte de Pandore
    = that's another story, like opening a Pandora's box.
    (e) l'occasion de = the opportunity to
    (f) voyez ce qui se passe en Russie
    = see what's happening in Russia.
    (g) ils nous promettent = they promise us.
    (h) si ces gens sont députés ici . . .
    = if these people are M.P.'s here . . .

Sect. 4: (a) Chômage = unemployment
(b) qui ne trouvent pas d'emploi = who don't find jobs.

You are unlikely to use all of these notes, but when you underline them, you have, at least, a list of vocabulary to refer to. There are even some points contained in the above list, such as democracy, polls, Russia, promises and unemployment.

(5) Begin your answer with the central theme of the question, i.e. Sean Connery's view of Scottish independence.

(6) Then formulate your response, aided by the vocabulary from the text.

SAMPLE ANSWER:

'Sean Connery ne doute pas que l'indépendance sera une réalité. Il dit que c'est inéluctable. Néanmoins, il y a un problème que d'autres pays indépendants ont connu ; c'est-à-dire le manque d'argent. Les revenus pétroliers ne suffisent pas pour payer le chômage et la sécurité sociale. Les nationalistes promettent trop. Peuvent-ils résoudre les problèmes des jeunes dans les grandes villes ? Regardez la Russie où l'on trouve désordre et crise économique. Que faire ? En ce qui concerne l'indépendance de l'Écosse, je pense que ça coûte trop cher.'

(90 words)

☞ **SAMPLE 2**

10 Idées modernes pour étudier heureux

Étudiez, y a que ça de vrai !

❶ *Les chiffres sont sans appel : plus vous poursuivez vos études, moins vous avez de risques d'être confronté au chômage. Étudier, c'est aussi avoir accès au savoir. Deux bonnes raisons au moins de se cramponner ferme aujourd'hui.*

Par Emmanuel Davidenkoff

Rien ne va plus. L'université serait incapable de préparer ses étudiants à trouver un emploi ; les diplômes type BTS-DUT ne vaudraient plus rien ; les diplômés des grandes écoles seraient au chômage. Vous n'y croyez pas ? Vous avez bien raison ! Mais il est des vérités bonnes à rappeler. Même François Bayrou, le ministre de l'Education nationale, a semblé le (re)découvrir en juin dernier.

Son discours de clôture des États généraux de l'université – vaste consultation de tous les membres de la communauté universitaire — s'ouvrait par trois refus :

1. Non à la "fermeture" de l'université (comprendre la sélection).
2. Non à trop d'autonomie pour les universités – pas question qu'elles fixent librement leurs droits d'inscription ni qu'elles développent une concurrence ouverte.
3. Non, enfin, à la "secondarisation" du supérieur, c'est-à-dire à une baisse des exigences.

Après, il y a l'intendance : les amphis trop petits, le manque de place en bibliothèque universitaire, la maigreur des bourses, les erreurs d'aiguillage qui expliquent pour partie le taux d'échec

➡

important des étudiants en premier cycle . . . De tout cela, le ministre a promis de s'occuper. Sans toucher aux grands principes. Et il n'a pas forcément tort.

❷ Les principes de l'université

Que permettent ces grands principes ?
En premier lieu, de préserver un semblant d'égalité des chances. D'accord, le fils de patron a toujours plus de chances d'entrer à Polytechnique que le fils d'ouvrier. Et l'échec scolaire, malheureusement, se joue bien avant le bac. Il n'empêche : le niveau général s'est élevé en trente ans, et ce phénomène est à porter au crédit de l'école. 30% d'une classe d'âge décrochait le bac il y dix ans. Le chiffre est aujourd'hui de 65% ! Comme les exigences de la société ont, elles aussi, évolué – le travail purement manuel, qui était la règle il y a quelques décennies, est devenu l'exception –, imaginez ce qui se serait produit si, au lieu d'ouvrir les portes des lycées et des facs au plus grand nombre, on avait décidé de pratiquer une politique sélective ? Le fossé que l'on constate entre ceux qui ont accès au savoir et ceux qui n'y ont pas accès serait encore plus large.

❸ Ensuite, de ne pas fermer l'accès au savoir, richesse reconnue aujourd'hui. Anecdote : lors de la présentation d'un programme pédagogique diffusé sur la chaîne câblée BBC One[1], les promoteurs de ce programme ont expliqué : a) que la vocation de leur entreprise était de gagner de l'argent ; b) que le savoir était une valeur reconnue aujourd'hui ; c) qu'ils produiraient du savoir pour gagner de l'argent. Ils auraient pu produire de la télé-poubelle, des émissions de variétés ou des sitcoms sirupeux. Mais c'est le savoir qui apportait la valeur ajoutée la plus importante. Plus sérieusement, Les recruteurs ne jurent que par des valeurs telles que la culture générale, la capacité à s'adapter aux évolutions, la souplesse de raisonnement, la rigueur méthodologique.

Qui transmet ces valeurs ? L'université. Si vous comprenez cela, vous réussirez vos études. En d'autres termes, vous les prendrez pour ce qu'elles sont : un temps de formation, d'exploration, de maturation. Un temps protégé, dont l'usage sera déterminant pour la suite. Car, l'air de rien, rédiger un mémoire de maîtrise sur les bas-reliefs égyptiens vous apprendra : à aller chercher des informations, à vérifier la validité de vos sources documentaires, à organiser votre pensée, à vous exprimer clairement, à l'écrit puis à l'oral et à respecter un délai. On ne vous demandera souvent rien d'autre dans le monde professionel.

❹ Moins de chômeurs chez les diplômés

Il suffit d'ailleurs d'observer les chiffres pour se convaincre que les études restent le meilleur remède contre le chômage : l'équation "plus votre diplôme est élevé, moins vous risquez de vous retrouver au chômage" fonctionne toujours. En clair, si vous êtes à bac+2 et au-delà, ne sursautez plus en entendant parler du chômage des jeunes". Ce n'est pas de vous qu'il s'agit. Vos problèmes seront d'un autre ordre : vous mettrez un peu plus longtemps que vos aînés à trouver un emploi, il sera peut-être un peu moins bien rémunéré et, surtout, vous risquez de passer par une phase de précarité plus longue. N'en voulez pas à vos études, elles n'y seront pour rien.

C'est en cela qu'étudier est une idée plus moderne que jamais. L'époque arrogante où on expliquait à des jeunes gens en blazer et cravate-club comment devenir de vrais "killers" pour gagner plein d'argent dans la vie est révolue. Les cours "d'éthique et management" ont fleuri dans les écoles de commerce, et les écoles d'ingénieurs n'insistent plus seulement sur les matières scientifiques mais aussi sur la culture générale. Les réseaux d'échanges de savoirs explosent. En ces temps de zapping effréné, c'est la grande revanche du savoir pour le savoir. Ça a quelque chose de rassurant, vous ne trouvez pas ?

[1] *The learning zone* (Talents)

📢 QUESTIONS (2) – ÉTUDIEZ, Y A QUE CA DE VRAI !

1. Dans la première section, citez deux raisons pour lesquelles on doit bien étudier :
   (a) ....
   (b) ....

2. Selon la première section, quels sont les problèmes que le ministre de l'Éducation nationale doit résoudre (mentionnez-en trois) :
   (a) ....
   (b) ....
   (c) ....

3. Dans la deuxième section, relevez la phrase qui montre l'égalité des chances :
   ....

4. (a) Citez trois valeurs adoptées par la Faculté ? (Section 3)
   (i) ....
   (ii) ....
   (iii) ....

   (b) D'après la quatrième section, comment mieux se protéger contre le fléau social du chômage ? ....

   (c) Où dans la quatrième section est-ce qu'on constate que la soif de connaissance en vaut la peine ? ....

5. Relevez dans le texte un exemple d'un :
   (a) verbe au passif (sect. 1) ....
   (b) verbe au conditionnel (sect. 1) ....
   (c) verbe pronominal à l'imparfait (sect. 1) ....
   (d) verbe au plus-que-parfait (sect. 2) ....
   (e) adjectif féminin (sect. 4) ....

6. Develop the theme, as put forward by the writer, of the advantages of further study after school. (50 words)
   ....
   ....
   ....

LA PRODUCTION ÉCRITE (2):

Êtes-vous d'accord avec l'auteur que vous avez beaucoup plus de chance de trouver un emploi si vous poursuivez vos études après l'école ? (Voir la première section de la Question 1, Section 1).

(90 mots environ)

10 Idées modernes pour étudier heureux

Éclatez-vous dans le sport !

❶ Entre les partiels et les révisions d'examens, pensez à vous ménager du temps pour pratiquer un sport. C'est un excellent moyen pour se vider l'esprit, décompresser et ressentir, après-coup, le plus grand bien-être. Et votre tête n'en fonctionnera que mieux !   **Par Pascaline Citron**

Vous avez envie de continuer la compétition dans votre sport favori ou de vous lancer dans l'inconnu, tenter de nouvelles aventures sportives pour oublier l'espace d'une séance d'entraînement votre "dure vie" d'étudiant. Mais vos horaires ne sont pas compatibles avec ceux du club le plus proche, qui d'ailleurs est hors de prix. Ne désespérez pas, il existe une solution toute simple ! **Il vous suffit de vous renseigner auprès de l'association sportive de votre université ou de votre école et de vous inscrire dans le sport de votre choix.** Pour une licence FNSU (Fédération nationale du sport universitaire) dont le prix varie entre 80 et 150 F selon les régions, vous pourrez pendant toute une année vous dégourdir les jambes et l'esprit à moindres frais. Mais attention, les places sont "chères" ! Il faut s'inscrire dès la rentrée universitaire, au risque de se voir refuser l'inscription choisie et de devoir se rabattre sur un sport peu attrayant pour vous.

Fédérations universitaires et FNSU : tarifs réduits
L'éventail de choix proposé par la FNSU est assez large pour contenter beaucoup de monde. Nous avons sélectionné cinq sports susceptibles de vous intéresser. Les fédérations étudiantes offrent de nombreux avantages, et d'abord financiers.

❷ Le tennis : *1 000 F d'économies par an.*
Ce sport s'est démocratisé, c'est vrai. Mais vous vous êtes certainement déjà heurté à des dirigeants de club qui vous demandent pas moins de 1000 F par an pour avoir le droit d'utiliser les courts, et qui vous refusent la possibilité de profiter des entraînements sous prétexte que votre classement n'est pas assez intéressant pour l'équipe.
Avec la FNSU, vous pourrez taper dans la balle pour votre plaisir chaque semaine et même participer aux championnats régionaux et pourquoi pas nationaux, selon votre niveau, pour le prix de la licence. Inscrivez-vous rapidement, ce sport est très demandé !

L'équitation : entre 1000 F et 2 400 F d'économies par an.
À moins de posséder un immense terrain et des chevaux, l'équitation n'est pas un sport très ouvert : il faut trouver un club, se procurer une bombe (pour se protéger la tête) et une cravache, et bien sûr payer l'inscription. Comme le tennis, ce sport est beaucoup plus abordable si vous passez par les associations sportives universitaires et la FNSU.

La boxe française : pas d'économies, mais compétitions facultatives.
Pouvoir libérer son énergie en frappant des poings et des pieds sur un sac de sable ou sur un adversaire, il n'y a rien de plus *"relaxant et déstressant"*. Ce sont les propres termes d'une étudiante de Jussieu (Paris) qui a pratiqué ce sport de combat l'an dernier pour la première fois et n'a qu'une envie, recommencer !
La boxe française se développe de plus en plus au sein des universités ; elle est ouverte à tous, garçons et filles, et *"se pratique dans une ambiance bon enfant où l'important est de déstresser. Cela sans obligation de résultats, contrairement aux habitudes de certains clubs."*

❸ La course d'orientation : en moyenne 200 F d'économies.
Courir en forêt ou autour d'un lac le dimanche matin pour se donner bonne conscience et se maintenir en forme un minimum, vous connaissez certainement et vous n'avez pas forcément besoin de la FNSU pour cela. En revanche, courir en forêt

sur un parcours étudié d'avance tout en utilisant une carte et une boussole pour retrouver des indices en des points bien précis, voilà qui devient beaucoup plus intéressant ! Les clubs de course d'orientation n'existent pas partout (il faut des terrains bien spécifiques et des cartes très détaillées), mais la FNSU fait des efforts pour développer ce sport qui rencontre un engouement tout particulier chez les étudiants, attirés par son côté "cérébral" : courir tout en gardant le tête froide pour ne pas se perdre !

❹ Le parachutisme : moitié prix avec la FNSU et facturation au saut effectué.

850 F pour une séance en club (même si les conditions météo ne permettent pas de sauter) avec la FNSU, moitié prix . . . en plus, on ne paye que si on a pu sauter. Ce sport connaît un statut un peu particulier à la FNSU. Tout d'abord, il est beaucoup plus confidentiel que les quatre autres ; peu d'universités le proposent. De plus, il ne suffit pas de payer une licence de 100 F pour le pratiquer : chaque saut est facturé en plus (il faut en effet payer le carburant de l'avion !), ce qui rend le parachutisme moins abordable pour les étudiants.

Mais les amateurs de sensations fortes ne doivent pas se priver pour autant : la FNSU ne fait payer que les sauts effectués et propose des bourses de sauts. Ce qui rend la pratique de ce sport beaucoup moins chère qu'en club, où une séance avoisine les 850 F et une semaine de stage les 2 000 F, que les conditions atmosphériques aient permis de beaucoup sauter ou pas !

(Talents)

🖉 QUESTIONS (3) – ÉCLATEZ-VOUS DANS LE SPORT.

1. (a) D'après la première section, qu'est-ce qui vous empêche de vous inscrire dans un club de sport ? (Nommez deux raisons)
      (i) ....
      (ii) ....

   (b) Relevez dans cette section aussi une phrase qui montre qu'on peut faire du sport à bon marché : ....

2. Selon la première section, quel est le meilleur moment de l'année pour obtenir la licence FNSU ? ....

3. (a) Trouvez dans la troisième section une expression qui explique en quoi consiste le sport de l'orientation.

   (b) Qu'est-ce qu'il faut apporter ? (Citez deux objets)
      (i) ....
      (ii) ....

4. (a) En ce qui concerne le parachutisme :
      (i)   on ne doit pas payer les frais du vol,
      (ii) on paye chaque saut seulement,
      (iii) on paye un tiers du coût du parachutisme,
      (iv) on peut introduire son voisin au sport pour 850 francs.

   (b) Trouvez dans le texte les mots ou expressions qui veulent dire :
      (i)   être sportif (section 1)
      (ii) décontracter (section 1)
      (iii) très populaire (section 2)
      (iv) non obligatoires (section 2)

5. Relevez dans le texte un exemple de :
   (a) superlatif masculin (sect. 1) ....
   (b) adjectif féminin au pluriel (sect. 1) ....
   (c) verbe pronominal (sect. 1) ....
   (d) participe présent (sect. 2) ....
   (e) participe passé au féminin (sect. 2) ....
   (f) subjonctif au passé composé (sect. 4) ....

6. Outline the disadvantages of not possessing an FNSU card. (50 words)
   ....

LA PRODUCTION ÉCRITE (3) :

Est-ce qu'il existe une licence destinée à tous les écoliers en Irlande ? Écrivez ce que vous en pensez.

(90 mots environ)

☛ **SAMPLE 4**

Sida : seringues gratuites, une première controversée

La Communauté française et MSF veulent offrir des seringues propres pour freiner l'épidémie de sida chez les toxicomanes. Polémique.

1. Lutter contre le sida ? Un casse-tête pour les spécialistes de la prévention. Si les messages généraux d'information ont quelque chance de faire mouche chez les jeunes, toucher des populations plus ciblées comme les homosexuels et – surtout – les toxicomanes, s'avère encore beaucoup plus difficile. Et chaque minute de silence tue.

Si l'on ne parle plus depuis longtemps de "populations à risques" (aucun milieu n'est désormais épargné), certains groupes continuent de payer plus que d'autres leur tribut à l'épidémie. Ces deux dernières années en Europe, plus d'un tiers des cas de sida déclarés l'ont été chez les toxicomanes.

2. Pour endiguer le fléau, la division "HIV" du Comité de concertation sur l'alcool et les autres drogues (CCAD), dépendant de la Communauté française, et Médecins sans frontières, ont décidé de passer à l'action. Leur projet : installer un comptoir d'échange de seringues. Une camionnette stationnerait à certaines heures dans un quartier de Bruxelles. Une première en Belgique, soutenue par l'Agence de prévention sida.

Il ne s'agirait pas seulement d'échanger des seringues mais aussi de diffuser des messages d'information, d'orienter éventuellement les toxicomanes qui le souhaitent vers des thérapeutes, d'inviter au dépistage, explique Alexis Goosdeel, co-responsable du projet avec les docteurs Jacques et Lequarré, au CCAD, et Klaus, à MSF.

Depuis quelque temps, l'information circulait parmi les drogués de Bruxelles : à partir du 1er avril, *ils* pourraient échanger leurs seringues usagées contre des neuves, place Simonis, à Koekelberg. Rendez-vous manqué : la commune vient de faire faux bond. Le bourgmestre, Jacques Pivin, a signé hier une ordonnance de police interdisant l'échange de seringues sur son territoire.

Le projet pilote avait pourtant reçu l'aval de Magda De Galan, ministre de la Santé de la Communauté française. Le ministre de la Justice, Melchior Wathelet, n'y voyait pas d'objection tant que l'on reste dans la légalité. Mais la santé publique a des urgences que la répression ignore . . . L'usage des stupéfiants reste interdit, et le rassemblement de toxicomanes indésirable.

3. Les auteurs du projet n'en sont pas moins déterminés à passer a l'action coûte que coûte, fût-ce dans un autre quartier de Bruxelles.

Leurs arguments ? *Les seringues sont officiellement en vente libre, mais beaucoup de pharmaciens refusent encore de* **les** *donner aux drogués,* explique Alexis Goosdeel. *De plus, les officines sont fermées le soir et il est difficile pour un pharmacien de rouvrir pour un toxicomane.* En outre, les auteurs de projet soulignent qu'aider les drogués, c'est faire d'une pierre trois préventions. *Le sida ne* **se** *transmet pas que par voie sanguine*, insiste Alexis Goosdeel. *La voie sexuelle et maternelle véhicule aussi le virus : prévenir l'infection chez les drogués permet de protéger leurs partenaires et leurs enfants . . .*

4. Et de rappeler aussi que des comptoirs d'échanges de seringues fonctionnent déjà dans quinze pays étrangers, dont l'Allemagne, l'Angleterre, l'Espagne, la France, l'Italie ou la Suisse. L'exemple hollandais, pourtant, ne plaide pas tout à fait pour eux.

Les seringues propres sont disponibles depuis près d'une décennie aux Pays-Bas, mais

➤

une étude commandée par le ministère néerlandais de la Santé en 1991 montrait qu'une majorité d'héroïnomanes partageaient toujours leurs seringues.

Les résultats sont décevants parce que les services sont généralement fermés la nuit, alors que les toxicomanes mènent souvent une vie nocturne, explique-t-on au service amstellodamois de la Santé. *Par ailleurs, la tradition de l'échange des seringues est profondément enracinée dans la "culture junkie".*

Mais il faut plus qu'une expérience mitigée pour décourager Médecins sans frontières et le CCAD. *Nous voulons précisément agir le soir, ce qui semble faire défaut en Hollande,* répond Alexis Goosdeel.

Pour les auteurs du projet, il est temps d'agir tant que l'épidémie n'a pas encore essaimé chez les toxicomanes belges comme dans d'autres pays (la France, l'Espagne et l'Italie abritent à **eux** seuls 87 % des sidéens toxicomanes en Europe).

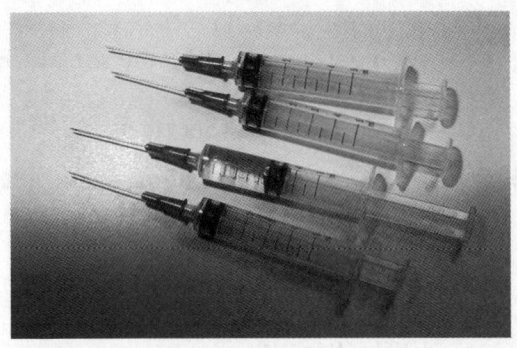

En Belgique, chez les hommes contaminés par le virus du sida, 5 % environ ont été infectés par voie intraveineuse, explique-t-on à l'Institut d'hygiène et d'épidémiologie. *Chez les femmes, le taux est déjà approximativement trois fois plus élevé.*

Joëlle Meskens (avec Barbara Smit à Amsterdam, **Le Soir**)

QUESTIONS (4) – LE SIDA.

1. (a) Trouvez une expression dans la première section qui montre que le sida touche toutes les classes sociales : ....
   (b) Trouvez une expression dans cette section qui souligne le fait qu'au moins trente trois pour-cent des victimes du sida sont des drogués : ....

2. (a) Dans la deuxième section, quelle est la solution proposée par le CCAD ? ....
   (b) Trouvez deux termes pour décrire ceux qui prennent des drogues :
      (i) ....
      (ii) ....

3. (a) Selon la quatrième section, pourquoi les projets visant à réduire le sida aux Pays-Bas ont-ils été un échec ? ....
   (b) Comment est-ce que nous savons que le projet du CCAD n'est pas une idée neuve ? ....

4. Relevez dans le texte les mots ou expressions qui veulent dire :
   (a) se battre (Sect. 1)
   (b) pour arrêter le problème social (Sect. 2)
   (c) qui désirent (Sect. 2)
   (d) environ dix ans (Sect. 4.)

5. (a) Trouvez dans la deuxième section les mots suivants :
      (i) un verbe au conditionnel . . .
      (ii) un participe passé au pluriel . . .
   (b) Pour chacun des mots en italiques, trouvez dans le texte le mot auquel il se réfère :
      (i) ils (Sect. 2) ....
      (ii) les (Sect. 3) ....
      (iii) se (Sect. 3) ....
      (iv) eux (Sect. 4) ....

6. In your opinion, how convincing are the arguments advanced by the CCAD to put a brake on the spread of AIDS? (50 words)
   ....
   ....
   ....

LA PRODUCTION ÉCRITE (4):

Croyez-vous que la meilleurs façon de combattre le sida est de distribuer des seringues propres et gratuites ? (Voir le 1er paragraphe de la Section 1).

(90 mots environ)

 **SAMPLE 5**

Bonnes questions • Pourquoi vote-on communiste en Europe de l'Est ?

1. La chute du mur de Berlin en 1989 a marqué le début de l'effondrement du communisme. Pourtant, depuis plusieurs années, dans les pays de l'Est, les élections ramènent au pouvoir d'anciens communistes. Peut-on parler pour autant du retour du communisme ? Pas si sûr . . . L'analyse de Georges Mink*, enseignant à Sciences-Po.

Depuis 1989, le communisme s'effondre. Le monde entier a les yeux rivés sur ses écrans de télé, en cette fin d'année 1989. Le plus honni des dictateurs communistes, le roumain Ceaucescu est renversé par son peuple et exécuté dans la liesse générale. Tout cela sous l'œil des caméras complaisantes.

Tout a commencé un mois plus tôt, avec la chute du mur de Berlin, quand les Allemands de l'Est ont montré qu'on peut désormais renverser un régime communiste sans se faire massacrer par l'Union soviétique. En quelques semaines, tous les pays de l'Europe de l'Est *se* libèrent et se dotent de nouveaux dirigeants. Ce sont souvent ceux qui ont combattu, à leurs risques et périls, le communisme : Lech Walesa en Pologne, Vaclav Havel en Tchécoslovaquie ... Parfois, comme en Hongrie, ce sont carrément des hommes de droite qui n'ont que le mot capitalisme à la bouche.

Rien n'aurait été possible sans Gorbachev, l'homme qui, à la tête de l'URSS a décidé de changer le vieux système, en rétablissant les libertés dans son pays et en introduisant des éléments de capitalisme dans l'économie soviétique.

Mais Gorbatchev tient à deux choses : le rôle dirigeant du Parti communiste et l'Empire, immense conglomérat de républiques inféodées à Moscou.

En 1991, il doit passer la main à **Boris Eltsine qui liquide et le Parti et l'Empire. L'Union soviétique disparaît** au profit d'une foule d'États indépendants. Cette fois, le communisme semble bel et bien mort. **L'Est se convertit à l'économie de marché**, ce qui ne va pas sans casse. Sans l'aide de l'État, la production s'effondre, les prix flambent, le chômage fait des ravages. C'est l'heure du désenchantement. Et pour les anciens communistes, le moment de refaire surface. Avec des différences considérables selon les pays, comme l'explique Georges Mink.

2. *Comment expliquer que dans les pays de l'Europe de l'Est, d'anciens dirigeants communistes puissent revenir au pouvoir ?*

Georges Mink : C'est d'autant plus choquant, apparemment, que **dans ces pays, le communisme n'a jamais été accepté par la population.** Mais ceux qui ont été élus sont-ils encore communistes ? En Pologne, en Hongrie, ils appartiennent à cette couche de cadres économiques qui, dans les années 80, ayant anticipé la chute du régime, se sont préparés à gérer une économie capitaliste. Ils n'étaient communistes que pour obtenir des postes conformes à leur compétence. Aujourd'hui, *ils* se proclament socio-démocrates (socialistes), tel le Premier ministre hongrois, Gyula Horn et le président polonais Aleksander Kwasniewski.

Les deux hommes sont **partisans d'une économie capitaliste tempérée par l'État** et d'une intégration le plus vite possible dans l'Europe. Leur légitimité a été facilitée par l'absence de rupture brutale en 1989–1990.

On a voulu faire les choses en douceur, sans vengeance, mais sans réflexion sur le passé non plus. On a convié l'opinion à une amnistie générale. Il ne faut pas s'étonner qu'on ait récolté l'amnésie.

En Allemagne de l'Est, c'est différent. Les communistes ont joué sur le sentiment d'humiliation qu'a ressenti la population est-allemande face à *celle* de l'Ouest, plus riche, plus compétente. Avec leurs discours démagogiques et nationalistes, ils ont obtenu des scores de 15 à 20% aux diverses élections. En Tchécoslovaquie, c'est encore différent. Là, on a affaire à un Parti communiste qui est resté sur une ligne pure et dure, ce qui lui vaut des scores très faibles.

3. *Dans l'ex-empire soviétique, ce sont souvent des communistes purs et durs qui sont revenus aux commandes, pourquoi ?*

Chacun de ces pays nouvellement indépendants s'est bricolé un petit régime à lui mais il y a tout de même des points communs entre eux. Partout, **les élites communistes ont su, à partir de 1990, s'opposer à la puissance soviétique et soutenir le mouvement pour l'Indépendance**, ce qui leur vaut aujourd'hui un bon capital de sympathie. Ils ont aussi profité de l'amateurisme absolu de ceux qui ont exercé le pouvoir après 1991. En l'absence de classe politique, il a été facile aux hauts cadres du Parti communiste de revenir aux commandes du pouvoir.

Certains cadres ont adopté tous les signes extérieurs du capitalisme, comme en Lituanie ou en Ukraine. D'autres ont gardé les méthodes du communisme comme en Biélorussie. Ces régimes n'ont, en général, que peu d'opposition et peuvent donc durer en surfant sur la vague du populisme et du nationalisme.

4. *Comment, en Russie, aux élections présidentielles de juin 1996, le candidat faisant campagne pour le communisme a-t-il pu obtenir 32% des voix, soit presque autant que Boris Eltsine (35%) ?*

La Russie constitue effectivement la menace la plus sérieuse. Ici encore, plus qu'ailleurs, **le passage à l'économie de marché a eu un coût social terrible**. Un quart de la population vit en dessous de seuil de pauvreté, le système de santé s'est effondré, le chômage est apparu dans un pays où il était totalement inconnu.

Fait sans précédent, **l'espérance de vie a chuté de sept ans pour les hommes** en quelques années. Dans un pays où tout le monde était pauvre mais pas misérable, le luxe insolent d'une nouvelle couche de milliardaires est insupportable.

Sans compter l'inconséquence des équipes dirigeantes qui ont constamment changé de politique. Le candidat communiste Guennadi Ziouganov a eu beau jeu de s'appuyer sur les mécontentements et d'aller à la pêche aux voix dans des milieux très différents : chez les vieux communistes, nostalgiques de l'Empire ; chez les jeunes pauvres qui ne souhaitent sûrement pas un retour au communisme mais veulent que ça change ; dans l'armée, qui rêve d'un régime fort.

Cet agglomérat de corporatismes divers ne suffit pas à un retour du communisme mais il est un sérieux avertissement tant pour Eltsine que pour l'Occident.

C.D.

* Georges Mink est directeur de recherche au CNRS, chargé de séminaires à l'Institut des sciences politiques de Paris, spécialiste des sociétés post communistes et auteur de "Cet étrange post communisme", Ed. La Découverte, 1992.

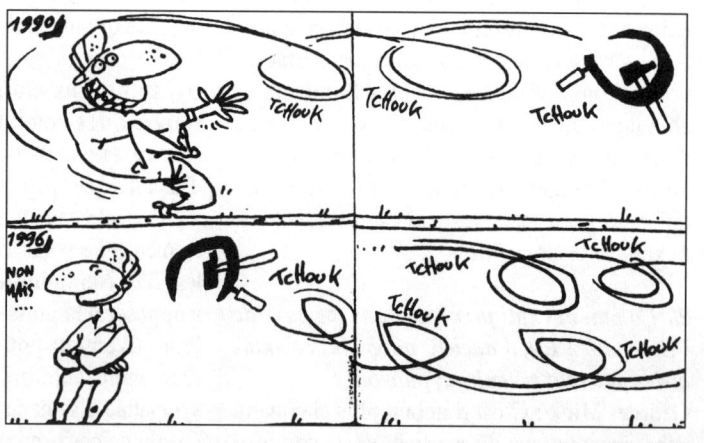

(Actualités)

QUESTIONS (5) – POURQUOI VOTE-ON COMMUNISTE EN EUROPE DE L'EST ?

1. (a) Dans la première section, qu'est-ce qui s'est passé un mois après la chute du mur de Berlin ? ....

(b) Quel est l'aspect étonnant de l'effondrement du communisme en l'Europe de l'Est ? ....

2. (a) Selon la deuxième section, pourquoi les communistes ont-ils pu se faire réélir au gouvernement ? (Donnez trois exemples).
  (i) ....
  (ii) ....
  (iii) ....
  (b) Trouvez une phrase ou expression dans cette section qui montre que les communistes d'autrefois retournent au gouvernement : ....
  ....

3. (a) Relevez deux adjectifs pour décrire la différence entre l'Allemagne de l'Ouest et de l'Est :
  (i) ....
  (ii) ....
  (b) Citez deux raisons pour lesquelles les anciens communistes ont réussi dans des élections récentes :
  (i) ....
  (ii) ....

4. D'après la quatrième section :
  (a) la Russie n'avait pas connu le chômage dans le passé ;
  (b) le passage à l'économie de marché a coûté trop cher ;
  (c) les hommes vivent plus longuement ;
  (d) il y a maintenant moins de riches en Russie.

5. (a) Donnez des synonymes pour des phrases suivantes :
  (i) Le monde regarde avec interêt (Sect. 1) ....
  (ii) qui ont lutté contre (Sect. 1) ....
  (iii) diriger (Sect. 2) ....
  (iv) inacceptable (Sect. 4) ....
  (b) Pour chacun des mots soulignés, trouvez le mot auquel il se réfère :
  (i) se (section 1) ....
  (ii) ils (section 2) ....
  (iii) celle (section 2) ....
  (iv) qui (section 3) ....

6. Why, in the author's opinion, have the communists returned to levels of power in Eastern Europe only a few years after having been deposed?

PRODUCTION ÉCRITE (5) :

Si vous étiez président de l'Albanie, quels changements feriez-vous ?

(90 mots environ)

☞ **SAMPLE 6**

CAISSIÈRE D'HYPER : L'ENFER.

20 clients à l'heure et un article à enregistrer toutes les trois secondes : les dames troncs des grandes surfaces craquent. Une équipe de l'Institut national de recherche et de sécurité a pensé à elles > Guillaume Malaurie

Caissière d'hyper : l'enfer

1. Pour une fois, voilà un travail sociologique qu'un cinéaste un peu curieux des années 90, un Raymond Depardon ou un Ken Loach, pourrait convertir en long métrage. Le titre est tout prêt : *Les Hypercaissières*. Sujet ? Ces dames troncs des grandes surfaces qu'une équipe de l'Institut national de recherche et de sécurité[1] a écoutées, sondées, chronométrées et auscultées des mois durant. Des femmes à qui chacun d'entre nous paie ses achats une fois par semaine en <u>les</u> regardant à peine et que, brusquement, l'on n'oublie plus.

Mettez-vous une seconde à leur place sur le tabouret pivotant : c'est 20 clients à l'heure qui passent devant vous, soit un toutes les deux à trois minutes, un article toutes les trois secondes à enregistrer et, parfois, 12 packs de bouteilles de 7 à 15 kilos chacun qu'il faut soulever et resoulever toutes les douze minutes en moyenne . . .

"La tête dans le sac"

2. Car cette corporation de 131 000 caissières doit aujourd'hui accélérer de manière vertigineuse le nombre et la vitesse de ses gestes pour suivre la généralisation des scanners ou de l'ensachage semi-automatique.

Appendice de la machine, l'hypercaissière doit aussi mémoriser les promotions, repasser devant les scanners les 10 à 15 % de produits au code-barre douteux. Sans compter la vérification des identités, la manipulation des chèques, des espèces et des cartes de crédit. Et sans oublier non plus l'accueil de rigueur de la clientèle. Dans le métier, ça s'appelle le "SBAM" : "Sourire-bonjour-au revoir-merci". "Pourtant, vous savez, on a toujours la tête dans le sac, dit l'une. On ne voit plus les clients." "Au bout de deux heures de travail à un rythme soutenu, confie l'autre, j'ai la sensation d'un trou noir, de ne plus savoir où je suis : quel article ? quel client ?"

3. Qui donne le tempo ? "Dans certaines enseignes, note l'étude, les caissières disposent seulement de trois minutes de pause par heure travaillée. Et le moment des repas est souvent décalé d'un jour sur l'autre." "Très humiliant quand on a envie de décompresser ou d'aller aux toilettes, explique l'une d'<u>elles</u>. Il faut demander à la caisse centrale d'inscrire son nom sur la liste, et on attend parfois une heure ; c'est très dur à supporter". À ce rythme, beaucoup craquent, cassent ou "s'autoexcluent", selon l'euphémisme en vigueur sur le marché de l'emploi. "Sur une batterie de caisses de 80 personnes, reconnaît le cadre d'un hyper, en moyenne 10 caissières sont malades et certaines disparaissent sans demander <u>leur</u> dû."

D'autant qu'au nom des "rythmes féminins" la durée de la majorité des contrats de travail passés dans cette branche se réduit a vingt ou vingt-cinq heures par semaine. Insuffisant pour atteindre le Smic. Le temps partiel célébré ici et là sans discernement a bon dos : bien obligé, en effet, pour les filles d'effectuer des heures "complémentaires", payées sans aucun supplément et, surtout, réparties sans véritable concertation par le directeur de l'établissement – généralement en nocturne ou le samedi, neuf heures d'affilée. Bonjour la vie de famille !

➤

4. Diagnostic ? Dans l'un des hypermarchés étudiés, 42% des caissières prennent des médicaments pour dormir, alors que 67% ont moins de 30 ans ! Et l'on enregistre une explosion des maladies professionnelles : notamment des troubles musculo-squelettiques du dos, de la nuque, des épaules . . . Un hyperproductivisme qui prend, bien entendu, exemple sur les grandes surfaces américaines. Ça fait chic et moderne. Sauf que c'est faux. Outre-Atlantique, les directions des supermarchés multiplient depuis déjà longtemps les jobs destinés aux étudiants, <u>qui</u> aident le client à disposer les produits dans les sacs . . . Combien de caissières françaises faudra-t-il voir s'épuiser avant que nos patrons d'hyper se mettent au parfum du nouveau management américain ?

[1] Editions INRS, 1994.

(L'Express)

📝 QUESTIONS (6) – CAISSIÈRE D'HYPER : L'ENFER

1. (a) Trouvez dans la première section les mots ou expressions qui montrent que le rapport entre le client et la caissière n'est pas très chaleureux :
....

(b) Citez un exemple dans la première section qui indique que la caissière est toujours occupée :
....

2. (a) Relevez dans la deuxième section deux des responsabilités de la caissière :
(i) ....
(ii) ....

(b) Trouvez la phrase dans la deuxième section qui montre que la caissière se sent fatiguée après deux heures de travail :
....

3. (a) Comment se fait-il que c'est assez difficile pour une caissière d'aller aux toilettes ? Donnez un détail de la troisième section :
   ....

   (b) D'après la quatrième section :
   (i) on devrait ignorer les méthodes américaines.
   (ii) les Américains embauchent des étudiants comme caissières. ☐
   (iii) on devrait vendre plus de parfum aux Américains.
   (iv) les directeurs américains embauchent des étudiants comme assistants aux caissières.

4. (a) Trouvez des synonymes pour :
   (i) provisions (section 1) ....
   (ii) se détendre (section 3) ....
   (iii) partent (section 3) ....
   (iv) hypermarchés (section 4) ....

   (b) Selon la troisième section ;
   (i) quelques-unes des caissières abandonnent leur emploi sans exiger leur salaire.
   (ii) beaucoup de cadres craquent sous la pression.
   (iii) à peu près dix caissières disparaissent à cause de la pénurie. ☐
   (iv) environ quatre-vingt-dix personnes jouent de la batterie.

5. (a) Citez dans la deuxième section l'exemple d'un :
   (i) participe passé employé comme adjectif au masculin ....
   (ii) infinitif au négatif ....

   (b) Pour chacun des mots soulignés, trouvez le mot auquel il se réfère :
   (i) les (Sect. 1) ....
   (ii) elles (Sect. 3) ....
   (iii) leur (Sect. 3) ....
   (iv) qui (Sect.4) ....

6. Describe the stressful nature of a check-out employee's job. (50 words)
   ....
   ....

PRODUCTION ÉCRITE (6) :

Un(e) copain/copine vous informe qu'il/elle va poser sa candidature pour un poste de caissière. Quels conseils lui donneriez-vous ?

(90 mots environ)

Époque   Comment les Américains ont vaincu le chômage

1. Les dirigeants français, souvent prompts à dénoncer le "modèle américain", ne veulent pas savoir pourquoi là-bas le chômage est deux fois inférieur à ce qu'il est chez nous. Et continue encore de baisser ! Plutôt que de critiquer ou de recopier, il convient d'abord de comprendre.

Par Guy Sorman

Les chiffres sont têtus. Le nombre des demandeurs d'emplois aux États-Unis est inférieur à 6% de la population active depuis trois ans, ce qui paraît un minimum difficilement compressible. En Europe, on sait que le taux de chômage gravite autour de 12% : deux fois plus qu'en Amérique, avec des méthodes statistiques qui sont identiques. Sans crouler sous les chiffres, il faut bien en citer quelques-uns encore pour comprendre l'écart social béant qui divise l'Atlantique. De 1979 à 1995, l'Europe de l'Ouest a vu se créer un emploi nouveau pour deux candidats arrivant sur le marché : dix millions d'emplois pour vingt et un millions de travailleurs supplémentaires. Cette incapacité de répondre à la demande provoquée par les naissances, les migrations, l'arrivée des femmes en plus grand nombre, s'est traduite, pour la période, par une croissance du taux de chômage européen de 5,7 % à 11,5%. Pendant ce temps, se créaient aux États-Unis vingt-six millions d'emplois nouveaux qui satisfirent 95% de la demande des nouveaux travailleurs : le chômage à 5,8%, en 1989, est à 5,6% en 1995, taux que l'on peut considérer comme naturel compte tenu de la rotation des activités. Contrairement à ce qui se produit en Europe, la quasi-totalité des emplois nouveaux aux États-Unis sont créés par des entreprises privées : 92 % sur la période de référence. Le secteur public, l'État, les collectivités locales américains ne recrutent pas ou peu.

2. Si vous recherchez une explication simple à cette différence de situation entre les deux continents, vous ne <u>la</u> trouverez pas ; si vous cherchez une solution unique qui rapprocherait le niveau européen du niveau américain, vous ne la trouverez pas non plus. Car la vérité est complexe, faisant appel à une combinaison de facteurs d'ordre culturel autant que technique : la culture américaine privilégie globalement la croissance et le travail, <u>celle</u> de l'Europe est portée sur le confort et un discours égalitaire. Essayons malgré tout d'isoler dans la culture américaine les éléments les plus favorables à l'emploi, ne serait-ce que pour se demander si nous pouvons en tirer, pour nous, quelque enseignement.

Le premier facteur du plein emploi est évidemment la croissance ; pourquoi celle-ci, entre 1979 et 1995, fut-<u>elle</u> supérieure aux États-Unis, 2,4% par an en moyenne contre 2,1% dans l'Union européenne ? La raison principale vient de ce que les entrepreneurs américains sont proportionnellement plus nombreux, plus enthousiastes que les nôtres, moins accablés d'impôts et de réglementations, mieux considérés dans la société ; nul ne conteste aux États-Unis que l'entrepreneur est le seul moteur de la croissance et que, si lui s'enrichit, la nation s'enrichit. L'entrepreneur américain est en somme porté par la vague alors qu'en Europe, il rame contre le courant.

Pas de réduction du temps de travail

3. Deuxième facteur de plein emploi, le coût du travail. Paradoxe européen, les salaires et autres avantages ont progressé chez nous, depuis 1979, plus rapidement qu'aux États-Unis, malgré notre chômage : 6,3% par an en moyenne contre 4,2% aux États-Unis. Tout se passe en Europe, à l'exception de la Grande-Bretagne et récemment des Pays-Bas, comme si les travailleurs moins nombreux <u>se</u> taillaient des parts plus grosses dans un gâteau qui rétrécit. Notre croissance des salaires fabrique donc des chômeurs supplémentaires en même temps qu'elle crée de l'injustice, le tout emballé dans un discours égalitaire ; ce comportement paradoxal fait dire à de nombreux économistes que l'Europe "choisit" le chômage, même si ce choix est inavoué. Les États-Unis, à l'inverse, pour des raisons éthiques autant qu'économiques, ont choisi l'emploi.

4. <u>Troisième facteur</u> du plein emploi, l'ardeur au travail. Celle-ci est difficile à mesurer mais facile à constater : les Américains travaillent plus que les Européens, font des journées plus longues, partent moins en vacances et s'investissent plus dans leur tâche. Peut-être parce qu'ils n'ont pas le choix. Les fonctionnaires inamovibles sont moins nombreux aux États-Unis qu'en Europe, les employeurs tolèrent moins la passivité, la protection contre le licenciement est faible, l'assurance chômage peu attractive par rapport aux régimes européens.

Chaîne de montage de Boeing : contrairement à ce qu'on dit parfois en France, l'Amérique crée plus d'emplois dans la haute technologie que dans les "petits boulots".

(Le Figaro Magazine)

QUESTIONS (7) – COMMENT LES AMÉRICAINS ONT VAINCU LE CHÔMAGE.

1. (a) Selon la première section, le chômage est :
   (i) pire aux États-Unis.
   (ii) deux fois plus important aux États-Unis qu'en Europe.
   (iii) beaucoup plus bas en Amérique qu'en France.
   (iv) deux fois supérieur à ce qu'il est en Europe.

   (b) Citez les trois raisons données pour l'augmentation du nombre de travailleurs entre 1979 et 1995 :
   (i) ....
   (ii) ....
   (iii) ....

2. (a) Comment est-ce que l'auteur exprime-t-il, dans la première section, que les nouveaux emplois aux Etats-Unis n'ont pas été fournis par le gouvernement ?
   ....

(b) Dans la deuxième section, relevez les mots ou expressions qui indiquent que les attitudes américaines sont au fond différentes de celles des Européens ?
....

3. (a) D'après la deuxième section, comment se fait-il que les hommes d'affaires américains produisent plus d'emplois que les Européens ?
....

(b) Trouvez dans la troisième section la phrase qui montre que de moins en moins de travailleurs exigent de plus en plus d'argent et d'avantages :
....

4. (a) Selon la quatrième section, les Américains :
   (i) ne vont jamais en vacances.
   (ii) ne veulent guère aller en vacances.
   (iii) ne vont pas en vacances aussi souvent que les Européens.
   (iv) ne passent pas leurs vacances en Europe.

(b) Trouvez dans le passage des synonymes pour les mots suivants :
   (i) les statistiques (sect. 1) ....
   (ii) une augmentation (sect. 1) ....
   (iii) des taxes (sect. 2) ....
   (iv) supportent (sect. 4) ....

5. (a) Pour chacun des mots soulignés, trouvez le mot auquel il se réfère :
   (i) la (sect. 2) ....
   (ii) celle (sect. 2) ....
   (iii) elle (sect. 2) ....
   (iv) se (sect. 3) ....

(b) Trouvez dans la deuxième section un exemple d'un :
   (i) verbe au passé simple ....
   (ii) participe passé au pluriel ....

6. Summarise the arguments put forward by the writer to show that the different attitudes to work between Europe and the United States account for the vast differences in their unemployment rates. (50 words)
....
....

PRODUCTION ÉCRITE (7) :

Que feriez-vous si vous étiez en chômage ? Faire un stage ? Émigrer ?

(90 mots environ)

LA MONDIALISATION

Pour l'économiste Michel Aglietta*, la globalisation crée des richesses, mais aussi des inégalités. À chaque État de les combattre. Sinon, il y aura de graves crises, et un retour au chacun chez soi.
Propos recueillis par Corinne Lhaïk

"La mondialisation ne profite pas qu'aux autres"

1. L'EXPRESS : La mondialisation, c'est un mot à la mode pour désigner ce qui nous fait peur ?
MICHEL AGLIETTA : Non, c'est un vrai phénomène qui a commencé, il y a cinquante ans, avec le développement du commerce international. Ensuite, il a atteint les entreprises. Aujourd'hui, ce sont les usines qui se déplacent, et plus seulement les marchandises. Les précurseurs de ce mouvement ont été les multinationales américaines, dans les années 60. Le choc pétrolier des années 70 a amplifié cette internationalisation. À ce moment-là, la croissance des pays occidentaux s'est ralentie et les entreprises sont allés chercher des marchés ailleurs. Ensuite, elles se sont efforcées de produire à meilleur coût. Et ces déplacements sont à l'origine de la mondialisation des capitaux. Pour financer leur développement à l'étranger, les entreprises ont cherché et trouvé de l'argent un peu partout dans le monde. Aujourd'hui, cette quête de la rentabilité concerne non seulement quelques grands groupes, mais aussi des entreprises moyennes. Il existe 40 000 entreprises multinationales, contre quelques centaines il y a vingt ans.

Au fait, comment définir une multinationale ?
C'est une entreprise qui réalise plus de la moitié de son chiffre d'affaires à l'étranger.

Alors, "nos" grands groupes, comme LVMH, Alcatel ou Saint-Gobain, sont multinationaux ?
Absolument. Et ce processus va se poursuivre, parce que les anciens pays en voie de développement – que l'on appelle aujourd'hui pays émergents – deviennent des économies modernes et capitalistes. C'est toute l'histoire récente de l'Asie. Il y a eu d'abord le réveil des quatre "tigres", la Corée du Sud, Taïwan, Singapour et Hongkong. Puis une nouvelle vague, avec la Thaïlande, l'Indonésie et la Malaisie. Maintenant la Chine, dont la seule façade maritime représente un pays de 400 millions de personnes, avec un taux de croissance de 10 à 15 %. Et les entreprises de ces pays deviennent aussi des multinationales.

2. Vous pensez à Daewoo ?
Bien sûr. L'acquisition envisagée de Thomson multimédia traduit quelque chose de passionnant, l'apparition de multinationales du Sud. Jusqu'à présent, le mouvement se faisait en sens unique : les firmes occidentales investissaient dans les pays en développement. Désormais, des entreprises de ces pays amènent chez nous leurs capitaux, leur manière de produire et des emplois. La notion même de multinationale se banalise. La concurrence se fait dans un espace qui n'a pas de limites. Et, chaque fois qu'un nouveau capitalisme apparaîtra, il secrétera ses propres multinationales. Ce qui se fait en Asie va se poursuivre. L'Amérique latine est en train de décoller. Le Brésil va devenir une très grande puissance et, dans vingt ou trente ans, vous verrez de grosses entreprises brésiliennes partir à la conquête du monde.

... D'une certaine manière, on est parvenu à résoudre le problème du clivage Nord-Sud, entre pays riches et pays pauvres ?
Oui, à cette nuance près que les clivages se forment à l'intérieur même des pays. Chez les "nouveaux" comme chez les "anciens" riches,

---

* Michel Aglietta, spécialiste réputé d'économie monétaire et internationale, est professeur à l'université Paris X-Nanterre et conseiller scientifique au Cepii (Centre d'études prospectives et d'informations internationales).

les inégalités se creusent. Cela dit, il est difficile d'expliquer par quels mécanismes les nations pauvres deviennent capitalistes. Il n'y a pas de recette absolue. Et surtout pas de doctrine – comme le libre-échange à corps perdu ou, au contraire, la fermeture des frontières. Si l'on prend le cas de l'Asie, on constate un mélange assez subtil d'actions de l'État et de concurrence. L'État est très important, notamment pour développer les nouvelles technologies, les infrastructures. Cela explique l'énorme retard de l'Afrique, qui souffre de structures claniques et ethniques, de l'absence de la notion même d'État. Vous pouvez, avoir une main-d'oeuvre à extrêmement bon marché, mais si elle n'est pas suffisamment qualifiée pour utiliser les techniques modernes, si le pays ne dispose pas de moyens de communication suffisants, de règles de droit, de procédures d'arbitrage, d'une fiscalité stable, cela ne fera pas venir les entreprises.

Donc, tout est mis en concurrence, pas seulement le montant des salaires ?
Oui, et cela échappe complètement à la compréhension des salariés, et surtout à leur action.

Les syndicats, eux, ne sont pas mondialisés ?
C'est bien le problème. La mondialisation a remis en question le contrat social des vieux pays occidentaux. Autrefois, les entreprises entretenaient des intérêts communs avec les nations dans lesquelles elles se trouvaient. Rappelez-vous comment Renault, dans les années 60, négociait les salaires. Tout le monde s'alignait et chacun y trouvait son intérêt. Aujourd'hui, le rapport de forces est complètement déséquilibré.

3. On a franchement l'impression que les travailleurs des pays développés sont les grands perdants de la mondialisation ...
Eh bien, on se trompe ! Cette impression dont vous parlez serait justifiée si les pays émergents nous inondaient de leurs produits et ne nous achetaient rien. Or ce n'est pas le cas : ces pays importent autant qu'ils exportent, car ils sont en forte croissance. Globalement, tout le monde y gagne, car le commerce international n'est pas un jeu à somme nulle (les gains des uns équivalent aux pertes des autres), mais un jeu à somme positive : il est créateur de richesses supplémentaires pour tous les pays qui le pratiquent.

Même pour les ouvrières du textile à Cholet ?
Non, bien sûr. Et c'est là qu'est le problème. La mondialisation accroît les inégalités parce qu'elle frappe certains agents, mais elle n'appauvrit pas un pays tout entier. Un pays comme la France s'enrichit. Mais pas tous les Français. Il y a des perdants, et le textile, en concurrence avec les bas salaires de l'Asie, en est l'exemple le plus flagrant. Comment résoudre ce problème ? C'est l'affaire de chaque État, car cela relève de la solidarité nationale.

Par quels mécanismes ?
Les bénéficiaires de la mondialisation doivent aider ceux qui en sont les victimes. Et les bénéficiaires, ce sont les consommateurs, qui augmentent leur pouvoir d'achat en acquérant des produits à bon marché.

4. Le rôle de l'État est donc déterminant ?
Essentiel. Contrairement aux idées reçues, l'État est loin de dépérir. Il conserve les pouvoirs fiscal et budgétaire. Il conserve le pouvoir monétaire, à l'exception des pays européens, qui veulent faire une union monétaire. Mais cet abandon de souveraineté doit donner plus de puissance à ces pays pour gérer le processus de mondialisation.

(*L'Express*)

QUESTIONS (8) – LA MONDIALISATION.

1. (a) Relevez dans la première section, les mots ou expressions qui se réfèrent à la mondialisation :
   ....
   (b) Quel évènement a accéléré cette globalisation ?
   ....

2. (a) Citez dans la deuxième section la phrase qui indique que les pays riches amènent leur argent dans les pays pauvres:
   ....
   (b) Selon la troisième section, les pays en voie de développement :
      (i) vendent plus de produits à l'étranger qu'ils n'en importent.
      (ii) ont plus d'importations que d'exportations.
      (iii) ne vendent rien outre-mer mais importent beaucoup.
      (iv) exportent autant de produits qu'ils en importent.

3. (a) Trouvez dans la troisième section la phrase qui veut dire qu'aucun pays n'est perdant dans le phénomène de globalisation :
   ....
   (b) Selon Michel Aglietta, il résultera de la globalisation que :
      (i) on pourra acheter des choses moins chères.
      (ii) on devra faire ses courses au marché.
      (iii) le coût de vie va augmenter.
      (iv) les bénéficiaires seront aussi les victimes.

4. (a) Relevez dans la quatrième section la phrase qui montre que le gouvernement garde le contrôle de l'argent dans l'économie :
   ....
   (b) Trouvez dans la première section les mots ou expressions qui veulent dire:
      (i) les biens ....
      (ii) de l'ouest ....
      (iii) les sociétés ....
      (iv) le profit ....

5. (a) Pour chacun des mots soulignés, trouvez le mot auquel il se réfère :
      (i) il (Sect. 1) ....
      (ii) elles (Sect. 1) ....
      (iii) dont (Sect. 3) ....
      (iv) il (Sect. 4) ....
   (b) Relevez dans la deuxième section les mots suivants :
      (i) un adjectif au masculin singulier ....
      (ii) un verbe pronominal au présent ....
      (iii) un infinitif pronominal ....
      (iv) un adjectif au féminin pluriel ....

6. According to the author, in what way does globalisation benefit the world's economies? (50 words)

....
....

PRODUCTION ÉCRITE (8) :

"Le marché libre ne marche pas !" Donnez votre opinion sur cet affirmation.

(90 mots environ)

☞ **SAMPLE 9**

Menuhin

1. Dans un coin du compartiment, Yehudi Menuhin a posé son manteau et son chapeau. Il devise avec plaisir, bonne humeur. Comment deviner, à le voir ainsi, si discret, qu'il est l'une des dernières légendes du siècle ?

Il est né à New York, où il a débuté sa carrière à l'âge de cinq ans. Après avoir entendu jouer le premier violon de l'orchestre symphonique de San Francisco, Louis Personger, son destin lui est apparu comme une évidence :

– *Pour moi, le violon était la seule voix qui avait un sens. Je ne pouvais l'entendre avec aucun autre instrument.*

Première compétition à huit ans
À huit ans, il remporte sa première compétition (et gagne ses premiers dollars) en interprétant le concerto de Mendelssohn. Il joue un peu vite, car il a peur qu'on ne l'interrompe. Deux ans plus tard, il éblouit Paris avec la Symphonie espagnole de Lalo. Le prodige devient universel. À onze ans, il triomphe, au Carnegie Hall, avec un concerto de Beethoven.

En 1929, l'écoutant à Berlin interpréter, sous la baguette de Bruno Walter, Bach, Beethoven et Brahms, Albert Einstein déclare : "Maintenant, je sais que Dieu existe."

Yehudi Menuhin est un virtuose. Il n'y a pas à s'en enorgueillir plus que cela :

– *Au fond, dit-il sobrement, je n'ai jamais eu de concurrent.*

2. Très tôt, il a eu la révélation que la musique détenait la vérité. S'il jouait à la perfection, il ne doutait pas que le monde se porterait mieux :

– *Enfant, je m'étais imaginé que si je pouvais jouer la Chaconne de Bach dans la chapelle Sixtine, sous l'œil de Michel-Ange, tout ce qui est ignoble et vil disparaîtrait miraculeusement. Je n'ai jamais vu de criminel sortir de mes écoles de musique. Si la société est malade,* poursuit-il, *c'est qu'elle ne s'intéresse à la violence que quand il y a urgence. Les vraies valeurs curatives doivent être trouvées dans l'éducation des enfants.*

Une flamme brille dans son regard
Regardant par la fenêtre, songeur, Yehudi menuhin laisse sa pensée vagabonder. Il se souvient de ces instants magiques qui lui firent croire, le temps d'un concert, que tout était possible :

3. – *J'ai joué devant tous les publics,* confie ce créateur de l'Académie internationale de musique et d'une fondation, à Bruxelles, chargée de l'enseignement de la musique. *Dans des hôpitaux, des villages à moitié abandonnés. L'un de mes meilleurs concerts a eu lieu devant une troupe de soldats. Ils étaient tristes, nostalgiques. Le piano ne marchait pas. Ils avaient envie d'émotion. J'ai joué du Bach . . . Les pires publics,* poursuit sir Yehudi Menuhin, *sont les* nouveaux riches, qui veulent se faire valoir. On les rencontre quelquefois dans les concerts de charité. (Le violoniste grimace.) Il y a trois ou quatre ans, dit-il, je me suis produit au Kremlin, devant l'une des salles les plus horribles que j'ai connues. Là-bas, ils ont les escaliers roulants les plus rapides du monde : à l'entracte, il faut pouvoir bouffer le plus de caviar possible. La salle était remplie de nouveaux riches, de gangsters, reprend-il. Savez vous qu'à Moscou, pour quarante livres, vous faites assassiner quelqu'un ?

Le ton monte, un court instant, puis la voix se pose à nouveau :

– On a joué le Messie, mais ils n'ont pas accepté d'être sauvés ...

4. Un ange passe, le violoniste rit. Une flamme brille dans son regard, enfantin, où se mêlent la joie de vivre et une tristesse un peu lasse :

– Les gens vont moins au concert aujourd'hui, regrette-t-il. Peut-être parce que cela coûte trop cher. On a supprimé les places debout. Le cinéma a fait du tort à la musique, en insistant sur le confort, le velours.

"Ma vie est née de mes rêves"
Les mots viennent facilement à Menuhin. Il semble se passionner pour tout.

– J'ai l'impression, dit-il, que ma vie est née en partie de mes rêves.

(Le Figaro Magazine)

QUESTIONS (9) – YEHUDI MENUHIN.

1. (a) Relevez dans la première section la phrase qui indique que Yehudi Menuhin est une des personnes les plus célèbres du monde :
....
(b) Dans la première section, trouvez les mots / expressions qui montrent que Menuhin est très fier :
....

2. (a) Selon la deuxième section, Menuhin croit que :
  (i) il y a beaucoup de criminels dans son école de musique.
  (ii) personne ne s'intéresse jamais à la violence dans la société.
  (iii) il y a trop de criminels dans les écoles.
  (iv) on ne s'intéresse pas à la violence lors d'un problème grave.

(b) D'après la troisième section, où s'est passé l'un de ses concerts favoris ?
....

3. (a) Selon la troisième section, nommez une catégorie de spectateurs qu'il ne peut pas supporter :

(b) Donnez un exemple des mauvaises moeurs de ces gens horribles :

4. (a) Citez, dans la troisième section, la phrase qui montre qu'une vie humaine ne vaut pas cher à Moscou :
....
(b) Selon la quatrième section :
   (i) les gens vont plus souvent au concert.
   (ii) on va aux concerts en vélos.
   (iii) de moins en moins de gens assistent aux concerts.
   (iv) le cinéma a aidé à promouvoir la musique.

5. (a) Trouvez des synonymes pour les mots suivants :
   (i) cent ans (sect. 1) ....
   (ii) a commencé (sect. 1) ....
   (iii) errer (sect. 2) ....
   (iv) à l'intervalle (sect. 4) ....

(b) Relevez dans la troisième section :
   (i) une expression de quantité ....
   (ii) un superlatif au pluriel ....
   (iii) un participe présent comme adjectif ....
   (iv) un verbe au passif à l'imparfait ....

6. How does the article get across the point that Yehudi Menuhin was a most gifted violinist? (50 words)
....
....

PRODUCTION ÉCRITE (9) :

Croyez-vous que le violon a du charme pour les jeunes ? Aimeriez-vous apprendre à jouer du violon ? Est-ce que cet instrument occupe une place importante dans la musique moderne ?

(90 words)

NE PAS SACRIFIER LA MORALE À LA RÉUSSITE SCOLAIRE

1. *Le très officiel Renmin Ribao ("le Quotidien du peuple") lance un appel aux parents afin qu'ils reprennent en main l'éducation morale de leur unique héritier.*

Renmin Ribao (extraits)

Pékin

Une étude montre que plus de 90 % des parents manquent de pédagogie et sont démunis face à l'éducation de leurs enfants. De ce fait, leur point de vue sur l'éducation comme les méthodes concrètes qu'ils emploient présentent encore bien des travers. Traditionnellement, en Chine, l'enseignement de la morale et de la sagesse est le noyau de l'éducation familiale. Récemment, tout en favorisant le développement du domaine d'activité de l'enfant et de son mode de vie, elle a vu son rôle encore renforcé en ce qui concerne sa santé et son développement intellectuel. Mais l'éducation est actuellement réduite par les parents à l'acquisition de connaissances – la famille devenant un pur facteur de réussite scolaire, que ce soit en achetant à l'enfant une grande quantité d'ouvrages de révision ou de cassettes vidéo éducatives, ou en le forçant à suivre des cours de soutien ou de rattrapage après la classe.

2. Non seulement un tel comportement fait perdre son rôle à la l'éducation familiale, mais il augmente la charge scolaire de l'enfant ; et, loin d'être une aide à son succès, il est néfaste à sa santé, lui fait perdre la joie d'être en famille et le rend hostile envers ses proches. De ce fait, beaucoup d'enfants perdent le plaisir d'apprendre et se mettent à détester l'éducation dispensée par leurs parents.

3. Face à leur devoir d'éducation, beaucoup se sont égarés. Certains ont totalement projeté leurs désirs sur leur enfant – forcé de suivre le modèle – sans aucune considération pour la réalité de ses besoins. Ils ne craignent ni la dépense d'énergie et d'argent, ni le sacrifice de sa santé.

Mais dès que l'enfant déçoit leurs attentes, soit ils se découragent, soit ils s'emportent contre lui. Certains s'en remettent à un professeur particulier, reportant la responsabilité sur un autre qu'eux. D'autres estiment que l'éducation relève de la seule et entière responsabilité de l'école, et que la famille n'a pas à s'en soucier. Il est certain que celle-ci a une responsabilité dans l'éducation, mais une éducation autoritaire revient à prendre l'enfant pour un objet, à remplacer ses motivations par les désirs subjectifs des parents, ce qui ne peut que provoquer sa résistance et son échec volontaire. Dès qu'il échappera à son contrôle, il aura vis-à-vis de sa famille une attitude de rejet.

4. L'éducation scolaire ne peut en aucun cas remplacer l'éducation dispensée à la maison par les parents. L'école a, au contraire, besoin de la collaboration de la famille. Les problèmes rencontrés par l'enfant dans ses études et dans son développement trouvent souvent leur source dans la famille, et aucun parent ne peut espérer que les enseignants s'occupent autant que lui de son enfant. Il est courant que les parents chinois manquent de bases scientifiques en matière d'éducation. Or ce type de savoir n'est pas l'apanage de gens ayant reçu une éducation supérieure. Si un certain nombre de parents peu instruits n'ont pas su éduquer leurs enfants, ils sont aussi nombreux à échouer parmi ceux qui ont un niveau de formation élevé. Cela démontre la nécessité d'un savoir spécifique. Nombreux sont en effet ceux qui cherchent aide et conseils auprès de pédagogues. Bien souvent, ils ne le font que lorsque l'enfant pose des problèmes, et non de manière préventive ; ils croient pouvoir trouver la solution en une nuit, violant toutes les règles de la progressivité. Ils ne comprennent rien à l'art de l'éducation, si bien que, même après avoir acquis des connaissances et des méthodes scientifiques, le succès n'est pas toujours au rendez-vous.

Wu Zhongkui

(Courrier International)

QUESTIONS (10) – NE PAS SACRIFIER LA MORALE À LA REUSSITE SCOLAIRE.

1. (a) Selon la première section, quel est l'appel lancé par le quotidien chinois ?
   ....

   (b) Relevez dans la première section les mots ou les expressions qui montrent que la plupart des parents chinois ne savent pas éduquer leurs enfants.
   ....

2. D'après la première section, quelles sont les différences entre les valeurs de la famille traditionnelle et de la famille moderne ?

	Traditionnelle	Moderne
Valeurs		

3. (a) Relevez dans la première section deux méthodes utilisées par les familles pour améliorer les résultats scolaires de leurs enfants :
   (i) ....
   (ii) ....

   (b) Trouvez dans la deuxième section trois inconvénients de l'attitude de la famille moderne vis-à-vis de l'éducation :
   (i) ....
   (ii) ....
   (iii) ....

4. (a) Relevez dans la troisième section les mots ou les expressions qui montrent que certains parents ne se soucient pas de ce que veulent leurs enfants :
....
(b) Selon la troisième section, pourquoi est-il risqué de permettre aux parents de dominer l'éducation des jeunes ?
....

5. (a) Trouvez dans la quatrième section la phrase qui indique que l'éducation exercée à l'intérieur du foyer est d'une grande importance :
....
(b) Trouvez dans la quatrième section les mots suivants :
   (i) un participe passé au pluriel ....
   (ii) un adverbe de temps ....
   (iii) un participe présent irrégulier ....
   (iv) un adjectif au féminin singulier ....

6. Summarise the points made by the author in his argument for greater involvement by Chinese families in the education of their young :
....
....
(50 words)

PRODUCTION ÉCRITE (10) :

À votre avis, pensez-vous que les parents soient les principaux éducateurs de la famille ?

(90 mots environ)

LITERARY COMPREHENSION PASSAGES

1. READ THE FOLLOWING TEXT AND ANSWER THE QUESTIONS.

LA PHOTO DU COLONEL – Ionesco.

1. Nous longeâmes quelque temps un parc de gazon, avec, en son centre, un bassin. Puis, de nouveau, les villas, les hôtels particuliers, les jardins, les fleurs. Nous parcourûmes ainsi près de deux kilomètres. Le calme était parfait, reposant : trop, peut-être. Cela en devenait inquiétant.

"Pourquoi ne voit-on personne dans les rues ? demandai-je. Nous sommes les seuls promeneurs. C'est, sans doute, l'heure du déjeuner, les habitants sont chez eux. Pourquoi, cependant, n'entend-on point les rires des repas, le tintement des cristaux ? Il n'y a pas un bruit. Toutes les fenêtres sont fermées !"

Nous étions justement arrivés près de deux chantiers récemment abandonnés. Les bâtiments, à moitié élevés, étaient là, blancs au milieu de la verdure, attendant les constructeurs.

2. "C'est assez charmant ! remarquai-je. Si j'avais de l'argent — hélas, je gagne très peu, — j'achèterais un de ces emplacements ; en quelques jours, la maison serait édifiée, je n'habiterais plus avec les malheureux, dans ce faubourg sale, ces sombres rues d'hiver ou de boue ou de poussière, ces rues d'usines. Ici, ça sent si bon", dis-je, en aspirant un air doux et fort qui soûlait les poumons.

"La police a suspendu les constructions. Mesure inutile, car plus personne n'achète des lotissements. Les habitants du quartier voudraient même le quitter. Ils n'ont pas où loger autre part. Sans cela, <u>ils</u> auraient tous plié bagage. Peut-être aussi se font-ils un point d'honneur de ne pas fuir. Ils préfèrent rester, cachés, dans leurs beaux appartements. Ils n'<u>en</u> sortent qu'en cas d'extrême nécessité, par groupes de dix ou quinze. Et même alors, le risque n'est pas écarté.

3. — Vous plaisantez ! Pourquoi prenez-vous cet air sérieux, vous assombrissez le paysage ; vous voulez me donner la frousse ?

— Je ne plaisante pas, je vous assure."

Je sentis un coup au cœur. La nuit intérieure m'envahit. Le paysage resplendissant, dans lequel je m'étais enraciné, qui avait, tout de suite, fait partie de moi-même ou <u>dont</u> j'avais fait partie, se détacha, me devint tout à fait extérieur, ne fut plus qu'un tableau dans un cadre, un objet inanimé. Je me sentis seul hors de tout, dans une clarté morte.

"Expliquez-vous ! implorai-je. Moi <u>qui</u> espérais passer une bonne journée ! . . . J'étais si heureux, il y a quelques instants !"

Nous retournions, précisément, au bassin.

"C'est là, me dit l'architecte de la municipalité, là dedans, qu'on en trouve, tous les jours, deux ou trois, de noyés.

— Des noyés ?

— Venez donc vous convaincre que je n'exagère pas."

4. Je le suivis. Arrivés au bord du bassin, j'aperçus, en effet, flottant sur l'eau, le corps d'un officier du génie, gonflé, et celui d'un garçonnet de cinq ou six ans, roulé dans son cerceau, et tenant, dans sa main crispée, un bâtonnet.

"Il y en a même trois, aujourd'hui, murmura mon guide. Là", fit-il, en indiquant du doigt.

Une chevelure rousse, que j'avais prise, une seconde, pour de la végétation aquatique, émergeait du fond, demeurait accrochée sur le marbre qui bordait la pièce d'eau.

"Quelle horreur ! C'est une femme, sans doute ?

— Évidemment, dit-il en haussant les épaules, l'autre c'est un homme, et l'autre un enfant. Nous n'en savons pas plus.

— C'est peut-être la mère du petit . . . Les pauvres ! Qui a fait ça ?

— L'assassin. Toujours le même personnage. Insaisissable.

QUESTIONS (1)

1. (a) Trouvez dans la première section les mots / expressions qui montrent que l'auteur s'impatiente en marchant dans ce quartier :
....

(b) Citez dans la première section une phrase qui indique que les constructeurs n'avaient pas fini leur travail :
....

2. (a) Relevez dans la deuxième section les mots / expressions qui montrent que l'auteur n'aime pas le faubourg où il habite :
....

(b) Quel(s) détail(s) nous fait penser que les résidents ne sortent guère de chez eux sauf en cas d'absolue nécéssité :
....

3. (a) Selon la deuxième section :
   (i) personne n'achète pas de billets pour le gros lot.
   (ii) tout le monde achète des appartements.
   (iii) les habitants veulent partir du quartier.
   (iv) personne n'achète plus d'habitations.

(b) Trouvez dans la troisième section les mots / expressions qui montrent que l'auteur croit que son compagnon est trop pessimiste :
....

4. (a) Quel détail nous montre que la police ne peut pas attraper l'assassin :
....

(b) Trouvez les mots / expressions qui veulent dire ;
   (i) les grandes maisons privées en ville (sect. 1) ....
   (ii) demi-bâti (sect. 1) ....
   (iii) construite (sect. 2) ....
   (iv) rigolez (sect. 3) ....

5. (a) Trouvez dans la quatrième section les mots suivants ;
   (i) un participe passé au pluriel ....
   (ii) un verbe au passé simple ....
   (iii) un participe présent ....
   (iv) un verbe au passé composé ....

(b) Pour chacun des mots soulignés, trouvez dans le texte le mot auquel il se réfère :
   (i) ils (sect.2) ....
   (ii) en (sect.2) ....
   (iii) dont (sect.3) ....
   (iv) qui (sect.3) ....

6. How does the author create the atmosphere of fear in this unfortunate suburb? (50 words)

....
....

PRODUCTION ÉCRITE (1) :

Pensez-vous que la vie en banlieue soit trop dangereuse ?

(90 mots environ)

2. READ THE FOLLOWING TEXT AND ANSWER THE QUESTIONS.

Le Mur

par Jean-Paul Sartre

1. On nous poussa dans une grande salle blanche, et mes yeux se mirent à cligner parce que la lumière leur faisait mal. Ensuite, je vis une table et quatre types derrière la table, des civils, qui regardaient des papiers. On avait massé les autres prisonniers dans le fond et il nous fallut traverser toute la pièce pour les rejoindre. Il y en avait plusieurs que je connaissais et d'autres qui devaient être étrangers. Les deux qui étaient devant moi étaient blonds avec des crânes ronds; ils se ressemblaient: des Français, j'imagine. Le plus petit remontait tout le temps son pantalon : c'était nerveux.

2. Ça dura près de trois heures ; j'étais abruti et j'avais la tête vide ; mais la pièce était bien chauffée et je trouvais ça plutôt agréable : depuis vingt-quatre heures, nous n'avions pas cessé de grelotter. Les gardiens amenaient les prisonniers l'un après l'autre devant la table. Les quatre types leur demandaient alors leur nom et leur profession. La plupart du temps ils n'allaient pas plus loin — ou bien alors ils posaient une question par-ci, par-là : "As-tu pris part au sabotage des munitions ?" Ou bien : "Où étais-tu le matin du 9 et que faisais-tu ?" Ils n'écoutaient pas les réponses ou du moins ils n'en avaient pas l'air : ils se taisaient un moment et regardaient droit devant eux puis ils se mettaient à écrire. Ils demandèrent à Tom si c'était vrai qu'il servait dans la Brigade internationale : Tom ne pouvait pas dire le contraire à cause des papiers qu'on avait trouvés dans sa veste. À Juan ils ne demandèrent rien, mais, après qu'il eut dit son nom, ils écrivirent longtemps.

3. – C'est mon frère José qui est anarchiste, dit Juan. Vous savez bien qu'il n'est plus ici. Moi je ne suis d'aucun parti, je n'ai jamais fait de politique.
Ils ne répondirent pas. Juan dit encore :
– Je n'ai rien fait. Je ne veux pas payer pour les autres.
Ses lèvres tremblaient. Un gardien le fit taire et l'emmena. C'était mon tour :
– Vous vous appelez Pablo Ibbieta ?
Je dis que oui.

Le type regarda ses papiers et me dit :
– Où est Ramon Gris ?
– Je ne sais pas.
– Vous l'avez caché dans votre maison du 6 au 19.
– Non.
Ils écrivirent un moment et les gardiens me firent sortir. Dans le couloir Tom et Juan attendaient entre deux gardiens. Nous nous mîmes en marche. Tom demanda à un des gardiens :
– Et alors ?

– Quoi ? dit le gardien.
– C'est un interrogatoire ou un jugement ?
– C'était le jugement, dit le gardien.
– Eh bien ? Qu'est-ce qu'ils vont faire de nous ?
Le gardien répondit sèchement :
– On vous communiquera la sentence dans vos cellules.

4. En fait, ce qui nous servait de cellule c'était une des caves de l'hôpital. Il y faisait terriblement froid à cause des courants d'air. Toute la nuit nous avions grelotté et pendant la journée ça n'avait guère mieux été. Les cinq jours précédents je les avais passés dans un cachot de l'archévêché, une espèce d'oubliette qui devait dater du moyen âge : comme il y avait beaucoup de prisonniers et peu de place, on les casait n'importe où. Je ne regrettais pas mon cachot : je n'y avais pas souffert du froid mais j'y étais seul ; à la longue c'est irritant. Dans la cave j'avais de la compagnie. Juan ne parlait guère : il avait peur et puis il était trop jeune pour avoir son mot à dire. Mais Tom était beau parleur et il savait très bien l'espagnol.

QUESTIONS (2) – LE MUR — JEAN PAUL SARTRE.

1. (a) Quel détail dans la première section nous montre que la lumière était trop forte pour Pablo ?
    ....
   (b) Relevez dans la première section les mots / expressions qui indiquent qu'un des prisonniers était inquiet :
    ....

2. (a) Dans la deuxième section, trouvez deux détails qui montrent que les juges ne s'intéressaient pas aux réponses des prisonniers :
    (i) ....
    (ii) ....
   (b) Pourquoi est-ce que Pablo ne pouvait pas nier qu'il était membre de la Brigade Internationale ?

3. (a) Pourquoi, d'après vous, est-ce que Juan trouve son jugement injuste ?
    ....
   (b) Selon la troisième section, les juges croient que :
      (i) Pablo est vraiment Ramon Gris.
      (ii) Ramon Gris était resté chez Pablo.
      (iii) Tom et Juan attendaient dans le jardin.
      (iv) il y aurait un interrogatoire dans la cellule.

4. (a) Selon la quatrième section, pourquoi est-ce que les prisonniers avaient grelotté toute la nuit ?
    ....
   (b) Trouvez dans la quatrième section :
      (i) un adjectif au féminin singulier ....
      (ii) un verbe au plus-que-parfait ....

(iii) un verbe à l'imparfait ....
(iv) un verbe à l'infinitif ....

5. (a) Trouvez dans la deuxième section, des expressions qui veulent dire :
(i) participé ....
(ii) ils restaient silents ....
(b) Pour chacun des mots soulignés, trouvez le mot auquel il se réfère :
(i) d'autres (sect. 1) ....
(ii) Les deux (sect. 1) ....
(iii) ils (sect. 2) ....
(iv) eux (sect. 2) ....

6. Develop the theme of mistreatment of prisoners of war in this text. (50 words)
....
....

PRODUCTION ÉCRITE (2) :

Apres avoir lu cet article, croyez-vous qu'Amnesty International poursuit une cause justifiable ? Est-ce que cela vaut la peine ?

(90 mots environ)

3. READ THE FOLLOWING TEXT AND ANSWER THE QUESTIONS

L'HOMME DE MARS – MAUPASSANT

1. J'étais en train de travailler quand mon domestique annonça :
"Monsieur, c'est un monsieur qui demande à parler à Monsieur – Faites entrer."
J'aperçus un petit homme qui saluait. Il avait l'air d'un chétif maître d'études à lunettes, <u>dont</u> le corps fluet n'adhérait de nulle part à ses vêtements trop larges.
Il balbutia :
Je vous demande pardon, Monsieur, bien pardon de vous déranger.
Je dis.
"Asseyez-vous, Monsieur."
Il s'assit et reprit :
"Mon Dieu, Monsieur, je suis très troublé par la démarche <u>que</u> j'entreprends. Mais il fallait absolument que je visse quelqu'un, il n'y avait que vous . . . que vous . . . Enfin,

j'ai pris du courage . . . mais vraiment . . . je n'ose plus.

2. – Osez donc, Monsieur.
– Voilà, Monsieur, c'est que, dès que j'aurai commencé à parler, vous allez me prendre pour un fou.
– Mon Dieu, Monsieur, cela dépend de ce que vous allez me dire.
– Justement, Monsieur, ce que je vais vous dire est bizarre. Mais je vous prie de considérer que je ne suis pas fou, précisément par cela même que je constate l'étrangeté de ma confidence.
– Eh bien, Monsieur, allez.
– Non, Monsieur, je ne suis pas fou, mais j'ai l'air fou des hommes <u>qui</u> ont réfléchi plus que les autres et qui ont franchi un peu, si peu, les barrières de la pensée moyenne. Songez donc, Monsieur, que personne ne pense à rien dans ce monde. Chacun s'occupe

➡

de ses affaires, de sa fortune, de ses plaisirs, de sa vie enfin, ou de petites bêtises amusantes comme le théâtre, la peinture, la musique ou de la politique, la plus vaste des niaiseries, ou de questions industrielles. Mais qui donc pense ? Qui donc ? Personne ! Oh ! je m'emballe ! Pardon. Je retourne à mes moutons.

3. "Voilà cinq ans que je viens ici, Monsieur. Vous ne me connaissez pas, mais moi je vous connais très bien . . . Je ne me mêle jamais au public de votre plage ou de votre casino. Je vis sur les falaises, j'adore positivement ces falaises d'Étretat. Je n'<u>en</u> connais pas de plus belles, de plus saines. Je veux dire saines pour l'esprit. C'est une admirable route entre le ciel et la mer, une route de gazon, qui court sur cette grande muraille, au bord de la terre, au-dessus de l'Océan. Mes meilleurs jours sont ceux que j'ai passés, étendu sur une pente d'herbes, en plein soleil, à cent mètres au-dessus des vagues, a rêver. Me comprenez-vous ?
– Oui, Monsieur, parfaitement.
– Maintenant, voulez-vous me permettre de vous poser une question ?
– Posez, Monsieur.
– Croyez-vous que les autres planètes soient habitées ?"
Je répondis sans hésiter et sans paraître surpris :
"Mais, certainement, je le crois."

QUESTIONS (3) – L'HOMME DE MARS – MAUPASSANT.

1. (a) Donnez un détail de la première section qui indique que l'homme, présenté par le domestique, était mal vêtu :
   ....
   (b) Citez dans la première section la phrase qui montre que le petit homme avait peur d'en dire plus :
   ....

2. (a) Relevez dans la deuxième section la phrase qui veut dire "me considérer comme un sot" :
   ....
   (b) Selon la deuxième section, les hommes ne pensent qu'à des choses peu intéressantes. Donnez trois exemples :
      (i)   ....
      (ii) ....
      (iii) ....

3. Trouvez dans la deuxième section les mots ou expressions qui veulent dire :
   (i)   idiot ....
   (ii) ont considéré ....
   (iii) imaginez ....
   (iv) des betises ....

4. (a) Comment savons-nous que le petit homme n'est pas sociable ? (sect.3)

(b) Trouvez deux détails dans la troisième section qui prouvent que le petit homme aime habiter près de la mer :
   (i) ....
   (ii) ....

5. (a) Relevez dans la première section :
   (i) un verbe au passé simple ....
   (ii) un pronom relatif ....
   (iii) un verbe à l'impératif ....
   (iv) un subjonctif à l'imparfait ....

(b) Pour chacun des mots soulignés, trouvez le mot auquel il se réfère :
   (i) dont (sect. 1) ....
   (ii) que (sect. 1) ....
   (iii) qui (sect. 2) ....
   (iv) en (sect. 3) ....

6. Describe the emotional state of the visitor throughout the recounting of his experience. (50 words)

PRODUCTION ÉCRITE (3) :

"Chacun s'occupe de ses affaires, de sa fortune, de ses plaisirs . . . "
Êtes-vous d'accord avec cette affirmation ? L'homme, est-il si égoïste ?

(90 mots environ)

4. READ THE FOLLOWING TEXT AND ANSWER THE QUESTIONS.

La Foire du Trône

1. Chaque quartier de Paris a sa fête foraine : naguère, la "Fête à Neu-Neu[1]" alignait ses baraques et ses lumières dans l'avenue de Neuilly ; à Noël, les forains se retrouvent tous à Montmartre ; enfin le printemps voit renaître, sur le cours de Vincennes, la "Foire du Trône", ou foire "au pain d'épice", vieille de plusieurs siècles.

Et pendant trois semaines, le cours de Vincennes va retentir du nasillement des haut-parleurs, des hurlements des sirènes, du claquement des carabines et les renvoyer à tous les échos ! Malheur aux voisins qui ont le sommeil léger !

Si vous ne craignez pas trop la bousculade, venez avec moi : le spectacle en vaut le peine.

Aimez-vous les fauves ? Voici justement une ménagerie. Sur l'estrade, le dompteur a fière allure : vaste chapeau, cravache, bottes à éperons . . . Le nez collé au micro, il hurle son boniment[2] :

2. " . . . Et, avec les redoutables lions de l'Atlas, avec les terribles tigres du Bengale, vous verrez la plus étonnante charmeuse de serpents. J'offre 100 000 francs, je dis bien : cent-mille-francs, à toute personne qui me prouvera avoir déjà vu ailleurs un travail de cette qualité . . . Entrez ! Mesdames et Messieurs . . . Les militaires en uniforme ne paient que demi-place... On commence à l'instant ! Allons les places ! Allons les billets !"

Préférez-vous les spectacles étranges ? Voici l'homme-cheval des mers, l'hippocampe humain !

"On paie en sortant ! Suivons, pressons !"

Si vous êtes amateur d'émotions fortes, venez faire un tour de Montagnes russes, échafaudage énorme dont la piste d'acier escalade des rampes vertigineuses. Prenez place dans ce chariot, qu'une crémaillère[3] va hisser lentement au point culminant.

Arrivé là-haut, brusquement c'est la chute presque verticale, qui vous coupe le souffle. Vos voisins ont le visage crispé ; les femmes font une vilaine grimace (si elles se voyaient...). Puis, remontée brutale, dans un fracas métallique, virages impressionnants pour retrouver le sol, où le chariot s'immobilise d'un seul coup.

3. "N'avez-vous rien de plus moderne à me montrer ? – Oui : tenez, ce manège d'avions "à réaction". Au bout de longues tiges, ils tournent à une vitesse folle. Dedans, les apprentis pilotes connaissent toutes les émotions de la navigation aérienne : "Appuyez sur le volant pour descendre... levez-le pour monter..."

Les gens fiers de leur adresse iront, eux, vers les jeux de massacre, où il s'agit de renverser avec deux ou trois pelotes[4] un savant édifice de boîtes de conserve...

– Non. Allons plus loin ; ce bruit de ferraille me casse les oreilles...

Alors le tir à l'arc ? ou le tir à le carabine ? ou à la mitrailleuse ? Crevez d'une seule rafale le centre de la cible en carton et vous aurez droit aux regards admiratifs de votre fiancée.

– Quelle est cette femme assise les yeux bandés, au milieu d'un cercle de curieux ?

– C'est une "voyante extra-lucide[5]". Elle vous dira votre avenir... aidée de son compère[6], ce gros homme à forte moustache. Justement une grand-maman y va de[7] ses cent francs : elle veut des nouvelles de son petit-fils, embarqué pour une longue croisière autour du monde. Et, pendant que la voyante rédige le message inspiré, le compère fait le tour des badauds : "Madame Josépha, de quelle couleur est la cravate de ce Monsieur ? – Rouge avec des pois blancs ! – Bien ! Dites-nous en quelle année est née Mademoiselle. – En 1935. – Plus fort, que tout le monde entende ! – En 1935 – Quel est le nombre le plus favorable à Monsieur, pour la loterie nationale ? – Le nombre 13."

Si votre promenade vous a mis en appétit, nous irons "Chez Hélène" manger quelque gaufres parfumées à la vanille, ou un cornet de frites saupoudrées de sel fin.

... Et surtout ne quittez pas la foire sans acheter le petit cochon de pain d'épice[8] où vous ferez écrire votre prénom en lettres de sucre !

G.M.

---

1. Populaire : Déformation de Neuilly, ville au nord-ouest de Paris.
2. Discours destiné à attirer les clients.
3. Tige d'acier dentelée, employée notamment pour les funiculaires.
4. Petites balles d'étoffe ou de caoutchouc.
5. Prophétesse de foire, qui prétend voir dans l'avenir ou dans le passé.
6. Camelot ou bonimenteur qui est secrètement d'accord avec quelqu'un pour tromper le public.
7. Familier : y risque.
8. Le petit cochon est un porte bonheur.

✍ QUESTIONS (4) – LA FOIRE DU TRÔNE.

1. (a) Quelle expression dans la première section indique que cette foire n'est pas moderne ?
   ....
   (b) Quels sont les bruits typiques qu'on entend à la foire ? Relevez deux exemples :
   (i) ....
   (ii) ....

2. (a) Relevez dans la deuxième section la phrase qui veut dire que les soldats peuvent entrer dans la foire sans avoir à payer le plein tarif :
   ....
   (b) Qu'est-ce que c'est que "les Montagnes russes" ? Est-ce :
   (i) une montagne en Russie ?
   (ii) une chute ?
   (iii) un chariot ?
   (iv) une foire ?

3. (a) Trouvez dans la deuxième section les mots/expressions qui montrent deux réactions des gens sur les "Montagnes russes" :
   (i) ....
   (ii) ....
   (b) Relevez dans la troisième section les mots/expressions qui montrent que les "avions à réaction" voyagent très rapidement :
   ....

4. (a) Dans la troisième section, l'auteur fait mention de trois sports qui se servent d'une arme. Citez-en deux :
   (i) ....
   (ii) ....
   (b) Selon la quatrième section, que fait Madame Josepha ?
   (i) elle est coiffeuse.
   (ii) elle est compère de spectacle.
   (iii) elle voyage autour du monde.
   (iv) elle sait prédire ce qui va arriver.

5. (a) Pour chacune des expressions qui suivent, trouvez les synonymes :
   (i) jadis (sect. 1) ....
   (ii) qui ont du mal à dormir (sect. 1) ....
   (iii) cesse de bouger (sect. 2) ....
   (iv) celle avec qui vous comptez vous marier (sect. 3) ....

(b) Trouvez dans la deuxieme section les mots suivants :
   (i) un pronom relatif ....
   (ii) un verbe au futur simple ....
   (iii) un verbe à l'impératif ....
   (iv) un verbe réfléchi ....

6. Describe how the author maintains the atmosphere and excitement of the fair.
   ....
   ....(50 words)

PRODUCTION ÉCRITE (4):

Êtes-vous déjà allé dans une foire ou dans un parc d'attractions ? Était-ce une perte de temps et d'argent ? Ces parcs, sont-ils une bonne idée ? Pourquoi y aller ?
(90 mots environ)

5. READ THE FOLLOWING TEXT AND ANSWER THE QUESTIONS.

À LA CITÉ UNIVERSITAIRE. VEILLE D'EXAMENS

1. "Examens !"
Le mot est monté dans le "bus" en même temps que Catherine. Depuis une semaine, il refuse de la lâcher. Tout Paris, semble-t-il, prépare des examens. Le cordonnier, la blanchisseuse s'informent : "C'est pour quand ?" avec, dans la voix, un mélange de respect et de pitié. Le Directeur du Collège Néerlandais distribue chaque matin une manne[1] de sourires et de recommandations : "Vous sentez-vous prêts ? Ne vous énervez pas. "Catherine a reçu de sa mère une lettre lui conseillant "d'éviter les nuits blanches, de surveiller son intestin, et de revêtir pour le grand jour le tailleur noir qu'elle s'obstine à dédaigner". Enfin, l'abbé Lebeau a parlé des devoirs de l'étudiant chrétien et rappelé qu'il ne fallait pas oublier Dieu, ni avant ni après l'épreuve.

2. Mais personne ne prend les examens avec autant de sérieux que l'étudiant. Il oublie qu'il était amoureux, écrivait des vers, souffrait des dents, se passionnait de politique : il oublie de manger, de se raser, de changer de chemise, il oublie de respirer, mais ses poumons s'en souviennent et absorbent la fumée de ses cigarettes ; il oublie de marcher, mais ses jambes intelligentes le conduisent, à travers les autos et les cyclistes, jusqu'à l'examinateur. (. . .) Pourquoi cette ferveur ? Parce que l'étudiant ne joue pas seulement ses vacances, sa bourse, son séjour à la Cité (qui expulse au deuxième échec), son avenir, mais sa raison d'être même. Pendant tout un hiver, il a porté le titre d'étudiant. Y avait-il droit ? A-t-il étudié ? La chute dans le néant le guette. Cette menace lui inspire la force d'avaler, mâcher, ruminer des kilos de papier. (. . .)
Depuis jeudi soir, Daniel n'a dormi que quelques heures. Il compte achever ses études par une éblouissante victoire. Maurice maigrit, Annette pâlit, un bouton de fièvre pique la lèvre de Catherine. Une rage de travail empoisonne la splendeur de cette fin de printemps.

3. À l'extérieur de la Cité, hors de la protection des grilles brodées de lierre, le cœur accélère ses battements. Des plans, des aide-mémoire, des schémas remplacent les dictionnaires et les encyclopédies. Jusqu'à la dernière minute, Catherine picore des graines de savoir : une date, une citation. Elle a déjà présenté deux certificats : celui d'histoire du XXe siècle et <u>celui</u> de géographie humaine. Contrairement à ses prévisions, elle a réussi le premier et failli être collée[2] au second.

"Des chiffres, donnez-moi des chiffres", l'interrompit le professeur de géographie humaine, alors qu'il avait répété maintes fois (Catherine l'entend encore) que les chiffres ne prouvaient rien, que les statistiques se pliaient aux caprices des plus futiles hypothèses.

Il avait coupé un éloquent plaidoyer de Catherine en faveur de la nationalisation du sol par un[3] :

"Citez-moi quelques faits concrets."

4. Catherine avait gardé le silence. (. . .)

Enfin les sourcils du maître desserrèrent leur pince. Il tendit la perche[4] d'une seconde question :

"Parlez-moi du développement de l'industrie automobile en Italie."

Catherine s'accorda le temps de respirer. La sueur perlait à la racine de ses cheveux et l'étau qui lui serrait la gorge ne laissait échapper que des sons imperceptibles. Ainsi le passant qui vient d'échapper à un grave accident, s'évanouit à l'idée de cette mort qu'il a frôlée. L'industrie automobile la rassura peu à peu ; au bord de sa paupière, la larme sécha et elle se surprit à exposer, non sans autorité, la courbe de production des diverses grandes marques. (. . .)

Lorsqu'elle se tut, le crayon du maître glissa lentement à côté de son nom, hésita, virevolta sur sa pointe comme une danseuse, tourna et remonta :

"Un huit[5], devina Catherine, je suis sauvée."

D'après E. Trévol. *Cité Universitaire*. Julliard.

---

1. C'est la nourriture qui fut envoyée par Dieu aux Hébreux dans le désert. Ici, sens figuré : provision, abondance nourricière.
2. Argot d'étudiant : échouer à l'examen.
3. Article neutre = une observation brutale (exprimée par les mots suivants).
4. Il lui offrit le secours (comme on tend une perche de bois à la personne tombée dans l'eau).
5. Huit points, sur un maximum de dix.

QUESTIONS (5) – LA CITE UNIVERSITAIRE : VEILLE D'EXAMENS.

1. (a) Trouvez dans la première section une phrase qui veut dire que les examens sont le sujet de la conversation de tout le monde :
....

(b) La mère de Catherine conseille à sa fille de :
  (i) se coucher tôt.
  (ii) se faire examiner l'intestin.
  (iii) surveiller ses études.
  (iv) s'habiller.

2. (a) Relevez dans la deuxième section trois choses que l'étudiant oublie de faire à cause de la pression des études :
  (i) ....
  (ii) ....
  (iii) ....

(b) Relevez dans la deuxième section deux réactions de l'étudiant face à la menace de l'échec :
  (i) ....
  (ii) ....

3. (a) Comment est-ce que Catherine se prépare pour ses examens ? Donnez un exemple pris dans la troisième section :
....

(b) Selon la troisième section, Catherine :
  (i) a échoué à ses deux examens.
  (ii) a échoué au premier examen, mais a été reçue au deuxième.
  (iii) a été reçue aux deux examens.
  (iv) a failli réussir le second examen.

4. (a) Relevez dans la quatrième section la phrase qui indique que Catherine était très inquiète :
....

(b) Trouvez dans le texte des synonymes pour les mots/expressions suivants :
  (i) l'examen (sect. 1) ....
  (ii) il a l'intention de finir (sect. 2) ....
  (iii) ce qu'on prévoit (sect. 3) ....
  (iv) garantit (sect. 4) ....

5. (a) Trouvez dans la troisième section l'exemple d'un ;
  (i) infinitif comme nom masculin ....
  (ii) prénom démonstratif ....
  (iii) verbe au passé composé ....
  (iv) verbe à l'impératif ....

(b) Pour chacun des mots soulignés, trouvez le nom auquel il se réfère :
  (i) lui (sect. 1) ....
  (ii) il (sect. 2) ....
  (iii) y (sect. 2) ....
  (iv) celui (sect. 3) ....

6. With reference to the text, what comments, do you think, is the author making about examinations? ....
....(50 words)

PRODUCTION ÉCRITE (5) :

Croyez-vous qu'il faut changer de notre système de l'éducation ? Peut-être le contrôle continu ? **(90 mots environ)**

6. READ THE FOLLOWING TEXT AND ANSWER THE QUESTIONS.

LES PETITS ENFANTS DU SIÈCLE

1. C'était encore une fois le printemps. Il y avait un lilas dans les derniers jardinets que la Cité n'avait pas encore bouffés. Quand je revenais de l'école je le voyais, mais je ne disais rien, les autres filles se seraient payé ma tête.

Le seul moment où je pouvais me promener tranquille, c'était les courses. À cause de ça, jamais je ne renâclais dessus ; d'ailleurs personne n'essayait de me les disputer, l'habitude était prise, on n'y pensait même plus. Je traînais, autant que je pouvais pour éviter l'engueulade, en augmentant peu à peu à mesure que les jours allongeaient.

2. L'autobus s'arrête juste devant la Cité, et les gens qui reviennent de leur travail en descendent tous en tas, à l'heure où je vais aux commissions ; c'est toujours à peu près les mêmes têtes que je vois, à force ; je les reconnais. On se reconnaît tous, mais on ne le montre pas ; simplement on se dit 'tiens, je suis en retard', ou 'je suis juste en avance', ou 'je suis juste', selon la charretée qui se déverse devant la porte.

Un soir, un homme qui descendait de l'autobus me regarda et me sourit. Il traversa l'avenue vers les grands blocs, et se retourna pour me regarder. Je me demandais pourquoi cet homme m'avait souri, car justement celui-là je ne l'avais jamais vu. C'était bizarre et j'y repensai, et puis il m'arrivait tellement peu de choses que le plus petit détail me restait. Par la suite, je revis cet homme, et chaque fois il me regardait.

3. Un jour, en revenant des commissions, je le croisais carrément. J'avais deux bouteilles de vin, une d'eau, et le lait, plus le pain sous le bras.

"C'est bien lourd pour toi tout ça, me dit-il comme si on se connaissait. Tu veux que je te le porte ?

– Oh ! je suis arrivée, dis-je, c'est là que j'habite.

– Dommage, dit-il. Moi, j'habite là, ajouta-t-il en montrant les grands blocs. Pour l'instant. Je te vois souvent, en train de porter tes filets. Tu as beaucoup de travail ?

– Oui. Voilà, je suis arrivée.

– Tant pis, et il me rendit le filet. À bientôt peut-être ?"

Il traversa l'avenue et me fit un signe de la main.

Je le rencontrai plus souvent. Je regardais les autobus, mais il devait arriver plus tôt, car je le croisais sur l'avenue : peut-être qu'il m'attendait ; on faisait quelques pas ensemble ; il prenait mon filet ; il arriva qu'on dépasse la Cité, tout en parlant, qu'on prenne la petite rue qui contourne les maisons vers les jardinets.

4. Il s'appelait Guido. Il vivait seul. Il me parlait comme à une personne, il me racontait sa vie, il n'était pas dans son pays ici. Dans son pays il avait une maison avec une vigne, et comme moi beaucoup de frères et sœurs, des sœurs très belles qui se mariaient une par une. On faisait quelques pas, et il me quittait, avec son petit signe de la main et son sourire. C'était un homme très beau, brun avec de belles dents blanches quand il souriait, et des yeux clairs. Il devait bien avoir trente ans.

Il se sentait très seul, il était triste ; les blocs lui fichaient le cafard, il me disait que bientôt le monde serait tout comme ça, et que les hommes qui avaient quelque chose dans le ventre n'auraient plus qu'à tous foutre le camp sur la planète Mars. Il me regarda et me dit qu'il était en train de devenir fou ; mais il sourit, il n'avait pas l'air fou du tout, au contraire.

📖 QUESTIONS (6) – LES PETITS ENFANTS DU SIÈCLE.

1. (a) Selon la première section quand est-ce que la narratrice se sent bien à l'aise en se promenant ?
   ....

   (b) Relevez l'expression dans la première section qui montre qu'on se moquerait de la narratrice ?
   ....

2. (a) Dans la deuxième section, trouvez les mots ou expressions qui veulent dire :
   (i) je fais des courses ....
   (ii) les immeubles ....

   (b) D'après la deuxième section, pourquoi est-ce que la narratrice a été étonnée quand l'homme l'a regardée et a souri ?

3. (a) Trouvez dans la troisième section les mots suivants :
   (i) un verbe au subjonctif au présent ....
   (ii) un participe présent ....
   (iii) un verbe au passé simple ....
   (iv) un pronom relatif ....

(b) Relevez deux détails dans la troisième section qui indiquent que l'homme et la narratrice s'entendent bien :
   (i) ....
   (ii) ....

4. Relevez dans le texte des détails qui font surgir le contraste entre les gens mornes sur l'autobus et cet homme aimable :

	L'HOMME	LES GENS
Détail 1	....	....
Détail 2	....	....

5. (a) Dans la quatrième section, trouvez l'expression qui veut dire "l'endroit où habitait l'homme le déprimait" :
   ....

   (b) Pour chacun des mots soulignés, trouvez le nom auquel il se refère :
   (i) le (Sect. 1) ....
   (ii) les (Sect. 2) ....
   (iii) celui-là (Sect. 2) ....
   (iv) lui (Sect. 4) ....

6. Describe how the relationship between the two central characters develops throughout this passage. ....(50 words)

PRODUCTION ÉCRITE (6) :

Croyez-vous que les "grands blocs", ou les H.L.M., fournissent un cadre de vie convenable ?

(90 mots environ)

7. READ THE FOLLOWING TEXT AND ANSWER THE QUESTIONS.

ROGER VAILLAND : 325,000 FRANCS

1. Busard relaya le Bressan, puis rentra souper chez lui. C'était jeudi, et à neuf heures, comme d'habitude, il alla frapper chez Marie-Jeanne. Portes et fenêtres closes. Pas de lumière, personne ne répondit.

Il attendit une demi-heure, appuyé sur son vélo, sur le bord de la route de Saint-Claude. Mme Lemercier revint de chez des voisins. Elle ne savait pas où était sa fille. Elle ne l'avait pas vue depuis le matin.

"Vous ne voulez pas l'attendre à la maison ?"

Il préférait se promener. La mère l'examinait.

"Alors vous-vous êtes mis au presses ?
– Il fallait bien . . . "

Le regard pesait sur lui. Il s'avisa qu'elle a l'œil vif, qui reflète des réflexions. Il n'avait jamais prêté attention à elle : c'était la mère de Marie-Jeanne et une femme qui n'avait plus de forme, une abstraction. Il pensa pour la première fois que Marie-Jeanne faisait des confidences à sa mère, qu'elles se concertaient, qu'il n'y a pas que l'amour des hommes dans la vie des femmes.

2. "Alors, dit-elle, vous pensez comme ça que vous serez plus heureux sur le bord de la grande route ?
– Ici, dit-il, ce n'est pas une existence . . ."

Il montra les baraquements, l'ancienne briqueterie, le marécage.

"Il ne suffit pas de changer de place, dit-elle.
– C'est Marie-Jeanne qui l'a voulu.
– Elle n'a jamais bien su ce qu'elle voulait."

Il n'avait jamais imaginé qu'on pût dire cela de Marie-Jeanne. Il protesta vivement.

"Quand elle a quelque chose dans la tête . . .
– Elle a surtout appris à savoir ce qu'elle ne voulait pas", dit la mère . . .

Elle eut un sourire moqueur.

"Vous n'entrez pas ?
– Non, dit Busard. Merci. Vraiment non. Je repasserai tout à l'heure."

Il enjamba son vélo et descendit jusque chez lui. Marie-Jeanne venait d'y déposer une lettre :

3. "Mon cher Bernard, je viens de voir Chatelard. Qu'est-ce que tu as été lui raconter ? Ce n'est pas bien de ta part. Tu as assez voulu, mais moi je n'ai jamais voulu, tu devrais te le rappeler. Je sais ce que tu vas dire, puisque Chatelard m'a tout expliqué. Mais il n'y a pas d'excuse. Quand on ment là-dessus, on ment sur tout et tu me mentiras aussi.

"Je préfère que tu ne viennes plus me voir. Je sais que je te fais de la peine, mais ça te fera moins de mal maintenant que plus tard.

"Tu prendras la gérance du snack-bar avec une autre, ou tu ne la prendras pas du tout, ce qui t'évitera bien des ennuis.

"J'y ai bien réfléchi, je ne t'aime pas. Il vaut mieux le dire tout net. J'avais déjà réfléchi avant que Chatelard ne me parle et j'étais arrivée à la même conclusion, seulement je n'osais pas te l'avouer. Je t'aime bien, mais je ne t'aime pas, voilà la vérité.

"D'ailleurs je ne t'ai jamais dit que je t'aime. Tu m'as pourtant souvent demandé de te le dire. En ce qui concerne notre mariage, tu as tellement insisté et tu as fait tant de choses que j'ai fini par accepter. Mais maintenant c'est fini. Ça vaut mieux pour tous les deux.

"Je sais que tu vas penser du mal de moi. Je préfère cela plutôt que tu sois ensuite malheureux.

"Moi, je t'aimerai toujours bien. Mais pour le moment, c'est plus raisonnable qu'on ne se voie plus.

Marie-Jeanne.

4. Busard mit la lettre dans sa poche. "Le ménage ne va déjà plus ? lui demanda sa sœur Hélène.
– Elle t'a dit quelque chose ?
– Oh ! elle, on ne sait jamais ce qu'elle pense. Mais toi, tu as tout l'air d'avoir perdu l'étape contre la montre."

C'était son habitude d'employer tout de travers des termes de cyclisme, quand elle plaisantait avec son frère.

"Marie-Jeanne est fatiguée, dit Busard. C'est tout. Je vais faire un tour avant de rentrer à la boîte. N'oublie pas de me laisser quelque chose à manger, pour quand je rentrerai, à quatre heures du matin . . . "

Il reprit son vélo et monta jusque chez moi, dans la montagne. Je l'avais revu deux fois après le Circuit. Le lundi à la clinique et nous avions commencé à nous lier d'amitié. La veille chez Jambe d'Argent, où il m'avait longuement raconté son projet et tous les obstacles déjà surmontés.

Il arriva après dix heures, tout en sueur. Il me tendit silencieusement la lettre. Je la lus et la passai à Cordélia.

"Aucune importance, dis-je à Busard. Fais semblant de rien. Et demain, elle te dira tout le contraire.
– Vous ne la connaissez pas !
– Ne prends jamais pour argent comptant les paroles d'une femme avec qui tu as une affaire d'amour" dit Cordélia.

Vocabulaire:
Relayer : prendre la place de quelqu'un : remplacer quelqu'un pour continuer à faire le même travail.
Closes : fermées.
S'aviser : s'apercevoir, remarquer.
Se concerter : se mettre d'accord.
Les baraquements : maisons construites près d'une usine pour loger les ouvriers.
La briqueterie : usine où l'on fabrique des briques.
Marécage : lieu humide et malsain (anglais : marsh, swamp)
Enjamber : franchir en étendant la jambe.(anglais : to get up on).
La gérance : l'organisation (anglais : management).
L'étape contre la montre : La partie d'une course où chaque coureur part seul, le classement s'effectuant d'après le temps (anglais : against the clock)
La boîte : l'usine.
Prendre pour argent comptant : croire naïvement ce qui est dit.

🕮 QUESTIONS (7) – ROGER VAILLAND : 325,000 FRANCS

1. (a) Selon Busard, dans la première section :
  (i) Marie-Jeanne s'entendait bien avec sa mère.
  (ii) Il n'y avait aucun amour entre Marie-Jeanne et sa mère.
  (iii) Marie-Jeanne n'avait pas confiance en sa mère.
  (iv) Marie-Jeanne ne faisait jamais attention à sa mère.

  (b) Trouvez dans la première section une expression qui indique que Busard n'avait pas envie d'attendre chez Marie-Jeanne :
  ....

2. (a) Dans la deuxième section, quels détails prouvent que l'endroit où se déroule cette histoire est assez déprimant ?
  (i) ....
  (ii) ....

  (b) Relevez dans la deuxième section l'expression signifiant que Busard "reviendra plus tard" :
  ....

3. Selon la lettre de Marie-Jeanne dans la troisième section, Marie-Jeanne :
  (i) pense que cela vaut la peine de revoir Busard.
  (ii) veut être gérante du snack-bar.
  (iii) veut que Busard lui rende visite tous les jours.
  (iv) doute que Busard dise la vérité.

4. (a) Relevez dans la quatrième section les mots ou expressions qui montrent que Cordélia ne prend pas la lettre au sérieux.
  ....

  (b) Trouvez dans la troisième section :
  (i) un verbe au conditionnel ....
  (ii) un verbe au futur simple ....
  (iii) un verbe au subjonctif ....
  (iv) un verbe au plus-que-parfait ....

5. Trouvez des synonymes pour :
  (i) se mettaient d'accord (Sect. 1) ....
  (ii) des maux (Sect. 3) ....
  (iii) tu sembles (Sect. 4) ....
  (iv) utiliser (Sect. 4) ....

6. Having read Marie-Jeanne's letter to Bernard, do you think that she is a very tolerant person? ....
  ....(50 words)

PRODUCTION ÉCRITE (7) :

Croyez-vous que les hommes sont plus ou moins malhonnêtes que les femmes dans les rapports ?

(90 mots environ)

8. READ THE FOLLOWING TEXT AND ANSWER THE QUESTIONS.

LA GLOIRE DE MON PÈRE – MARCEL PAGNOL

1. Au bout d'une petite heure de marche, notre chemin en coupa un autre, à travers une sorte de place ronde, parfaitement vide : mais dans le creux de l'un des quarts de cercle, il y avait un banc de pierre. Ma mère y fut installée et mon père déplia son plan :
– Voilà, dit-il, l'endroit où nous avons quitté le tramway. Voilà l'endroit où nous sommes en ce moment, et voilà le carrefour des Quatre-Saisons où notre déménageur nous attend, à moins que nous ne soyons obligés de l'attendre.
Je regardai avec étonnement le trait double qui figurait notre chemin : il faisait un détour immense.
– Les cantonniers sont fous, dis-je, d'avoir fait une route aussi tordue !
– Ce ne sont pas les cantonniers qui sont fous, dit mon père, c'est notre société qui est absurde.
– Pourquoi ? demanda ma mère.
– Parce que cet immense détour nous est imposé par quatre ou cinq grandes propriétés, que le chemin n'a pu traverser, et qui s'étendent derrière ces murs . . .
Voici, dit-il, en montrant un point sur la carte, notre villa . . . A vol d'oiseau, elle est à quatre kilomètres de la Barasse . . . Mais à cause de quelques grands propriétaires, il va falloir en faire neuf.

2. – C'est beaucoup pour les enfants, dit ma mère. Mais moi je pensais que c'était beaucoup pour elle. C'est pourquoi, lorsque mon père se leva pour repartir, je demandai encore quelques minutes de grâce, en prétextant une douleur dans la cheville.
Nous marchâmes encore une heure, le long des murs entre lesquels nous étions forcés de rouler comme les billes des jeux de patience . . .
Paul allait recommencer la chasse aux queues des larmeuses, mais ma mère l'en dissuada, par quelques paroles pathétiques qui lui mirent les larmes aux yeux : il remplaça donc ce jeu cruel par la capture de petites sauterelles, qu'il écrasait entre deux pierres.
Cependant, mon père expliquait à ma mère que dans la société future, tous les châteaux seraient abattus, et tous les chemins tracés au cordeau.

3. – Alors, dit-elle, tu veux recommencer la révolution ?
– Ce n'est pas une révolution qu'il faut faire. Révolution, c'est un mot mal choisi, parce que ça veut dire un tour complet. Par conséquent, ceux qui sont en haut descendent jusqu'en bas, mais ensuite ils remontent à leur place primitive . . . et tout recommence. Ces murs injustes n'ont pas été faits sous l'ancien régime : non seulement notre République les tolère, mais c'est elle qui les a construits !
J'adorais ces conférences politico-sociales de mon père, que j'interprétais à ma façon, et je me demandais pourquoi le Président de la République n'avait jamais pensé à l'appeler, tout au moins pendant les

vacances, car il eût fait en trois semaines le bonheur de l'humanité.

Notre chemin déboucha tout à coup sur une route beaucoup plus large, mais qui n'était pas mieux entretenue.

4. – Nous sommes presque au rendez-vous, dit mon père. Ces platanes que tu vois là-bas, ce sont ceux des Quatre-Saisons ! Et regardez ! dit-il soudain en montrant l'herbe épaisse qui habillait le pied du mur voilà une belle promesse !

Dans l'herbe, s'allongeaient d'immenses barres de fer, toutes rouillées.
– Qu'est-ce que c'est ? demandai-je.
– Des rails ! dit mon père. Les rails de la nouvelle ligne de tramway ! Il ne reste plus qu'a les mettre en place !

Il y en avait tout le long de la route ; mais la végétation qui les recouvrait prouvait que les constructeurs de la ligne ne voyaient pas l'urgence de son installation.

Nous arrivâmes devant le bar rustique des Quatre-Saisons. C'était, à la bifurcation de la route, une petite maison cachée sous deux grands platanes, derrière une haute fontaine de rocaille moussue. Une eau brillante, qui sortait de quatre tubes coudés, murmurait à l'ombre une chanson fraîche.

Il devait faire bon, sous les arceaux de ses platanes, devant les petites tables vertes : mais nous n'entrâmes pas dans cet "assommoir", dont le charme faisait justement le danger.

QUESTIONS (8) – LA GLOIRE DE MON PÈRE.

1. (a) Dans la première section, le narrateur et son père accusent deux sources différentes d'être responsables pour l'agencement des routes. Lesquelles ?

SOURCE	
Narrateur :	
Père :	

(b) Dans la première section, trouvez les mots ou expressions qui montrent qu'on a construit une route qui n'est pas étroite :

2. (a) Selon la deuxième section, le narrateur ne voulait pas repartir parce qu'il :
   (i) avait mal à la cheville.
   (ii) n'aimait pas son père.
   (iii) s'inquiétait pour sa mère.
   (iv) voulait jouer aux billes.

(b) Trouvez dans la deuxième section, deux exemples de changements que le père prévoit pour l'avenir :
   (i) ....
   (ii) ....

3. (a) D'après le père, une révolution est inutile parce que :
   (i) les chefs retournent à la longue au pouvoir.
   (ii) les révolutionaires sont mal choisis.
   (iii) les révolutions sont primitives.
   (iv) la République tolère l'ancien régime.

   (b) Relevez dans la troisième section, les mots suivants :
   (i) un prénom démonstratif.
   (ii) un participe passé au pluriel.
   (iii) un pronom objet direct.
   (iv) un verbe au passé simple.

4. Selon la quatrième section, quels détails montrent que la construction de la nouvelle ligne de tramway a été négligée? (Donnez deux détails)
   (i) ....
   (ii) ....

5. Trouvez dans le texte des synonymes pour :
   (i) ceux qui construisent les routes (Sect. 1) ....
   (ii) en faisant semblant (Sect. 2) ....
   (iii) il tuait (Sect. 2) ....
   (iv) soudain (Sect. 3) ....

6. The father of this family is a domineering character. How does the author develop this trait of character?
   ....
   ....(50 words)

PRODUCTION ÉCRITE (8) :

Le père du narrateur dit que "la société est absurde". Êtes-vous d'accord ?

(90 mots environ)

9. READ THE FOLLOWING TEXT AND ANSWER THE QUESTIONS.

AÉROPORTS DE LA BANLIEUE PARISIENNE

1. Muni de son passeport, papiers en règle, le voyageur commence par gagner la "gare aérienne" des Invalides, voisine du célèbre Dôme[1]. Là il fait enregistrer ses bagages (20 kilos en classe touriste, 30 kilos en 1ère classe). Puis il descend dans la salle d'attente et n'a plus qu'à rester assis devant un bon café jusqu'à l'annonce de son "vol". Mais si patient qu'on soit, le temps semble long. Sur le panneau lumineux et dans le haut-parleur, les avis se succèdent sans interruption : "Air France, vol 109 vers Nice, 11 h 45 ... P.A.A., vol 618 vers New York, 11 h 50 ... Alitalia, vol 402 vers Athènes, 12 h 15 ... " Enfin : "Vol 344 vers Montréal, 12 h 30 ... " – C'est pour vous Monsieur ? Alors, gagnez la cour où vous attend le car ; un dernier adieu, un geste de la main à vos amis, et en route pour Le Bourget ou pour Orly !

Ces deux aéroports sont situés en banlieue, mais le trajet ne dépasse guère vingt minutes. Et bientôt apparaissent les longs bâtiments, les interminables pistes d'envol, les gros avions à hélice ou à réaction, les minuscules hélicoptères.

Passez à la douane, puis au bureau de police : "Vos passeports ? autorisation d'emporter des devises[2] ?" Un coup de tampon sur les papiers. "Merci, Monsieur ! au suivant !"

2. Et vous voilà, avec votre petit sac à main, appareil photo pendu au cou, dans une autre salle d'attente ... Si vous profitiez de ces quelques minutes pour contracter une assurance ? Remplissez la formule que voici ; pour une somme modique, elle garantira à votre famille, pendant les deux mois de votre déplacement, une indemnité de plusieurs millions en cas de mort par naufrage, explosion en vol, écrasement à l'atterrissage ...

Ne prenez pas cet air épouvanté ! Et songez aux milliers d'avions <u>qui</u> prennent chaque jour le départ ... Vous aurez peut-être quelques émotions, il est vrai : un moteur, par exemple, donnera des signes de fatigue, puis s'arrêtera, au-dessus de l'Atlantique ; le pilote en sera quitte pour faire demi-tour, et gagner la base la plus proche ... Mais il faut être juste : quoi qu'on en dise, l'avion arrive généralement avant le bateau ! ... Vous avez signé votre assurance ? Bien. "Madame" sera sensible à cette attention conjugale.

3. "Vol 344 vers Montréal, par Glasgow !" Venez, Monsieur. Éteignez votre cigarette. On ne fume pas sur les pistes de l'aérodrome.

Voici l'appareil <u>qui</u> va vous emporter à Glasgow : un beau quadrimoteur à réaction, étincelant au soleil. Installez-vous bien à votre place, après avoir déposé votre petit sac dans le filet à bagages.

Les réacteurs commencent à siffler doucement et l'appareil se met en route sans <u>se</u> presser, vire à un carrefour, puis s'arrête devant la piste d'envol, jalonnée de balises[3] lumineuses. Là, <u>il</u> semble se recueillir, Puis, quand la tour de contrôle[4] a signalé "voie libre", les moteurs sont lancés à toute puissance. Obéissez à l'ordre donné par le haut-parleur : "Attachez vos ceintures, défense de fumer." Si l'avion pique du nez après le décollage, les ceintures vous permettront de ne pas vous briser le crâne contre le plafond ... Mais laissons là les mauvaises plaisanteries. Soyez tout au plaisir de la vitesse ; car cette fois, votre appareil est parti ; dans le sifflement puissant de ses quatre réacteurs, il roule à pleins gaz⁵. Vous voyez les balises fuir derrière vous, au-dessous de vous : vous montez : 200 m, 500 m ; tout à l'heure vous allez crever le plafond de nuages et, par le hublot, vous admirerez le spectacle féerique d'une immense étendue vaporeuse, éblouissante sous le soleil.

Le haut-parleur retentit : c'est la voix de l'hôtesse de l'air : "Mesdames et Messieurs, l'équipage, sous la direction du commandant Martin, vous souhaite un bon voyage. Nous volons à 6 000 mètres d'altitude, nous atterrirons à Glasgow dans deux heures. En attendant, voici le déjeuner : Bon appétit !"

Footnotes:
1. La coupole des Invalides.
2. Monnaies étrangères.
3. Bordée de distance en distance de *signaux* lumineux qui indiquent les limites de la piste.
4. Haute cabine vitrée où s'effectuent la surveillance et la direction du trafic sur l'aérodrome.
5. Familier : De toute la puissance de ses moteurs. Autre expression familière : mettre tous les gaz.

QUESTIONS (9) – AÉROPORTS DE LA BANLIEUE PARISIENNE.

1. (a) Relevez dans la première section deux éléments qui font ressortir le contraste entre ce qu'il faut faire avant le départ et après l'arrivée à l'aéroport :
Arrivée : ....
Départ : ....

(b) Trouvez dans la première section trois choses que l'on voit en arrivant dans un aéroport :
(i) ....
(ii) ....
(iii) ....

2. Selon la deuxième section, "contracter une assurance" veut dire que votre famille recevra de l'argent si, par exemple:
(i) vous ratez votre vol.
(ii) vous perdez vos bagages.
(iii) votre avion s'écrase à l'arrivée.
(iv) il y a une explosion dans l'aérogare.

3. (a) Relevez la phrase de la deuxième section qui indique qu'on oublie les nombreux vols qui décollent quotidiennement sans problème :
....
(b) Trouvez dans la troisième section un exemple de l'humour de l'auteur :
....

4. (a) On donne deux commandes aux passagers avant de décoller. Lesquelles ?
(i) ....
(ii) ....

(b) Trouvez dans le texte des synonymes pour :
   (i) le voyage (Sect. 1) ....
   (ii) des monnaies étrangères (Sect. 1) ....
   (iii) l'avion (Sect. 3) ....
   (iv) le pilote et les hôtesses de l'air ensemble (Sect. 4) ....

5. (a) Trouvez dans la troisième section les mots suivants :
   (i) un participe présent ....
   (ii) un verbe pronominal à l'impératif ....
   (iii) un participe passé au masculin ....
   (iv) un adjectif au masculin ....

   (b) Pour chacun des mots soulignés, trouvez le nom auquel il se réfère :
   (i) qui (Sect. 2) ....
   (ii) qui Sect. 3) ....
   (iii) se (Sect. 3) ....
   (iv) il (Sect. 3) ....

6. Does the author enjoy flying ? Support your answer with reference to the text.
   ....
   ....(50 words)

PRODUCTION ÉCRITE (9) :

"L'avion a rendu le monde plus petit". Êtes-vous d'accord ?

(90 mots environ)

10. READ THE FOLLOWING TEXT AND ANSWER THE QUESTIONS.

LETTRES DE MON MOULIN –
Alphonse Daudet

1. En entrant, je trouvai une longue salle déserte et morne, que le jour éblouissant de trois grandes fenêtres sans rideaux fait plus morne et plus déserte encore. Quelques tables boiteuses où traînaient des verres ternis par la poussière, un billard crevé qui tendait ses quatre blouses comme des sébiles, un divan jaune, un vieux comptoir, dormaient là dans une chaleur malsaine et lourde. Et des mouches ! des mouches ! jamais je n'en avais tant vu : sur le plafond, collées aux vitres, dans les verres, par grappes ... Quand j'ouvris la porte, ce fut un bourdonnement, un frémissement d'ailes comme si j'entrais dans une ruche.

Au fond de la salle, dans l'embrasure d'une croisée, il y avait une femme debout contre la vitre, très occupée à regarder dehors. Je l'appelai deux fois :
"Hé ! l'hôtesse !"

2. Elle se retourna lentement, et me laissa voir une pauvre figure de paysanne, ridée, crevassée, couleur de terre, encadrée dans de longues barbes de dentelle rousse comme en portent les vieilles de chez nous. Pourtant ce n'était pas une vieille femme ; mais les larmes l'avaient toute fanée.

"Qu'est-ce que vous voulez ? me demanda-t-elle en essuyant ses yeux.
– M'asseoir un moment et boire quelque chose . . ."

Elle me regarda très étonnée, sans bouger de sa place, comme si elle ne comprenait pas.

"Ce n'est donc pas une auberge ici ?"

La femme soupira :

"Si . . . c'est une auberge, si vous voulez . . . Mais pourquoi n'allez-vous pas en face comme les autres ? C'est bien plus gai . . .
– C'est trop gai pour moi . . . J'aime mieux rester chez vous."

Et, sans attendre sa réponse, je m'installai devant une table.

3. Quand elle fut bien sûre que je parlais sérieusement, l'hôtesse se mit à aller et venir d'un air très affairé, ouvrant des tiroirs, remuant des bouteilles, essuyant des verres, dérangeant les mouches . . . On sentait que ce voyageur à servir était tout un événement. Par moments la malheureuse s'arrêtait, et se prenait la tête comme si elle désespérait d'en venir à bout.

Puis elle passait dans la pièce du fond ; je l'entendais remuer de grosses clefs, tourmenter des serrures, fouiller dans la huche au pain, souffler, épousseter, laver des assiettes. De temps en temps, un gros soupir, un sanglot mal étouffé . . .

Après un quart d'heure de ce manége, j'eus devant moi une assiettée de *passerilles* (raisins secs), un vieux pain de Beaucaire aussi dur que du grès, et une bouteille de piquette.

"Vous êtes servi", dit l'étrange créature ; et elle retourna bien vite prendre sa place devant la fenêtre.

Tout en buvant, j'essayai de la faire causer. "Il ne vous vient pas souvent du monde, n'est-ce pas, ma pauvre femme ?

4. – Oh ! non, monsieur, jamais personne . . . Quand nous étions seuls dans ce pays, c'était différent : nous avions le relais, des repas de chasse pendant le temps des macreuses, des voitures toute l'année . . . Mais depuis que les voisins sont venus s'établir, nous avons tout perdu. Le monde aime mieux aller en face. Chez nous, on trouve que c'est trop triste . . . Le fait est que la maison n'est pas bien agréable. Je ne suis pas belle, j'ai les fièvres, mes deux petites sont mortes . . . Là-bas, au contraire, on rit tout le temps. C'est une Arlésienne qui tient l'auberge, une belle femme avec des dentelles et trois tours de chaîne d'or au cou. Le conducteur, qui est son amant, lui amène la diligence. Avec ça un tas d'enjôleuses pour chambrières . . . Aussi, il lui en vient de la pratique ! Elle a toute la jeunesse de Bezouces, de Redessan, de Jonquières. Les rouliers font un détour pour passer par chez elle . . . Moi, je reste ici tout le jour, sans personne, à me consumer."

Elle disait cela d'une voix distraite, indifférente, le front toujours appuyé contre la vitre. Il y avait évidemment dans l'auberge d'en face quelque chose qui la préoccupait . . .

WRITTEN COMPREHENSION

✍ QUESTIONS (10) – LETTRES DE MON MOULIN – ALPHONSE DAUDET

1. (a) Trouvez dans la première section deux détails qui montrent que cette auberge ne fait pas de bonnes affaires :
    (i) ....
    (ii) ....
   (b) Relevez un détail dans la première section qui indique que l'auberge n'est pas très propre :
    ....

2. (a) Dans la deuxième section, le narrateur écrit : "– ce n'était pas une vieille femme". Trouvez dans la deuxième section des mots ou expressions qui démentent ces paroles :
    ....
   (b) Relevez dans la deuxième section la phrase qui montre que la paysanne n'est pas contente de voir le narrateur :
    ....

3. Dans la troisième section, quand la femme s'assura que l'auteur avait bien l'intention de manger chez elle, elle :
    (i) a ouvert des bouteilles.
    (ii) a refusé de le servir.
    (iii) a commencé à travailler.
    (iv) a soupiré.

4. (a) Dans la quatrième section, relevez les mots ou expressions qui montrent que l'auberge de la paysanne avait jadis du succès.
    ....
   (b) Selon la paysanne, pourquoi est-ce que son entreprise a décliné ? Donnez deux raisons :
    (i) ....
    (ii) ....
   (c) Dans la quatrième section, trouvez deux adjectifs qui décrivent la paysanne :
    (i) ....
    (ii) ....

5. (a) Trouvez des synonymes pour :
    (i) déprimant (Sect. 1) ....
    (ii) se déplacer (Sect. 2) ....
    (iii) préfère (Sect. 2) ....
    (iv) quelquefois (Sect. 3) ....

145

(b) Trouvez dans la deuxième section :
   (i) un adjectif au féminin ....
   (ii) un verbe au plus-que-parfait ....
   (iii) un participe passé ....
   (iv) un verbe au passé simple ....

6. Contrast the mood of the woman before and after the arrival of the author.
   ....
   ....(50 words)

PRODUCTION ÉCRITE (10) :

'La vie d'un(e) paysan(ne) est plus dure que celle d'un(e) banlieusard(e)' ? Êtes-vous d'accord ?

Section 4 – Written Assignments

PRODUCTION ÉCRITE

FORMAT

(1) This section deals with the written assignments whereby you must 'produce' your own ideas in French.

(2) You must answer THREE questions – Question 1 (compulsory) and <u>TWO</u> of questions 2, 3 and 4.

(3) For Question 1, you are expected to write about 90 words. The other two questions require about 75 words.

(4) Question 1 relates to the Journalistic and Literary Comprehensions. You are most likely to be asked to write an opinion based on the theme of the comprehension that you just answered, but relating to your own experience. You will have an option of <u>TWO</u> questions within Question 1. There is a question based on **both** Comprehension pieces. You choose <u>one</u> question from <u>either</u> piece.

(5) Question 2 offers you a choice of three assignments (<u>Two</u> will appear on the paper – you answer <u>ONE</u>). They are likely to be a:
(a) diary entry,
(b) fax / E-mail or note,
(c) letter (formal / informal).

(6) Question 3 asks you to give your reaction (your opinion) to a:
(a) newspaper title (i.e. a headline),
(b) short extract,
(c) picture.
Again, two of the above items will appear on the paper. You answer ONE.

(7) Question 4 requires you to react to;
(a) a short prose article,
(b) a chart,
(c) graphics,
(d) tables,
(e) a cartoon or picture.

(8) The 'Production Écrite' section carries 100 marks, that is, 25% of the whole examination.

The outline of marks for the 1997 paper were:

Q.1. (a) and (b)
Communication   20 marks
Language   20 marks

Q.2. Each of the points asked must be dealt with. Some development is required, but not all the points have to be developed to the same extent. If you leave out any of the points, your marks for communication and language will be reduced proportionately. For example, if you leave out 1 of 4 points asked, then you automatically lose 25% of the marks for that question.

(a) Diary Entry:
Communication   15 marks
Language   15 marks

(b) Letter:
Layout   6 marks
Fulfilling communicative tasks   12 marks
Language   12 marks

N.B. Layout:
Top of page (i.e. Addresses, date, etc.)   3 marks
Opening (Monsieur) and signing off   3 marks

For 'Opening' the following are accepted:

"Monsieur le Directeur ; Madame ; Madame la Directrice ; Monsieur / Madame".

Q.3. (a) and (b)
Communication   15 marks
Language   15 marks

Q.4. (a) and (b)
Communication   15 marks
Language   15 marks

Thus the total marks for Production Écrite are;

40 marks (Question 1) + 30 marks + 30 marks (Questions 2, 3, and 4) = 100 marks

Tips

- The section is formidable for two main reasons. Firstly, you are in fact, translating English into French, because you are thinking in English, and then you have to find the correct words in French. Secondly, finding words is hard enough, but then you must know how to convert them into the style, idiom and grammar of French.

- One very good method of perfecting the technique of productive writing is practice. That is not as simplistic as it seems. When you are writing an opinion, letter or note for homework, you may find that you are employing the same phrases regularly. Therefore the more you use a definite list of phrases, the quicker they come to mind in an exam. You cannot afford the waste of time associated with looking at the ceiling searching for an apt phrase here or a suitable idiom there.

- Students ought to avoid learning passages off by heart – they will not be rewarded. It has been noted that more than half the answers, in recent years, have consisted of a mishmash of chunks of material which had been learned off by heart.

- You are strongly advised to keep your sentences relatively short, while incorporating basic ideas with some good expressions.

- So the point is to acquire a list of words, idioms and phrases which you feel can be used in almost any task which is put before you. Then practise them frequently.

Other hints:

1. Use fewer *clichés*.

2. Other problems exist in structures like; "... if there were less traffic, there would be less pollution", and "... if young people read more, there would be ..."

3. There is a serious shortage of adjectives! Too often the 'easy' adjectives like "bon" and "sympa" are relied upon to cover a variety of people and places. You should also try;

    ➢ Le patron était très *serviable* = the owner was very obliging / willing to help.
    ➢ La direction de l'hôtel était *arrangeante* = the hotel management were accommodating.
    ➢ La traversée était *agréable* = the crossing was pleasant.
    ➢ C'est un type *génial* ! = he's a fantastic bloke!
    ➢ C'est un bâtiment *laid* = it's an ugly building.
    ➢ Le gouvernement a fait un effort *lamentable* = the government made a deplorable effort.
    ➢ C'est un stage *dur* = it's a tough course.
    ➢ Ce roman est *passionnant* et *émouvant* = this novel is exciting and moving.
    ➢ Le paysage du Connemara est *sauvage* = the Connemara countryside is wild.
    ➢ Le coût de vie est *inquiétant* = the cost of living is worrying.
    ➢ Je prends des repas *sains* et *équilibrés* = I eat healthy and balanced meals.
    ➢ Nous avons des voisins *amicaux* = we have friendly neighbours.

The list goes on. You really have to build up a store of these adjectives for your own use, and to practise them.

4. Misuse of "d'accord" and "ça va".
   - On peut se retrouver devant le cinéma. <u>Ça te va</u> ?
     = we can meet in front of the cinema. <u>Is that O.K. with you</u> ?
   - Oui, *d'accord*.
     = yes, O.K. / *Agreed*.

5. The Logical Future caused problems. You can revise this tense sequence in the Grammar section. We will look at one example here;
   - "Je te téléphonerai quand j'y arriverai" = I will phone you when I get there. (lit. 'when I <u>WILL</u> get there')

6. Another difficulty had to do with the *Futur Simple*. To say;
   - We <u>will be staying</u> in London',

   must not be translated literally. Instead, you should say;
   - We <u>are going to stay</u> in London'.

   Hence; "Nous *allons rester* à Londres".

7. Make the adjectives and verbs **agree**!
   - 'Les chambres <u>étaient</u> confortable<u>s</u> et propre<u>s</u>'.

8. "Qui / Que": (See also Grammar)
   - Les choses *que* j'aime . . . = the things <u>that</u> I like . . . (*object*)
   - Les choses <u>qui</u> sont dans le tiroir = the things that / which are in the drawer. (*subject*)

The aforementioned points ought to be borne in mind. Close attention to them will save marks which would be needlessly lost.

Here are some useful expressions for Production Écrite:

(1) En ce qui concerne, je crois que . . . = As far as . . . is concerned, I think that . . .
(2) Il s'agit d'honnêteté = It is a question of (it has to do with . . .) honesty.
(3) Il faut prendre les choses du bon côté = You must look on the bright side.
(4) Le problème est devenu plus répandu = The problem has become more widespread.
(5) À la suite de, comme résultat de . . . = As a result of . . .
(6) C'est une question difficile à résoudre = it's a hard question to answer.
(7) Je doute que ce soit vrai = I doubt that this is so.
(8) À titre d'exemple, regardez . . . = by way of example, look at . . .
(9) Qui plus est . . . = what's more/moreover . . .

(10) Toute réflexion faite = when all is said and done.
(11) En revanche = on the other hand.
(12) Qu'on le veuille ou non = whether we like it or not.

USEFUL IDIOMS:

These idioms can be helpful for a number of reasons:

a. they develop fluency,
b. they impress the examiner,
c. they will make your work stand out among others,
d. they can be used in that most difficult of assignments – the 'Creative Writing' section of the Honours course.
e. they can be used in the oral examination. In addition, these phrases are not normally covered in the classroom work. They are hard to find, so we are including a large number of them in examples with English translations.

Idioms:

(1) **en voir de dures** = to have it rough
Nous en avons vu de dures quand notre père était au chômage = we had it rough while our father was on the dole.

(2) **ne pas voir les choses du même œil** = not to see eye-to-eye
Mon voisin et moi ne voyons pas les choses du même œil
= my neighbour and I don't see eye-to-eye.

(3) **se voir faire quelque chose** = to have visions of doing something
Je me vois devenir architecte = I see myself becoming an architect.

(4) **vivre aux crochets de** = to sponge off
Les criminels vivent aux crochets de la société trop longtemps
= For too long criminals have been living off society.

(5) **voler de ses propres ailes** = to stand on your own two feet
Quand je partirai de chez moi, je devrai voler de mes propres ailes
= when I leave home, I'll have to fend for myself.

(6) **à vrai dire** = to tell the truth
À vrai dire, la musique 'rap' m'agace
= to tell the truth, 'rap' music annoys me.

(7) **à vue d'œil** = visibly
La qualité de vie dégénère à vue d'œil
= the quality of life is visibly deteriorating.

(8) **Quoi qu'il arrive** = come what may
Je vais tenter le coup quoi qu'il arrive = I'm going to give it a try come what may.

(9) **se bercer d'illusions** = to kid yourself
on se berce d'illusions si on croit se débarrasser complètement de la criminalité = you're fooling yourself if you think that you can get rid of crime completely.

(10) **abonder dans le sens de** = to be entirely in agreement with
J'ai abondé dans le sens du ministre
= I'm in total agreement with the Minister.

(11) **avoir l'accent de la vérité** = to ring true
Ses excuses n'ont pas l'accent de la vérité
= his apologies don't ring true.

(12) **agir au mieux des intérêts de** = to act in the best interests of
Les hommes politiques nous font savoir qu'ils agissent au mieux de nos intérêts
= the politicians inform us that they are acting in our best interests.

(13) **s'agir de** = to have to do with, be about
Quant au thème de ce livre, il s'agit de l'amour
= this book has to do with love.

(14) **ça devrait faire l'affaire** = that should do it.

(15) **s'annoncer bien** = to look promising
Ce poste s'annonce bien. Je vais y poser ma candidature
= this job looks promising. I'm going to apply for it.

(16) **cela laisse beaucoup à désirer** = it leaves a lot to be desired
Le comportement de ce gouvernement laisse beaucoup à désirer.
= the behaviour of this government leaves much to be desired.

(17) **c'est à en perdre la tête** = it's enough to drive you out of your mind!
La pression du bac et des points à avoir pour la Fac ; c'est à en perdre la tête !
= the pressure of the Leaving and the points for college; it's enough to drive you mad!

(18) **dire un mot en faveur de** = to put in a good word for
J'espère que notre proviseur dira un mot en ma faveur au directeur de la société
= I hope that our Principal will put in a good word for me to the company director.

(19) **être au courant de** = to keep up to date with
   Tiens-moi au courant de tes activités, David
   = keep me up to date with your business dealings, David.

(20) **commander par correspondance** = to send away for
   J'ai commandé la cassette par correspondance
   = I sent away for the tape.

SAMPLES: OPINION WRITING

There now follows many examples of opinion writing. You ought to read them several times to allow the relevant vocabulary to 'sink in'. Do not learn these passages off by heart! The danger is that you will come to rely on a particular answer to a restricted question. Learning off by heart can 'stress out' the student because s/he cannot remember everything, word-for-word.

Rote-learning too many things is hardly educational unless you can apply what you learned off by heart to other situations. Rather you should be trying to learn phrases and vocabulary so as to adapt your repertoire to any other question on a similar topic.

For example, to open an answer to a topic question, you could write:
"En ce qui concerne le . . . ." ; "Dans le domaine du dopage en sport . . . ".

These kinds of phrases can be taken from the passages which now follow. I have underlined the key phrases in some of the samples in order to highlight them.

Finally, it should be noted that these passages exceed the number of words which a student is expected to write. The reason is to include more ideas and vocabulary relating to the topics. (These passages may also be useful for the oral exam).

1. La Drogue.

En ce qui concerne le dopage en sport, le phénomène est devenu plus répandu que jamais. Pourquoi un athlète, qui est en belle forme et qui s'entraîne dur, prend-il des drogues ? C'est une question fort difficile à résoudre.
   Peut-être que le public fait une fixation sur la réussite (i). La médaille d'or ou la Coupe, celles-ci (ii) sont les seules choses qui importent. On peut gagner aussi une grande somme d'argent en remportant le 'Prix'. Ainsi, l'enjeu (iii) est grand. Il s'agit des pressions du sport moderne. Le but est de gagner, plus de participer.
   Les Jeux Olympiques sont devenus les 'Jeux de la Consommation', où de grandes entreprises essaient de vendre leurs produits. Elles dominent tous les principaux tournois mondiaux avec leur publicité, leur parrainage (iv) et avec la promotion de leurs marchandises haut de gamme (v). Ces intérêts financiers ne tolèrent guère l'échec (vi). C'est insupportable ! (vii) Le sportif doit gagner. Pour lui ou elle, gagner c'est s'enrichir.

Ainsi, la pression et l'entraînement riguoureux sont parfois trop durs pour l'athlète qui cherche à atteindre le plus haut niveau – et il/elle a recours à la drogue. Ces pressions touchent (viii) les participants et leur font mal (ix) physiquement et psychologiquement. C'est à en perdre la tête ! (x) On prend des pillules pour améliorer ses exploits. À cause de ce fléau (xi) du dopage, les autorités et quelquefois les spectateurs se méfient d'(xii) un athlète qui gagne. On doit tester les athlètes au hasard. Qui y perd ? Le sport, et également les sportifs honnêtes qui s'entraînent depuis bien des années pour prendre part à un évènement magnifique. Les voilà, fiers, en faisant de leur mieux pour rapporter (xiii) des médailles à leur pays. Mais, quand il/elle gagne, on entend dans la foule, ou on lit dans les journaux les mots — "est-il/elle drogué(e)" ?

(i) underline success too much
(ii) these (ones) – (pronoun)
(iii) the stakes
(iv) sponsorship (Le parrain = godfather)
(v) top of the range
(vi) failure
(vii) intolerable
(viii) affect
(ix) hurt, damage (takes "a", hence "leur")
(x) 'it's enough to drive you out of your mind'
(xi) scourge
(xii) mistrust (takes "de")
(xiii) to win (to bring back – a trophy)

2. Le Tabagisme.

Selon les recherches effectuées par des spécialistes (1), il existe (2) un nombre croissant de jeunes qui s'adonnent (3) au tabac. Ni les pubs ni les spots à la télé ne sont arrivés (4) à les décourager du tabagisme. Je crois qu'il s'agit (5) de l'habitude. De l'aveu général (6), on ne peut pas lutter contre lui. Cependant, il est possible d'apprendre aux jeunes de ne pas fumer. Cela nécessite (7) l'aide du gouvernement, des parents, et de la télévision. La Suède est parvenue à réaliser son rêve de transformer la société en celle (8) de l'anti-tabagisme, principalement grâce à l'éducation.

Que faire (9) ? D'abord, on devrait augmenter les taxes sur les cigarettes. En effet, il est interdit de (10) fumer dans certains endroits spéciaux tels que (11) les salles d'attente des cabinets de médecins, les couloirs d'hôpitaux et dans les salles de cinémas. On voit partout des panneaux qui disent : "Défense de Fumer". Les fumeurs ne devraient pas fumer parmi les non-fumeurs parce que cela nuit à (*) la santé. On doit entamer une nouvelle campagne pour éduquer les jeunes agés de dix à quatorze ans. Les vedettes de cinéma et de musique rock pourraient peut-être renoncer aux cigarettes devant leurs fans. Toute réflexion faite (12), il sera très difficile de réaliser cette ambition.

(1) according to research carried by experts
(2) there is
(3) give themselves over to / are addicted
(4) managed to
(5) it has to do with
(6) according to general opinion
(7) it involves
(8) into that/one of
(9) what can we do?
(10) it is forbidden to
(11) such as
(12) all things considered

(*) An unusual verb. Here is the present tense in full:

NUIRE + (À).
je nuis
tu nuis
il/elle nuit
nous nuisons
vous nuisez
ils/elles nuisent

E.g. (i) son impolitesse lui nuit beaucoup
= his rudeness is a great disadvantage to him (hurts him a lot)
(ii) ils ont cherché à nuire à quelqu'un = they tried to hurt someone
(iii) cela risque de nuire à nos projets = there's a risk that it will damage our plans
(iv) (réfléchi) les syndicats nuisent mutuellement à leurs intérêts lors des négociations
= the unions are harming each other (are working against each other's interests) in the negotiations.

3. À quoi bon la litterature ?

Pour moi, la littérature a beaucoup d'avantages pour la société, et il n'y rien de plus important (a) que l'éducation. La littérature nous permet de comprendre les cultures d'(b) autres pays. On arrive à connaître (c) leurs attitudes et leurs mœurs. Par exemple, dans "Les Misérables", l'auteur Victor Hugo nous donne une image de la vie en France au dix-neuvième siècle.

Bien qu'il y ait (d) des gens qui lisent des romans pour échapper au monde, il existe aussi ceux qui lisent pour élargir leurs connaissances de la vie (e).

Il y a des livres qui ont pour but de révéler notre esprit généreux ou sordide. Un ouvrage (f) peut être passionnant ou ennuyeux ; il raconte une histoire ou analyse le cœur humain. Le lecteur peut soit le dévorer, soit (g) le feuilleter.

(a) there is nothing more important
(b) that of / the one of
(c) you get to / you manage to
(d) although there are (subjunctive because of "bien que")
(e) to widen their experiences of life
(f) a work (of literature)
(g) 'either . . . or . . . ' e.g. soit on sort soit on cherche un film.

4. La Violence Télévisée.

En ce qui concerne la violence à l'écran, je crois qu'elle a une mauvaise influence sur les jeunes. Quand un jeune esprit est frappé par des images telles que les meurtres, les attentats, les émeutes . . . il doit forcément être touché. Les jeunes téléspectateurs doivent être protégés de la violence qui se déroule sur nos écrans.

Par contre, les jeunes qui sont bien élevés, bien éduqués et sains d'esprit ne prennent pas au sérieux la violence à la télé. Ils peuvent distinguer la réalité de la fantaisie. S'il y a une bonne ambiance chez eux, un foyer heureux, ce sera dur pour que la télé puisse les toucher. Après tout, la plupart des délinquants habitent des foyers malheureux.

Néanmoins, depuis l'arrivée du magnétoscope et à cause du manque de contrôle des parents sur ce qu'on peut voir à l'écran, les jeunes ont plus accès aux émissions et aux films destinés aux adultes.

With regard to the following samples of written expression, many phrases and vocabulary have been included in English. It is a useful exercise to study the French expression but also to translate the English into French. In this way, you are becoming more active in your own learning. You are taking part in actually writing the passage.

Translate the English in *italics*:

5. À Quoi Sert l'Éducation ?

Il y a ceux qui disent qu' *it's no use*. *Nothing* saurait me le faire croire. Sans éducation, on pourrait avoir très peu de choix de ce qu'on veut faire dans la vie. *Nowadays*, on *demands* des diplômes pour obtenir les bons postes. Les demandes d'emplois excèdent *those* des offres d'emplois. Le domaine du travail de l'avenir va *to hire / employ* les diplômés, et il n'y aura aucun poste permanent.

Il faut donc prendre au sérieux son éducation secondaire. À l'école, *you learn* pas mal de choses telles que les sciences naturelles, les langues vivantes et l'informatique. De plus, on apprend à *be a part of* un groupe et à travailler avec d'autres. *As for* sport à l'école, les étudiants développent leur *personality*. On entretient de bons rapports avec les autres.

    Il est *probable* que ceux qui partent de l'école *before sitting* leur bac n'obtiendront pas un bon emploi. Quoi qu'il en soit, on doit *continue* ses études même après l'école. Qu'on le veuille ou non, il est plus facile de trouver un emploi lorsqu'on est diplômé.

6. Le Terrorisme.

As far as terrorisme *is concerned*, il s'agit d'une espèce d'expression politique violente qui, depuis si longtemps, s'aggrave dans tous les coins du monde. C'est une expression mortelle contre la société elle-même. *It attacks anyone, anywhere. It affects everyone.*

    Le terrorisme frappe et détruit les institutions démocratiquement élues. Cela provoque la contre-violence des forces de l'ordre. *One wonders what there is in our society* qui provoque de tels crimes. Notre gouvernement, est-il dans son tort ?

    How can we fight against this terrorisme ? Créer une société plus juste, sans favoriser une seule race. *In addition*, du point de vue de la sécurité, *one should* renforcer les frontières avec plus de soldats. *It has to do with a* meilleur contrôle des visas, d'une meilleure surveillance aux aéroports et aux ports maritimes.

    Qui est terroriste ? *What's he like?* Il est souvent normal. Il garde ses apparences. Il a l'apparence du parfait voisin. *You mustn't* croire que le terroriste est pauvre ou chômeur. Peut-être est-il un étudiant universitaire, ainsi que l'étaient les membres du groupe Baader-Meinhof en Allemagne.

7. L'Ennui.

C'est un problème *which affects the young* pour la plupart, et surtout dans les grandes villes. *Nowadays*, les jeunes sont la cible de nombreuses images publicitaires. *It causes* des besoins chez les jeunes et créé une soif pour de plus en plus de biens. Ils utilisent donc moins leur imagination. Ils dépendent de ces biens *to enjoy themselves*, et *get bored* vite. Ils en veulent plus. Pour s'évader de l'ennui, on cherche de nouvelles sensations . . . on se drogue.

    L'ennui *comes from* plusieurs causes. Dans les grandes agglomérations urbaines, *there is a lack of sports facilities*, *such as* les gymnases, les piscines et ainsi de suite. Peut-être qu' *there aren't any green spaces* pour des terrains de foot. Qui plus est, *there are those who* ont trop de temps libre. Cette inaction *can lead to* des problèmes comme le vandalisme, surtout parmi les garçons. Trop de garçons boivent *out of boredom*. Ils *squander* beaucoup d'argent dans les bistrots. D'autres *spend* beaucoup de temps à regarder la télé.

    What can we do? La société doit *provide* de l'emploi à tous les chômeurs. Il doit y avoir (*there must be*) plus d'installations pour les jeunes. *What if we had* le service militaire comme dans d'autres pays ?

8. La Vie Urbaine.

What is life like dans les grandes villes de nos jours par rapport aux années quarante ou même soixante ? *In what way* a-t-elle changé ? Est-elle plus ou moins tolérable? Comment sera la ville à l'avenir ?

D'abord, *what are* les avantages de vivre dans une ville ? En Irlande, en tout cas, on habite en banlieue. *Most* Irlandais possèdent leur propre maison. *You find* qu'il y a beaucoup d'avantages à l'égard de la vie urbaine. Il existe bien des divertissements pour les habitants, tels que les installations locales et les centres sportifs. Il y a pas mal de choses à faire, surtout *as far as the young are concerned*. Ils peuvent traîner dans les centres commerciaux ou aller aux théâtres et aux cinémas. Il y a des foyers de jeunes où on peut *meet one another* pour s'amuser le soir. On peut rejoindre ses amis dans plusieurs bistrots.

Dans le domaine des évènements, presque toutes les épreuves sportives *take place* en ville. Il y a tout simplement plus d'animation. Tout est proche, les beaux magasins, les musées, les universités, le transport public, le choix des écoles et ainsi de suite.

Alors, quels sont les *disadvantages* ? Selon moi, les citadins sont plus agressifs et toujours pressés. On n'a pas de temps l'un pour l'autre. À la campagne, on peut voir les individus qui *chat* dans la rue. Qui plus est, c'est que la vie moderne est dure. *We worry about* criminalité qui nous *affects* tous les jours. En plus, on est frappé par la pollution des tuyaux d'échappement et des déchets d'usines. Il y a des *thousands of* chômeurs qui vont sans but dans les rues de Dublin. *Don't forget* le bruit de la circulation et les embouteillages. C'est à en perdre la tête.

Which one préfère-t-on ? Cela dépend. Préférez-vous la vie saine et tranquille, mais isolée et solitaire de la campagne ? Ou la vie rapide, mais pleine d'animation de la ville ?

9. La Publicité

Est-ce que la publicité nous séduit ou nous informe ? *Businessmen would say that* elle a pour but principal de nous informer de notre choix. Ils diraient qu' *they have the right to* faire de la publicité. À mon avis, pour préserver les *best standards* et aussi pour protéger les *consumers* de la publicité qui est douteuse; par exemple les pubs de Benetton qui se sont servis d'images *bloody* et violentes pour vendre des vêtements, il faut avoir des limites. *There must be* plus de surveillance.

On *broadcasts* la publicité des marques tous les soirs à la télé. Les pubs sont trop rapides, trop fortes et agressives. Elles interrompent les émissions *frequently*. Elles m'offrent *the opportunity* de faire une tasse de thé ! À la radio, c'est pire – pas d'images, pas de couleur. Dans les journaux, *advertising* est utile si l'on cherche à acheter une auto *secondhand* ou à louer une *bedsit*.

Pourtant si l'on prend les choses du bon côté, *you can see* que la publicité fait du bien. Elle *lets us know what there is* à acheter ou à choisir. Il y a plus de couleur dans nos rues à cause de la publicité. Elle fournit des emplois. Enfin, si l'on désire quelque chose, comment la trouver ? Consultez les *small ads*. *Nobody is against* les petites annonces, c'est seulement les spots télévisés vulgaires qui sont en cause.

10. Les pressions de l'éducation.

What use is l'éducation à présent ? Il y a ceux qui ne la respectent pas ; et, ceux qui se préparent à dépenser de grandes sommes d'argent pour avoir la "meilleure" éducation dans les écoles privées et les "grind schools" pour les cours particuliers. Les banlieues pauvres *demand* des écoles *though* il n'y ait pas de tradition de scolarité, mais où l'éducation aurait un impact. Partout dans les collèges secondaires il existe une pression *unbearable* pour obtenir des 'points' pour *get* une place à la Fac.
   Le but de l'éducation est de former de bons citoyens, de développer des traits de caractère *in* l'homme. Est-ce que les écoles atteignent cet objectif ? Peut-être que non. Les études doivent *take into account local traditions and values*. Enfin, il est à noter que, dans notre société de haute technologie, ceux sans licences ni diplômes (et même ni brevets) *will find it hard to get a job*. Donc, *we must* trouver le juste milieu.

11. "Un tunnel sous la Manche ? Vaut pas la peine !"

Ben, alors, *it has happened* ! Cela ne vous prend que trente minutes pour faire la traversée entre l'Angleterre et la France. *There are those who* se demandent si le projet valait l'effort et le coût. En fait, le coût de la construction a *exceeded* le devis (estimate). Donc, quels en sont les avantages et les inconvénients ?
   In the area of transport, le tunnel *will enable* à ceux, qui ont peur des voyages en bateau et en avion, de traverser la Manche.
   Voyager par le tunnel consiste à monter dans le train au volant de son auto — *it isn't necessary* en sortir pour la douane ! En arrivant de l'autre côté de la Manche, *you get off the train* et se met en route. Pas de queues.
   Un autre bienfait *could be* un changement d'attitude *in* les Anglais et les Français. Ce nouveau lien entre les deux pays va aider les *relationships* entre les deux nations.
   Il y a des *disadvantages* aussi, par exemple, le relâchement de la sécurité. Les criminels auront la voie libre. *Recently*, il est survenu un incendie dans le tunnel. Heureusement, personne n'est mort.
   Enfin, l'arrivée du tunnel a entraîné une *threat* contre les compagnies aériennes et maritimes qui font la liaison Angleterre-France. Pour leur part, il y aura une baisse des chiffres d'affaires. Comme vous voyez, il faut peser le pour et le contre.

12. "Je suis fumeur. Vous n'êtes pas fumeurs. La liberté, c'est réciproque."

Ce slogan provient d'une pub qui favorise les fumeurs et défend leur plaisir et leur *right to* fumer. Comment réagir ?
   Sans doute les fumeurs ont-ils le droit au tabac, mais il faut qu'ils *take into account* droits des non-fumeurs.
   Tout d'abord, *why do people smoke?* Après tout, c'est une habitude qui coûte cher. Pour certains, c'est la force de l'habitude. On fume sans *thinking about the dangers*. Le tabac commence généralement dans la *youth*. La cause ? La tentation de copier les

autres ou simplement l'ennui. Bien des jeunes fument parce qu'ils sont mal à l'aise.
Qui plus est, on fume pour se révolter contre ses parents. Le problème, c'est qu'on ne
give up pas *the* habitude quand on est adulte !

Pourquoi lutter contre le tabagisme ? En premier lieu, c'est *harmful* à la santé ; non
seulement à la santé du fumeur, mais en particulier *to that* du non-fumeur.

Le tabagisme coûte cher à l'État. Les hôpitaux accueillent des milliers de gens qui
are suffering from maladies de poumons et du coeur, de cancer tous *thanks to* tabac.
Quand on fume, *you cough*, et *you breathe* avec difficulté. On perd son appétit et se
fatigue vite.

Aux États-Unis, la fumée est *forbidden* dans les lieux publics, comme en Europe.
Il y a des zones réservées aux fumeurs dans quelques restaurants. Il existe des *fines* si
on fume dans un lieu public. Quelques sociétés commerciales n' *hire/employ* pas de
fumeurs. Ces *firms* perdent beaucoup de journées de travail à cause des maladies de
tabac.

Les fumeurs passent plus de temps à l'hôpital que les non-fumeurs. Toutes les
enquêtes le prouvent.

Et l'industrie du tabac ? La situation à leur égard, *leaves a lot to be desired*. Regardez
leur publicité séduisante. Elle veut *quite simply* vendre leurs cigarettes.

13. "L'homme qui maîtrise deux langues vaut deux hommes."

What do you think? Comme *know* tous les profs de langues vivantes, de nombreux
élèves pensent que les langues sont inutiles. *After all*, selon eux, on n'a besoin
que de l'anglais – parce que tout le monde le parle. C'est vrai, l'anglais est la langue
mondiale, commerciale et diplomatique. *On the other hand*, la plupart des Européens
ne savent pas parler anglais. L'homme et la femme de la rue *want*, à juste titre, que les
anglophones *learn* une langue étrangère. L'embêtant, c'est que les Européens étudient
deux ou trois langues à l'école. Ils font l'effort, pourquoi pas nous ?

Depuis des décennies, nous avons fait du commerce, en majorité, avec le Royaume-
Uni. L'Irlande est aussi un pays physiquement éloigné de l'Europe. Maintenant, nous
are a part of the U.E. Les offres d'emploi dans les journaux exigent qu'on parle au
moins une langue européenne. Par exemple, dans le domaine de la commercialisation
et du tourisme, on doit parler français ou allemand ; à l'égard des *computers*, on *requires*
une bonne connaissance de l'allemand.

Qui plus est, quand on voyage, on aime s'exprimer dans la langue du pays. Cela
entraîne de bons rapports avec les autres. C'est essentiel pour se renseigner. On peut
lire des livres de littérature étrangère dans sa langue d'origine, *see* des films sans
subtitles et *watch* les émissions françaises et allemandes à la télé. On peut goûter et
mieux apprécier la culture d'un pays.

14. La violence à la télé : est-elle la cause de la délinquance ?

Regarding la violence a la télé, je crois qu'elle a une mauvaise influence sur les jeunes. Quand un jeune esprit est *struck by* de telles images que des meurtres, des attentats et des émeutes il *must be affected*. Les jeunes spectateurs, surtout les enfants, *must be* protégés de la violence *broadcast* tous les soirs sur *the small screen*. D'autre part, il faut que les parents *teach* aux jeunes que la violence à la télé n'est pas la norme.

Par contre, les jeunes qui sont bien élevés, bien instruits et qui habitent des foyers heureux et sains *do not take seriously the violence that they see* à la télé. Ils *realise* que c'est de la fantaisie, du divertissement. Après tout, les délinquants vivent *sometimes* sans abri, *sometimes* dans des *backgrounds* déprimés et pauvres. Ces jeunes sont troublés, sans père chez eux ou avec un père *unemployed*.

L'embêtant, c'est que les enfants se servent du magnétoscope et *are able to tape* les films destinés aux adultes. De l'aveu général, il y a un manque de contrôle des parents sur *what* regardent ces jeunes.

15. "Lire un livre est une perte de temps."

What's the use of reading? Dans un monde où foisonnent les ordinateurs, les magnétoscopes et autres formes de divertissement, pourquoi fait-on l'effort de lire un roman ? Tout d'abord, *although there are* des gens qui lisent pour échapper au monde, il y a ceux qui lisent pour élargir leur *knowledge* de la vie.

La littérature nous donne un aperçu d'une autre culture, d'une autre société. On arrive à connaître les attitudes et les mœurs d'un pays. Par exemple, si on lit les romans de Roddy Doyle, on peut *glance* sur la vie dans les faubourgs de Dublin. L'avantage de la lecture, c'est qu'on peut s'arrêter pour y réfléchir et y retourner plus tard, alors qu'on est passif quand on regarde la télé. On *listens* et regarde, mais on ne réfléchit pas.

La littérature contient une énorme variété de styles, de *plots* et de *characters*. Un roman peut approfondir (delve into) le caractère d'un personnage. Un roman *enables* à quelqu'un d' *improve* son vocabulaire et son éducation.

La lecture *demands* de la patience, du temps et de l'énergie. Quand *you read*, on est actif. Le livre doit *hold* son intérêt à partir du commencement jusqu'à la fin. *After reading* une œuvre d'un auteur, on est rafraîchi.

Pour conclure, la plupart des livres *appear* en livres de poche, et se trouvent sur les rayons des bibliothèques. Ainsi, la lecture n'est pas un passe-temps qui coûte trop cher.

16. Le caractère national, est-elle influencée par la géographie ?

What does Geography mean? Elle comprend non seulement l'étude de la situation vis-à-vis d'autres pays, mais aussi des ressources naturelles, du climat et de la nature du sol. Je crois que ces facteurs doivent avoir une forte influence sur le caractère national. Est-ce vrai que ce caractère n'est qu'un *prejudice* ? Si *you think about the*

Allemands, on imagine un individu arrogant, *proud* et *and who drinks* trop de bière !
En fait, *many* Allemands ressemblent à beaucoup d'autres Européens *in the way in which* ils travaillent et vivent. Il y a des Allemands qui *don't have* de cheveux blonds et sont très aimables. D'où vient donc ce caractère national, *which can be real*?

On pourrait constater que *those who* habitent le littoral méditerranéen sont beaucoup plus pétillants que les Scandinaviens. Les Irlandais habitent un pays de tant de *climatic changes*. Beaucoup d'entre eux vivent sous un climat violent et dans un paysage sauvage. Le temps est si mauvais que nous *become* déprimés, pessimistes, mais pourtant très *welcoming/hospitable* et amateurs de bonne musique.

Regardez les *Scottish*. Leur trait national *well known* est la parsimonie. Ils sont austères. Leur climat est très froid avec beaucoup de vents forts. C'est une *struggle* constante contre la pluie et la neige.

Et les Américains ? Leur pays *is subjected to* de différents climats sur un vaste continent. On trouve de grands déserts sauvages, des prairies rudes et d'énormes chaines de montagnes. Tout cela *has produced* des gens énergiques et acharnés. On croit qu'ils sont *noisy* et sans culture. Néanmoins, ils sont aussi imaginatifs, ouverts et très *welcoming*. *We must* on prenne garde aux préjugés.

17. Les préparations pour un examen – quelques conseils.

Comment se préparer pour le bac ? *I'm writing* au sujet des heures qui précedent l'examen, c'est-à-dire, la veille et le jour de l'évenement.

En premier lieu, on *shouldn't* trop étudier la veille. *You don't have to* réviser jusqu'au petit matin. Certes, je *would advise* quelqu'un de ne pas couvrir de nouvelles leçons. On aurait dû tout réviser avant ce moment. Peut-être que vous *could* étudier doucement, et *catch up/revise* un peu.

Go out for a walk avec des copains. Cela *will make you* plus décontracté. Ça serait mieux que de rester *worried* chez vous.

Go to bed assez tôt ; cela dépend, peut-être à dix-heures. Une bonne nuit de sommeil *will enable you* d'être mieux concentrer lors de l'examen. Attention aux nerfs ! *Don't get up* trop tôt pour étudier. *It's not worth the trouble*.

Prenez un déjeuner avec des produits qui contiennent des vitamines et de l'énergie. *Have* (careful!) un jus de fruit, par exemple, avec des céréales, du pain et du thé. *Don't smoke!* Il en résulterait une baisse de concentration dans la matinée.

En route pour l'école, vous *should* vous sentir tranquille. *Don't worry*. Allez-y avec vos copains, mais *try not to talk about the exam*.

Asseyez-vous sur votre chaise ; détendez-vous. En recevant la copie d'examen, *read* toutes les questions avec soin. Ensuite, *make* votre choix ; *think/reflect* avant d'écrire, établissez un plan. On a trouvé que l'inquiétude disparaît *as soon as you start* l'examen.

Avant de finir, *check* vos réponses ; cela prend environ quinze minutes. Après être sorti de *exam hall*, vous allez *chat* avec vos copains/copines, et puis *look forward to* les grandes vacances qui s'approchent.

18. Comment seront les écoles de l'avenir ?

It's a very difficult question to answer. Il y a eu de grands *changes* dans notre système éducatif dans les années quatre-vingts. Par exemple, de plus en plus d'écoles sont devenues mixtes. Beaucoup de collèges ont changé de *management*. L'utilisation des ordinateurs est plus *widespread* que jamais, alors que l'on enseigne l'informatique dans toutes les écoles.

Et l'avenir ? Que *will become of* les écoles ? Avec la *drop* du nombre d'élèves, il y aura beaucoup moins d'étudiants à l'école en l'an 2020. Ainsi, il est à espérer que les classes seront plus petites, et donc, l'enseignement sera *better.*

Qui plus est, il y aura de différents Leaving Certs pour tous les élèves de divers *levels*. On en trouvera pour ceux qui veulent aller à la Fac ; d'autre *intended for* ceux qui désirent travailler ou faire un stage.

Peut-être que les étudiants *will be able* communiquer avec des écoliers dans un autre pays *by means of* un 'vidéophone'. Ils *would be able* échanger de l'information et se parler dans différentes langues – et même se voir sur *the screen*. Les profs pourraient se contacter sur l'Internet.

Ce qui m'inquiète, c'est *that that* pourra être une époque d'automation, avec moins d'employés. On pourrait aller à l'école ou à l'université jusqu'à l'âge de vingt-sept ans. La semaine de travail *would only last* trois ou quatre jours. Il en resultera qu'on devra apprendre, à l'école, *how to use* son temps libre.

19. Les Drogués dans le Sport.

En ce qui concerne le dopage sportif, je crois qu' *it has to do with the* pression *unbearable* du sport moderne. Il y a trop de *sponsorship* par des entreprises internationales et, ainsi, trop d'argent en jeu. Gagner aux Jeux Olympiques, cela *involves* de la richesse.

Les pays eux-mêmes *should be ashamed* parce qu'ils exigent trop de leurs athlètes. Ils n'acceptent pas *failure*.

Bien des athlètes ne sont plus des amateurs. Ils sont des professionnels qui *earn their living* en sport. Ils *train* pendant plusieurs années pour *take part in* un concours, à un tournoi ou à une *race* qui ne dure qu'une minute ; mais le prestige est énorme. Donc, il y a ceux qui *give in to the* pression ; ils sont au bout de leurs forces ; ils prennent des pillules. Bien sûr, beaucoup d'athlètes prennent des drogues pour développer leurs muscles, se fortifier.

At the end of the day, les Jeux Olympiques ont perdu leur bonne réputation. Il y a des gens qui *mistrust* les sportifs quand ils gagnent. Fréquemment, un coureur *has to do a dope test* après une course. C'est très triste.

20. "Avoir un emploi à temps partiel pendant le trimestre, c'est une mauvaise idée." Qu'en pensez-vous ?

Pour moi, il y a des avantages et des inconvénients. D'une part, *you become* indépendant en travaillant en dehors de chez soi. On *learns how to budget* et faire des économies. *You find out more about the* monde des adultes, comment on se respecte, comment on se tient, et ainsi de suite.

On the other hand, bien des étudiants *can't enjoy themselves* le weekend à cause de leur boulot. *There are those who* travaillent en semaine, et *can't get up* le lendemain pour l'école. Il est difficile pour les élèves de travailler et de faire des études en même temps. On est trop crevé pour se concentrer sur le bac. Je *would advise* à tous les étudiants de *not to work during sixth year*, et de travailler pendant les vacances. En tout cas, le gouvernement a mis en place une loi qui *forbids employers from hiring* les jeunes âgés de moins de seize ans.

LE MOT / FAX / E-MAIL.

1.

You are on holidays with the Vachon family. You are alone in the house when someone rings the doorbell. It is a man who says that he has come to repair the television. As you do not know him, you do not wish to let him in. You leave a note for Monsieur and Madame Vachon. In it, you tell them;

– at 3.30, a man calling himself M. Lattes dropped by to repair the television,
– since he was a stranger to you, you did not let him enter the house,
– he said that he would return at 4.30,
– if there is nobody at home at that time, could the Vachons phone the shop before 6 o'clock this evening to make another appointment,
– you are going out right now to meet your friends at the swimming pool.

```
Monsieur / Madame,

    J'écris ce mot pour vous informer de la chose suivante :
j'étais seul(e) à la maison quand on a sonné à la porte.
C'était un monsieur qui a dit qu'il était venu réparer la
télévision. Il est passé à 15 heures 30. Il s'appelait M.
Lattes. Je ne l'ai pas laissé entrer (a) parce que je ne le
connaissais pas. Il a dit qu'il reviendrait à 16 heures 30 et
s'il n'y avait personne à cette heure, pourriez-vous prendre
un nouveau rendez-vous (b) avant 18 heures ce soir. Téléphonez
au magasin qui s'appelle "Les Nouvelles". Je m'en vais (c)
rejoindre mes amis (d) à la piscine. Je sors maintenant.
```

(a) I didn't let him in
(b) to make another appointment
(c) I'm going off . . .
(d) . . . to meet my friends.

Let's discuss a few points about this typical note. A note usually consists of reported speech, such as 'He said that . . . They asked whether . . . ', and so on. A note is often written by a student from abroad staying with you, or when you are staying with a French family. The note is short and to the point. There is no room for waffle. Keep to the points in the question. Use all the guidelines that you are given.

10% of the total marks (40 out of 400) are devoted to the Note / Fax question. 20 marks are allocated to the quality of the French used, e.g. grammar (verbs, spelling, agreements, etc.) and good expression. The other 20 marks are awarded for dealing with the tasks. If you do not attempt one or more tasks, then you cannot get those portions of <u>language</u> marks.

Very often, the note deals with an apology for cancelling an appointment, saying that you will be late, or to say that someone dropped in, but you were not there.

From the language point of view, there are certain expressions which are fairly predictable:

(a) To begin with, the start of a note nearly always opens with;

- 'I'm writing to you / this note to let you know that . . . "

This can be translated in different ways, such as;

- 'Je vous écris'
- 'Je vous laisse ce mot'

'Écris' and 'laissé' include the word 'am', as in "I am writing, I am leaving (this note)", as in any other present tense. 'To you' goes before the verb, as do pronouns like 'me, te, le, lui, etc,'.

' . . . pour vous faire savoir / vous annoncer / vous informer que . . . takes care of 'to let you know'.

(b) 'Someone knocked / rang at the door / phoned ' are also favourites to include in a note to describe where a message came from. It is better to use 'on' plus the verb;

- 'ON a frappé / a sonné à la porte / a téléphoné.'

Note the inclusion of 'est' because 'passer' takes "être" in the passé composé when it means 'to call in' or 'drop by'.

(c) Watch your tenses, they can alter grades! 'J'étais, il s'appelait, je connaissais' and 'y avait' are all actions which were going on at the time that we are considering. They were not sudden and finished actions. On the other hand, 'il a dit, il est passé' and 'ai laissé' are actions which occurred, rather than were occurring.

(d) Always try to include out-of-the-ordinary expressions that most students would not generally use. These phrases would stand out in your work. For example;
- "Pour vous faire savoir" instead of 'pour vous dire'.
- "Il est passé chez moi" instead of 'il m'a rendu visite'.
- "Je m'en vais" instead of 'je vais'.
- "rejoindre" instead of 'voir, rencontrer'.

(e) Restrict yourself to fairly short sentences which you are sure are correct. Avoid long sentences which allow more opportunities to make mistakes.

(f) Chiefly avoid the ad verbatim, i.e. word-for-word translation of ideas from English into French. The French language did not evolve just to suit Anglophones!
Communicate the information, not just the given words.

(g) Pay close attention to each sentence that you write. Look out for tenses, verbs, adjectives, and agreements of past participles. Since you are not a perfect student, you will most likely make mistakes. Take a critical approach to your work.

(h) Do not learn entire paragraphs off by heart. You probably won't use them. Besides, the examiner will see through the ruse, and award very few, if any, marks. By all means, learn phrases and idioms which are your own, perhaps, and which will impress the examiner. Such phrases can be employed in most 75/90 word pieces. **(There are further notes on phrases and idioms after sample 8 below).**

In all the following sample exercises, some useful key words and phrases will be underlined to highlight them, and to help you to learn them. Most are usual enough and are not cliches. Several will reappear in different notes and passages. This practice serves to reinforce the vocabulary. Repetition does help when it comes to recall later on. Furthermore, several passages will contain more than the limit of 75 words. That is because the more you read and learn, the more you can afford to pick and choose your language. If, for example, you study a sample 'opinion' answer of, say, 150 words, then it will be easier to glean and remember the necessary 75 words. If you only learn 75 words of a theme, then you will recall far less.

There may also be an apparent repetition of some themes. The reason for this is to show how to deal with the same subject matter under different titles.

Written Assignments

2. Department of Education Sample Paper:

You and some friends are going on a holiday to France in a few day's time. You intend to spend a few nights in a camping site in Le Havre where your friend Jean(ne) lives with his / her family. Write out the message in French you will send him / her by Fax or E-mail saying;

- that you and your friends will camp for a few nights in Le Havre,
- when you will arrive in Le Havre and how long you will stay there,
- that you would like to meet him / her in a café or night-club,
- that you and your friends would like very much if he / she could come with you on a trip to Paris,
- that you will contact him / her again as soon as you reach Le Havre.

Chère Jeanne,

Je t'envoie ce message par télécopie pour te faire savoir que quelques amies et moi avons l'intention de venir en vacances en France. On partira samedi prochain, le 5 courant. En arrivant en France, on passera trois nuits au Havre dans un camping municipal. Si on se retrouvait dans un café ou une boîte pour prendre un pot ? Mes copines et moi voudrions que tu viennes avec nous pour faire une excursion à Paris. Je passerai chez toi aussitôt que nous arriverons au Havre. À samedi.

Julie.

NOTES:

1. Since the "note" is likely to be called a "Fax" or "E-mail", then it is good to know another 'starter', like:
   "Je t'envoie ce message par télécopie / Fax ..."
   = I'm sending you this message by Fax.

2. "... pour te faire savoir ..." = '   in order to let you know ...'
   This is a good alternative to "in order to tell you".

3. " Mes copines et moi avons l'intention ...". Beware of the trap of writing the 3rd person plural after "mes amies et moi avons ... " You must remember to take "et moi" into account. Thus the verb becomes "we" which will go into the 1st person plural.

4. "y" will impress. You cannot keep repeating the place that you are going to. Instead, say that you "are going there" – "on y va" (which goes before the verb).

5. "le 5 courant": simply 'the 5th of this month' (the current month).

6. The Present participle also impresses. It is instead of saying;
   - 'When we arrive in . . . '.
   - It means;'On arriving in . . . '

7. It is very 'French' to use the highly useful "on" to mean 'we', and it uses the 3rd person singular:
   - "On y va", "On passera", "Si on se retrouvait".

8. "Au Havre"; remember that for the few towns in France that use the article défini "le", the preposition "à" must combine with it to produce "au", e.g. au Mans ; au Havre.

9. Another friendly approach in a letter or message is the expression:
   - 'How about doing . . . ? / What about going . . .?'

   In French, it is "Si" plus the Imparfait:
   - "Si on allait au cinéma ? / Si on jouait au tennis ?"

10. "pour prendre un pot" means 'to have a drink'. It is a relaxed way of inviting someone to a social drink.

11. When a person(s) wishes someone else to do something, then you are using the Subjonctif :
    - "Mes copines et moi voudrions que tu viennes . . . "

12. As mentioned in the oral section of this book, the English expression 'to go on a hike / walk / trip, etc.' is translated by the verb "faire",
    - " . . . pour faire une excursion à Paris" = to go on a trip to Paris.

13. The Futur simple in the main clause plus "aussitôt que" leads into the Logical Future:
    - 'I will call into you as soon as we <u>WILL ARRIVE</u> in Le Havre.'

14. Finally, to say 'see you on . . . ', just put "à" before the time or day:
    - à demain = see you tomorrow
    - à trois heures = 'til 3 o'clock
    - à lundi = see you on Monday

3. SAMPLE:

You are working as an au pair for a Belgian family in Brussels. One afternoon, a newly acquired friend from the vicinity calls into your house and invites you to go window-shopping in the old city. After finishing your chores, you go out with your friend, leaving the following note:

- tell your host family that a friend dropped in and asked you to go into town with her,
- tell them exactly where you will be and when you will return,
- let them know that you have already peeled the vegetables and watered the house flowers,
- that you have tidied the children's bedroom and hoovered the floor,
- tell them not to worry, that you will come home with your friend.

(Translate the English in italics):

Chère Madame,

I'm leaving you this note to let you know that I have gone out with a friend. She is Annette who lives in the apartment block across the road. She dropped in earlier and invited me to go window-shopping with her this afternoon.

On va faire du lèche-vitrine en ville, et après cela, Annette et moi allons visiter la vieille ville.

J'ai déjà épluché les légumes pour le dîner, et j'ai arrosé les fleurs pendant votre absence. J'ai aussi rangé la chambre des enfants et j'ai passé l'aspirateur dans le séjour.

Don't worry. I'll be back at around 7 o'clock this evening. I'll be returning with Annette.

Eileen.

Notes:

faire du lèche-vitrine = to go window-shopping
Cela fait, . . . = having done that, . . .
pendant votre absence = while you were out

4.

On the way home from your holidays in Arcachon in the south-west of France, you call into your friend Jean-Louis / Françoise in Nantes to give back the things which s/he left in your house when s/he was on holidays in Ireland a month before.

There is nobody at home when you drop in, but the neighbours agree to return the items when your friend comes home. Leave a note for him/her, saying:
- you dropped by to leave back the things that s/he forgot to bring home from Ireland,
- as you were in a hurry, you could not wait for his/her arrival home,
- you met the next door neighbour who was very obliging and agreed to keep the things for your friend,
- you were on holidays in Arcachon and had a wonderful time,
- you will write to him/her soon about your holiday.

Salut Françoise,

Je suis passé chez toi aujourd'hui, en revenant de mes vacances, pour te rendre (1) les affaires que tu as laissées (2) chez moi quand tu m'as rendu (3) visite en Irlande le mois dernier. Il s'agit d'un réveil, d'un sac à dos, d'un ouvre-boîte et du cadeau que ta correspondante t'avait (4) donné, c'est à dire, le chandail d'Aran, un très lourd tricot en laine irlandaise. C'est formidable ! Malheureusement, il n'y avait personne quand je suis passé. J'ai rencontré ta voisine, et elle m'a dit qu'elle garderait tes affaires pour toi. C'était très aimable de sa part.

Je viens de passer un très bon séjour à Arcachon. Je me suis bien amusé. J'écrirai plus tard pour te raconter mes vacances.

Pierre.

---

(1) "rendre" here, means 'to give back'.
(2) note the agreement of "laissées" because the direct object "affaires" comes before the verb "avoir".
(3) "rendre" again. This time, it means 'to visit'. When you are visiting a person, use "rendre visite à"; when you are visiting a place, use "visiter":
  - "je vais rendre visite à mon oncle"
  - "je vais visiter La Villette".
(4) be careful of the tendency to put the wrong verb ending to correspond with the pronoun before the verb; e.g. Mes parents nous donnons; it should of course be: "mes parents nous donnent".

5. Translate this sample:

Madame Seville,

I'm writing this note because, while you were out, I got a call from the Principal of your son's school. He said that your son had an accident at school. He said that François was not seriously hurt. This is what happened. He was playing badminton in the gym, slipped and sprained his ankle(1). They(2) sent for(3) the ambulance, and he was taken(4) to the hospital for a doctor to examine him(5).

I agreed(6) to go to the hospital to collect(7) François. I'll be back in 40 minutes by taxi. Don't worry!

See you soon,
Claudette.

(1) se fouler la cheville
(2) use "on"
(3) lit: 'made to come'
(4) never say "prendre" to translate 'to bring/take someone'. Use "emmener".
(5) French: 'so that a doctor may examine him' – subjunctive.
(6) "consentir à"
(7) aller chercher

6. (Sample):

You are staying with your Belgian friend, Serge. One afternoon, you are alone in the house. Just as you were about to go out, the phone rings. Take the following message for Serge:

(i) Nicola phoned to express her anger with Serge;
(ii) he was supposed to meet her yesterday in front of the library;
(iii) she waited for two hours before going to Caroline's house;
(iv) she said that Serge ought to ring to apologise and explain what happened;
(v) you are going out now and will see Serge later.

Cher Serge,

J'étais sur le point de sortir (i) quand le téléphone a sonné. C'était ton amie Nicola et elle était fâchée contre toi. Je lui ai demandé (ii) pourquoi. Apparemment (iii), tu devais la rencontrer hier. Elle m'a dit qu'elle t'avait attendu pendant deux heures (iv) devant la bibliothèque. Voyant que (v) tu n'allais pas arriver, elle a décidé de passer chez (vi) Caroline, sa copine. Nicola voudrait que tu lui donnes un coup de fil (vii) pour faire tes excuses (viii) et pour expliquer ce qui s'était passé. Je sors maintenant. À plus tard.

Ton cousin,
Bart.

(i) I was about to go out . . .
  (ii) I asked him
 (iii) apparently
  (iv) she had waited for you for two hours
   (v) seeing that . . .
  (vi) she decided to drop into . . .
 (vii) Nicola would like you to give her a call
(viii) to apologise

7. Translate:

Dear Anna,
While you were out, one of your friends Michel, phoned. I'm leaving you this message to tell you what he had said. He told me that it was impossible to come to your house tonight. He explained that he was expecting(a) a few Belgian friends at ten o'clock at his house. Furthermore, he has to collect them at the airport. Their plane lands(b) at six o'clock. Later, they're eating with the family(c). After eating, they're going to a night-club. He was wondering(d) whether you would like to go with them to the night-club. Give him a call as soon as you return home. I have to leave now to meet my friends.
See you tomorrow,
Barbara.

(a) attendre
(b) atterrir (la terre = land, ground)
(c) en famille
(d) se demander

8. (Sample) Translate into French:

Monsieur,

While you were out(1) this afternoon, a friend of mine(2) from school in Ireland called in. I had given him your address before I left(3) Dublin. His name is Brian and he's just passing through(4) Bordeaux on his way to Perpignan for the grape-picking season(5). He's leaving late this evening; he's getting(6) the 22.00 train. Brian wanted to know if I could go with him to tour the old city. He told me that he had already seen the tourist attractions such as the historical monuments and the city centre. I said I would(7). I have to go out with him now. I intend to be back by 20.00. I won't require(8) an evening meal; I'm going to get something to eat(9) with Brian. I hope that doesn't put you out(10).

See you later,

Sean.

(1) Pendant que vous étiez dehors / Pendant votre absence
(2) un de mes amis = one of my friends (not: un ami de moi)
(3) subjunctive because of "avant que"
(4) il est de passage
(5) les vendanges = word used to mean 'harvesting the grapes', includes the word 'season'.
(6) use "prendre"
(7) j'ai dit que oui
(8) use "falloir" – "il me faut" = I need, require
(9) say "prendre de quoi manger"
(10) cela ne vous gêne pas / ne vous dérange pas

9. Part – translation. Translate the English into French.

To help you, much of the passage has been done. (Sample):

Chère Madame,

J'écris ce mot pour vous faire savoir que votre fils, Frédéric, had an accident in the garden. *Ce n'est pas grave.* Don't worry, Madame. This is what happened. *Il faisait un temps merveilleux et j'avais emmené le jeune Frédéric dans le jardin.* He seemed happy to be playing *dehors par un si beau temps.*

Nous avons commencé a jouer à cache-cache. C'était au tour de Frédéric de me trouver. Dès qu'il m'a vu derrière le rosier, he started to run, *mais il a trébuché et est tombé par terre. Il pleurait à chaudes larmes.*

His leg was hurting him *et il pouvait à peine marcher. J'ai couru à la maison et* phoned the doctor. *On a fait venir l'ambulance qui a emmené Frédéric à l'hôpital.*

On lui a fait une radio. Il n'y avait rien de grave. Pas de fracture. Simplement, Frédéric sprained his ankle. *Lui et moi rentrons à la maison en taxi.*

À toute à l'heure,

Catherine.

10.

You are due to be host to a Luxembourg student. However, a problem has just arisen. Send him/her a Fax / E-mail to explain the situation.

(i) There was a fire in your house, and the guest room was badly damaged.
(ii) Your guest cannot stay with you, but you arrange for him/her to stay in a relative's house.
(iii) Tell your friend that (s)he can still come and eat meals with you and enjoy the activities already planned.
(iv) Apologise for the inconvenience and send best wishes to his/her family.

Translate the English in *italics* into French:

Cher Paul / Chère Isabelle,

I'm sending you this Fax to let you know that I have to change the arrangements for your stay with me in June. C'est à cause d'un problème qui s'est produit il y a deux jours. *There was a fire in our guest room.* On n'en connait pas la source. *It destroyed the bookshelves and the bed.*

Donc, il n'est pas pratique que tu restes chez nous ; il n'y a pas de place. En revanche, tu peux loger chez mon cousin qui a un appartement près d'ici. *Don't worry, you can still come to our house for your meals everyday. Furthermore, I also intend for us to enjoy the activities which I already planned for the holiday. I had hoped to go for mountain walks in nearby Wicklow. We'll also go on trips to the lovely south of Ireland.* Ça te dit de visiter Belfast pour une journée ?

Je m'excuse de te déranger. Dis bonjour à tes parents. Ecris-moi pour me dire ce que tu penses de ces nouveaux arrangements.

Au plaisir de te lire,
Margaret / Mark.

11. Department of Education 1995 Paper:

Dominique is a young French person who is working as an au pair for a family who live near you. You go to the house where s/he works but there is nobody in. Leave a note in French for Dominique saying;

– that you are going to the beach tomorrow with your family,
– that you would like him/her to come with you,
– that you will pick him/her up at 11 a.m.,
– that s/he should bring swimwear,
– that s/he should tell the family s/he works for that s/he will have dinner tomorrow with your family. **(About 75 words)**

Translate the English into French:

Chère Dominique,
Je dropped by but there was nobody at home. *Je laisse ce mot pour te dire que ma famille et moi* are heading off (use: partir) *à la plage demain.* I was wondering whether you'd like to join us. *Puisque ce sera jeudi, et pas le weekend, il y aura beaucoup moins de monde. Nous voudrions* pick you up at around *onze heures.* Does that suit you? *Je propose que tu apportes un maillot de bain.* The weather forecast is great. *On compte se baigner dans la mer.*

Mes parents aimeraient que tu dînes chez nous demain soir. Veux-tu informer la famille pour qui tu travailles que tu will be home by 11.30 p.m.?

Si tout cela te convient, téléphone-moi ce soir.
À demain.

---

12. Department of Education 1996 Paper:

During a two-week stay in a lycée in France, you make friends with André, who is absent on your last day in school. Leave a note in French for him with one of his friends. In it you:

– thank him for his interest and help during your stay,
– ask him to pick up your Biology homework at the next class,
– tell him that you will send him some of the photographs you took,
– ask him to give your regards to his sister, Isabelle.

(About 75 words)

André,

Just a short note to thank you for everything you did for me. **Il est dommage que tu sois absent le jour de mon départ. J'espère que tu n'es pas malade.** *You took an interest in my studies and helped me a lot, especially in Biology.* **Je suis nul(le) en biologie, c'est trop dur ! Je me demandais si tu pourrais ramasser mes devoirs de biologie lors du prochain cours demain.** *The teacher hadn't corrected them. I'd like to know my result.*

As soon as I return home, I'll send you some photos which I took. **Donne mon bon souvenir à ta sœur, Carol. Elle est très gentille.** *I look forward to seeing you in Ireland next year.*

Good luck.

Exercises:

1. You are spending two weeks with the Lefèvre family who live in the countryside near Clermont-Ferrand. Madame Lefèvre asks you go over to the Volnay's and invite them to the Lefèvre's house for a drink [prendre l'apéritif]. You call to the Volnay's house, but there is nobody there. Leave a note, including the following details;

– Madame Lefèvre has invited Monsieur and Madame Volnay to drop over for a drink and a chat,
– their daughter, Roxane, is also invited. Has she finished her studies at the University?

- could they call in that evening at about 6.30?
- if possible, could M. Volnay bring back the tools which he borrowed last month?
- Madame wondered whether Roxane might give you some conversation practice!

2. You are working as an au pair in Paris. The children whom you are looking after are being impossible so you decide to take them to the nearby Jardins du Luxembourg. Leave a note for Madame Gestier, your employer, explaining that;

- you have been minding the two children since they woke up early at 7.00 this morning,
- the children are driving you mad, and so you are taking them out of the apartment,
- you are bringing them to the Jardins du Luxembourg where they can play games and run around,
- you will take them to a fast-food restaurant and buy them lunch,
- you intend to return home not later than 4.00 in the afternoon.

LETTER WRITING

BUSINESS CORRESPONDENCE.

With regard to formal letters, there is no shortage of good expressions which can be learned, practised and introduced to virtually any business letter.

NOTE: The examiner is very strict about the layout of a formal letter, as would any company in the business world. Do not forget to include:

(a) "Irlande / Ireland" in your own address.
(b) the year in the date — Cork, le 7 mai, 1997.

Firstly, the format has to be laid out:

(1) NAME / ADDRESS OF SENDER.

                                              (2) CITY / DATE / YEAR.

                              (3) NAME / ADDRESS OF RECEIVER.

(4) "MESSIEURS",etc.

(Body of Letter)

(5) VERY FORMAL SIGN OFF.

Look at an example:

This is a basic letter from an Irish tourist who wishes to spend a week in France. He is writing to a hotel to book a room for his family.

Michael O'Neill
4, North Avenue,
Ennis,
Ireland / Irlande.

Dublin, le 1er mars, 1997

Hotel Marchais.
La Place de l'Algérie,
Les Sables d'Olonne,
France.

Monsieur le Directeur,

Je vous écris de la part de ma famille et moi. Nous sommes une famille irlandaise, et nous avons l'intention de passer nos vacances d'été en France. Nous comptons voyager le long de la côte ouest, et on pensait séjourner dans votre hôtel. Un de mes collègues vous a recommandé à nous.

Nous sommes cinq ; ma femme et moi, mes deux filles et mon fils. Nous espérons arriver chez vous le dix juin, et nous comptons rester jusqu'au dix-sept.

Je voudrais réserver en pension complète une chambre à grand lit et deux chambres à deux lits, toutes les trois avec douche.

Je vous serais très reconnaissant de bien vouloir m'envoyer une liste de choses à faire et à voir dans les environs des Sables-d'Olonne. Est-ce qu'il y a des sites historiques et de beaux paysages ? Qu'y a-t-il comme divertissement dans votre hôtel ? Quelles installations y a-t-il pour les jeunes ? Y a-t-il une piscine ? Comment s'amuser le soir ? Est-ce qu'il y a des tarifs réduits pour les enfants ?

Au cas où vous n'auriez pas de place en juin, pourriez-vous me recommander un autre hôtel.

Veuillez trouver ci-joint des arrhes de cinquante Livres irlandaises pour la réservation. J'espère vous lire par retour du courrier. J'ai hate de vous rencontrer en juin.

Je vous prie d'agréer, monsieur, l'expression de mes sentiments distingués.

Notes:

(a) With all formal letters use "VOUS", the polite 'you'; "tu" would be unacceptable and even disrespectful.

(b) Note the outline of the letter, which is the reverse of the English way, i.e., the sender's address is written on the left hand side in French.

(c) When the person to whom you are writing has a title, use it in the opening;

Monsieur le directeur ; Madame la Présidente ; Monsieur le chef du personnel, etc.

(d) There is no need to use "Cher . . . ".
(e) There are certain polite phrases which can be incorporated into this type of letter;

   (i) Je vous serais très reconnaissant(e) . . . = I would be very obliged to you . . .
   (ii) . . . de bien vouloir . . . = to be so good as . . .
   (iii) Veuillez . . . = please . . .(used only in written communication, not oral. Infinitive of verb always follows. It is very formal. Certainly not used between penpals).
   (iv) . . . trouver ci-joint = find enclosed.
   (v) J'espère vous lire = I hope to hear from you.
   (vi) Au cas où vous n'auriez pas de place = in case you don't have any space ("au cas où" + Conditional = in case that)
   (vii) J'attends impatiemment / avec impatience . . . = I look forward to . . .
   (viii) Par retour du courrier = by return of post.

(f) A major point is the elaborate ending, which does not translate well into English without hilarious results: 'I implore you, sir, to accept the expression of my most distinguished feelings'. In short, 'yours faithfully'.
(g) Often, students take the word "agréer" from the sign-off, and use it to say that they 'agree' with someone. This is totally wrong! "Agréer" is only used in letters to mean acceptance. ('I agree with you' = "je suis d'accord avec vous").
(h) Take note of the vocabulary relevant to making reservations;
   - la pension complète = full board
   - (verser) des arrhes =(to pay a) deposit
   - des tarifs réduits = reduced prices
   - séjourner / descendre dans un hôtel = to stay in a hotel
   - des installations = facilities (**NOTE:** not "facilites")

Sample letter (Job Application): (Demande d'emploi).

Monsieur le Chef du Personnel,

Suite à votre annonce cherchant un prof d'anglais parue dans l'Irish Times du 5 courant, j'aimerais poser ma candidature pour le poste. Je m'appelle John O'Neill. J'ai trente ans et je suis irlandais. J'habite à Cork. Je suis professeur de français et de gaëlique dans un collège mixte depuis sept ans.

Votre annonce m'attire parce que cela me ferait grand plaisir d'habiter et d'enseigner en France. L'occasion me permettra de rencontrer les Français et d'améliorer aussi ma connaissance du français. Qui plus est, je suis titulaire d'un brevet pour l'enseignement d'anglais comme langue vivante, obtenu en 1991 à Dublin. J'ai de l'experience pour ce genre de travail. J'ai travaillé dans un collège à Cork pendant trois trimestres d'été de quatre semaines chacun, de 1992 à 1996.

Je vous serais très reconnaissant de bien vouloir m'envoyer des renseignements supplémentaires à l'égard de ce poste. Où serai-je logé ? L'hébergement est-il fourni ? Combien d'élèves y aura-t-il par classe? Quel âge ont-ils ? Quel sera le salaire ? Combien d'habitants votre ville compte-t-elle ?

Je joins une lettre de recommandation de mon employeur et mon curriculum vitae, comme requis. Je serai disponible du 1er juillet au 15 août. N'hesitez pas à me contacter si vous désirez d'autres renseignements.

Veuillez agréer, monsieur, l'expression de mes meilleurs sentiments,

---

Notes:
(a) Notice the title of the addressee, "Monsieur le Chef du Personnel" = Dear Head of Personnel.
(b) You outline such a letter by saying;
    (i) where you saw the ad,
    (ii) why you are interested,
    (iii) how suitable for the job you think you are,
    (iv) why you want the position, and
    (v) ask relevant questions.
    (vi) do not forget the polite sign-off.

(c) Note further the useful phrases;
    (i) suite à l'annonce . . . = with reference to the advertisement. . .
    (ii) je voudrais poser ma candidature = I'd like to apply
    (iii) l'annonce m'attire = the advertisement interests me
    (iv) cela me ferait grand plaisir . . . = it would give me great pleasure to . . .
    (v) l'occasion me permettrait de . . . = the opportunity would enable me to . . .
    (vi) d'améliorer . . . = to improve (you can almost see "meilleur" in this word) – don't forget to repeat the preposition "DE" before each infinitive governed by verbs like "permettre".
    (vii) un brevet = a certificate
    (viii) logée = put up, i.e. loged, accommodated
    (ix) l'hébergement = accommodation
    (x) je joins = I enclose (remember "Veuillez trouver ci-joint")
    (xi) une lettre de recommandation = a reference; also "des lettres de references".
    (xii) je serai disponible = I'll be available

(d) Observe the alternative style of signing off.

EXERCISE LETTER (WITH GAPS):

(1) Demande d'emploi.

You are applying for a job as an assitant in a bookshop in Besançon. You include the following details:

(i) you wish to gain experience of working abroad and to improve your French language skills;
(ii) tell the manager that you have computer and word-processing skills;
(iii) you already have experience in this type of work;
(iv) tell the manager when you would be available for work;
(v) ask him/her for details about salary, hours of work and training;
(vi) ask whether they can cover the costs of moving to France.

Wexford, le 9 mai 1998.

    Madame . . . . Directrice,

    . . . . à votre petite annonce que vous avez fait . . . . dans Le Monde . . . . 8 courant, J'ai l'honneur . . . . solliciter ma candidature au poste de vendeur dans votre maison de la presse . . . . Besancon. Je . . . . présente. Je m' . . . . Laurence Twohig et j'habite à Wexford, ... se trouve . . . . le sud-est de l'Irlande. J'ai vingt-neuf ans.

    Le poste . . . . retenu mon attention parce que, ... longtemps, je compte travailler à l'étranger . . . . gagner de l'experience de . . . . genre de travail et . . . . perfectionner ma . . . . du français. Je . . . . vendeur depuis six ans et je sais manier un ordinateur et utiliser un traitement . . . . texte.

    Si vous . . . . me convoquer pour un entretien, veuillez me le faire savoir et je voyagerai . . . . France à votre rencontre. En cas de réussite, je . . . . disponible à . . . . de la fin juin.

    Je vous serais très . . . . de bien . . . . me donner quelques . . . . sur l'emploi. Combien d'argent est-ce que je gagnerai ? Est-ce qu'il me faudra faire de la formation ? De combien de temps libre . . . . -je ? Est-ce que votre société . . . . me rembourser les frais . . . . déménagement ?

    Finalement, j'ai . . . . dans cette lettre mes . . . . de recommandation. Veuillez m' . . . . un dossier de candidature. N' . . . . pas de me contacter si vous désirez . . . . de détails.

    Je vous . . . . d'agréer, Madame, l'expression de . . . . sentiments distingués.

2. Un client mécontent.

You write to a camera shop in France where you bought a camera. The camera is not working, so you complain. In your letter, tell them that:

(i) you are most displeased with such an expensive camera;
(ii) the problem arises when you want to develop the film;
(iii) you are sending back the camera to be repaired. If not, you wish to be compensated.

Appartement 323
Avenue Moliere,
Avignon.

Appareils-Photo deBrie
7, Place de la Mer,
Clermont.

Avignon le 12 mai 1998

Monsieur,

Je suis au regret de vous informer que l'appareil-photo de haut de gamme, ... j'ai acheté chez vous .... mai pour mon séjour .... Suisse, ne .... pas. Cela m'a coûté cher, et il n'y a rien qui me déplaise plus que de dépenser beaucoup d'argent pour une chose inutile. On ne s'est pas .... du problème avant d'avoir fait développer le film. La moitié du bas de chaque photo est noircie. Cela m'a beaucoup déçu. On n'a plus de souvenirs de .... séjour dans un si beau pays.

Je veux .... me plaindre auprès de la direction de votre entreprise. Je ne supporte pas cette incompétence. Je .... renvoie mon appareil. Ou bien vous le réparez ou bien vous .... me dédommager de la perte.

Dans l'attente de recevoir de vos nouvelles, veuillez agréer, monsieur, mes meilleurs sentiments.

Vocabulary:

haut de gamme = top of the range
il n'y a rien qui me déplaise plus que ... = there is nothing I dislike more than ...
Je veux me plaindre ... = I wish to complain ...
auprès de la direction = to the management
dédommager de la perte = compensate for the loss

3. Une Lettre de Plainte

Patrick Walsh
Teeling St
Ballina
Co. Mayo
Irlande

Syndicat de St. Cyr
Rue des Peupliers
St Cyr

Ballina, le 14 aout, 1998.

Messieurs,

J'ai le .... de me plaindre de votre organisation. Il .... de notre séjour que nous .... passé au camping municipal .... St. Cyr. Ma famille et moi .... l'intention d'y rester pendant une semaine. Le camping n' .... pas répondu à mes espérances pour les raisons qui suivent:

(1) Notre emplacement, ... j'avais déja réservé .... mars, se .... trop près des poubelles et le camping .... sale.
(2) La brochure disait .... le camping .... situé .... 1 km .... mer. En fait, il se trouve à 5 km du littoral.
(3) Les douches .... de l'eau froide.
(4) Il y .... trop de bruit tous .... soirs.
(5) Quand je me .... approché de la gestion, elle n' .... pas très polie.
(6) La salle de jeux .... fermée pendant trois jours sans explication.

Un autre visiteur m' .... conseillé .... vous écrire pour obtenir dédommagement, parce que notre séjour a été gâché. Je vous serais reconnaissant de bien .... me dédommager de notre insatisfaction.

Je vous prie d' ...., messieurs, l'expression .... mes sentiments distingués.

4. You are two Leaving Cert. students who are interested in working in the South of France during the grapepicking season in September. Write a letter to the A.N.P.E. (Agence National Pour l'Emploi) in Perpignan for information about grape picking work.

Padraig O'Shaughnessy
Graiguenamanagh,
Co. Kilkenny,
Irlande.

Le Directeur / La Directrice
A.N.P.E.
Perpignan
France.

Dublin, le 2 mars, 1997.

Messieurs,

Je vous écris de la part .... mon copain et moi. Nous .... le Leaving Certificate (l'équivalent du bac) .... juin, cet été. Nous .... l'intention de travailler .... sud .... France avant .... commencer nos études à la Faculté. Il nous faut gagner .... argent pour nos frais l'année prochaine, donc nous espérons trouver du .... . Nous .... choisi les vendanges, parce que cela nous permettrait de gagner .... argent et .... rencontrer d'autres Européens.

Nous .... habitués au travail dur, puisque nous habitons une ferme. On sera disponibles pour le travail à partir .... septembre. On .... assez bien le français. Si des viticulteurs .... besoin de vendangeurs, je .... serais reconnaissant de bien vouloir nous .... savoir. Pourriez-vous nous .... des renseignements .... la rémunération et l'hébergement ?

Nous attendons votre réponse.

Je vous .... d'...., messieurs, l'expression .... mes sentiments distingués.

5. Informal Letter.

You have a penpal in Val d'Isère, a skiing resort in France, who has written to you asking about holidaying possibilities in the West of Ireland. *You write back to tell him/her about the attactions of the West of Ireland. You also invite him/her to spend a few days with you, during which you will show him/her the sights around Connemara.* Your name is George/Jeanette. (Translate the English *in italics*)

(Name)
Val d'Isère,
Savoie,
France.

Dear . . . . ,

J'ai été ravi de recevoir ta lettre qui est arrivée hier. *In your letter, you mentioned that you intend to come to Ireland for your Summer holidays. You also said that you are particularly interested in the West of Ireland.* Cela me fait grand plaisir de te donner des renseignements sur la plus belle région de l'Irlande.

First of all, Connemara is situated in the West of Ireland and is very famous area for beauty and fishing. Des touristes de toute l'Europe viennent dans le Connemara en vacances et même pour y vivre.

Très peu de gens habitent dans l'ouest de l'Irlande. En fait, ce phénomène a contribué à protéger l'environnement. Galway est la principale ville de la région, et aussi la quatrième ville du pays. La vie se déroule lentement. Il y a des montagnes *everywhere in* Connemara et le paysage est si varié et sauvage !

Comme hébergement, il y a plein de chambres d'hôtes, des gîtes ruraux et des petits hôtels qui offrent le célèbre petit déjeuner irlandais. La région est bonne pour les randonnées à pied et des promenades en vélos. *The roads are very quiet but narrow. The beaches are never far from where you are, and are rarely crowded.*

The disadvantage is that it rains a lot in that part of Ireland. It can also be quite cool, even in Summer. So, bring a raincoat. It's never too hot nor too cold. The area is so peaceful and the scenery so wonderful that it is not to be missed. Comme j'habite à Limerick qui n'est pas très loin du Connemara, Je pourrais vous rencontrer, toi et ta famille, à Galway et vous montrer des sites pittoresques.

Let me know what you think of my idea, and please give my best to your parents.
Yours,

. . . .

WRITTEN ASSIGNMENTS

6. You read an article in a newspaper in which an accident occurred on a street. There were plenty of people at hand, but nobody was able to help. You are quite annoyed and you write to the editor to encourage people to take up First-aid courses.

Athlone, le 5 avril, 1997.

Monsieur le Rédacteur / Madame la Rédactrice,

I am writing to you in response to an article which I read in last Saturday's edition (the 2nd of April) of your paper. I read about the terrible accident in the Rue des Bergères. Apparemment, une voiture qui était hors de contrôle a heurté la foule qui sortait d'un grand magasin. *Fortunately, the casualty list* [le bilan] *wasn't serious, but it could have been. What annoyed me was that nobody in the crowd was able to give first-aid.*

Tout le monde devrait prendre conscience du fait que les accidents ont lieu n'importe où, et qu'on doit toujours être prêt à intervenir.

The majority of people don't know what to do lors d'un accident. Ils hésitent parce qu'ils ont peur de faire une gaffe. Moi, je sais agir parce que j'ai assisté à un stage de secourisme. *It's quite easy and can be enjoyable. The courses should be free of charge. At the end of the course,* on reçoit un brevet.

You could save a life.

Je vous prie d'agréer, monsieur/madame, l'expression de mes sentiments distingués.

NOW TRANSLATE SOME LETTERS:
(NOTE: REMEMBER TO ACQUIRE AND USE IDIOMATIC FRENCH. THIS IS MUCH BETTER THAN TRANSLATING WORD-FOR-WORD.)

(1) An Insurance claim:

Dear Sir / Madame,

I am writing to you in relation to my motor insurance policy number NUT 5487. I wish to make a claim on this policy in connection with a recent car accident. My car is a Ford Escort purchased second-hand in 1995.

The accident also involved a seven year old BMW. It happened at the traffic lights at the junction of the rue De Gaulle and Avenue Bayle. When the lights changed to green, I started to move forward and the BMW must have broken the lights. The driver braked but his car ran into my car. The estimate for the damage to my car is 600 pounds.

Nobody was injured. A passer-by called the police who took down our statements, and those of witnesses. If there is a form to fill in, I would be obliged if you would send me a copy.

Yours faithfully.

Vocabulary:

in relation to = à l'égard de, en ce qui concerne
to make a claim = réclamer l'indemnité
insurance policy = une police d'assurance
second-hand = d'occasion
it has to do with = il s'agit de
junction = le carrefour
to brake = freiner
to run into (i.e. collide) = heurter
estimate = le devis
witness = un témoin
a form = un formulaire

(2) Lost and Found / "Les Objets trouvés":

Dear Sir/Madam,

Last weekend I was travelling home on one of your flights from Switzerland. I was carrying on board a briefcase and two shopping bags of souvenirs. I checked in my suitcase at the desk and boarded the plane. I have enclosed my flight details. When I reached my seat, I put my briefcase and bags in the compartment above my seat.

On arriving at Dublin airport, I retrieved my belongings and disembarked. I went through customs without any problems, took a taxi and returned home. It was only when I got home that I opened my luggage, to discover that I had the wrong briefcase.

This one contained bottles of alcohol! No name or address. On the other hand, the contents of my case were more valuable. I am a jeweller and I was purchasing watches in Zurich.

Since both look the same, the other person thought that he picked up mine. So, could you tell me whether my case was handed in? It is made of black leather and is quite small. It contains expensive watches and a calculator. Please let me know as soon as someone returns it.

Yours faithfully.

(3) The rent (La location) of a house in Les Sables-d'Olonne:

Dear Madame Picard,

Lately I've been looking out for a small Summer house in a quiet resort in the West of France. I wrote to the local "syndicat d'initiative" for information about renting such a house. I received a letter from them today in which they gave me your name. The "syndicat" tell me that you have a house for rent in August. Is that true? If the house is available, I would like to rent it for two weeks in August.

I would be delighted if you could give me the following information:

(i) How much is the rent per month?
(ii) How far is it from the nearest town?
(iii) Is the house far from the beach?
(iv) How many rooms has the house?
(v) Has the house a phone?
(vi) What is there to do in the area?

I look forward to hearing from you concerning this matter.

Yours faithfully.

Vocabulary:

resort (Summer) = une station (estivale)
the rent = la location
How far is it to . . . ? = Combien y a-t-il jusqu'à . . . ?

DIARY ENTRY.

SAMPLE:
A. You are on a student exchange to Bordeaux, in the famous wine-growing area of the South West of France. You are staying with the Deneuve family. In the course of the first five days, you keep a record of your experiences, that is, the activities, your host's school, the meals and your leisure time.

(75 mots)

(N.B. The words in the following exercise will be about 200, but it is a useful exercise in writing a diary entry. You can take out some phrases that may suit your purposes later. In the meantime, practise with this):

Lundi, le 12 avril : I get up at 6.30. That's early! but school in France starts at 8 o'clock. For my first breakfast, I am offered [on m'offre] a cup of coffee and a croissant. No more! However, I'm not hungry. The family are nice enough.

Mardi, le 13 avril : My first day at school. It's quite different; there are no uniforms and the classes are one hour long. They start at eight and finish at five. It's a long day. I arrive home at half six, exhausted!

Mercredi, le 14 avril : Great! Half-day today. My friend, Maurice, brought me into the city centre for lunch. I met more of his friends. They are quite pleasant. We went shopping and I bought some souvenirs.

Jeudi, le 15 avril : The class go on a school outing to the Médoc region which is a major wine-growing district. We are allowed to sample the wine [déguster].

Vendredi, le 16 avril : Back to school. I find English class easy! At lunchtime, we go to the canteen where we eat vegetable soup, ham salad and an apple. The French like healthy food! I'm looking for a burger and chips! That's all for now.

B. You are hiking for three weeks in the south-west of France. You have lost your travellers cheques. You have no means of getting home. The only way to get money is to work. Write an account of your adventures in your diary.

(75 words)

(Translate the English into French)

31 Août : I've been here for two days. The weather is quite hot, I'm carrying this heavy rucksack around, my feet already hurt and I'm thirsty all the time.

1 Sept. : Ça alors ! On m'a volé mes chèques de voyage et tout mon argent liquide pendant que je dormais. Que faire ? Il faut trouver un boulot ! Quoi d'autre !

2 Sept. : I've just read an advert in a shop window for waiters to work immediately.

3 Sept. : C'est l'enfer ! Levé à six heures et demie, couché à dix heures ! Pas d'animation, pas assez d'argent !

4 Sept. : I've never known such work. I'm off home as soon as I get enough money for my flight.

WRITTEN ASSIGNMENTS

C. You are on a school tour with your class to Luxembourg for a week. You write a record of your trip in your diary.

Lundi : Just arrived by plane in the Grand Duchy. It's a very small airport, but then, there are only a quarter of a million people in the country.

Mardi : Our first breakfast. Continental! Coffee and a croissant! We go for a walk through the capital. We've seen it all in an hour. There are a lot of older people and very few teenagers.

Mercredi : More coffee and croissants! I've lost my walkman. No matter. They are quite cheap here.

Jeudi : We're going on an excursion to see the whole country. We're told that we'll be back in twenty minutes!

Vendredi : We're allowed one last shopping trip in the Duchy. There is great excitement among the lads/girls.

Samedi : We went into Germany for a short visit. It was great fun.

Dimanche : We take our flight back to Dublin. I look forward to next year's trip.

D. Writing a diary entry about your stolen car:

I am writing this entry about my car which was broken into yesterday in the town centre. It happened between 10 and 11 o'clock yesterday morning while I was sightseeing. I am on holidays and am heading south. I stopped in Bayeux to view the famous Tapestry. I parked my car, in front of the town hall. I locked it and went away.

On my return, I noticed glass spread over the ground beside the car. Then I saw the broken window. Some items were stolen. They included the car stereo, a camera, a raincoat and a pair of sunglasses. I immediately told the police. I hope that they can recover my property. The matter has certainly ruined my holiday.

Vocabulary:

relating to = qui se rapporte à
to go sightseeing = faire du tourisme
to tell the police = avertir la police
the matter = l'affaire

E. While staying in the youth hostel in Bayeux, you meet several foreign students with whom you become friendly. One night, you all decide to tour this famous town. Write an account of the evening in your diary.

Samedi, le 6 juin : I've been here for three days without meeting many people. Now, as it's Saturday, many new students have arrived. The hostel is noisier with the sound of several different languages.

At dinnertime, which we all cook by ourselves, I introduce myself. The students are very warm [accueillants] and interesting. We get on very well. They come from Germany, Poland, Norway and elsewhere.

It was decided [On a décidé] to look around the town, which is as big as Wexford Town. Firstly, we viewed the famous Bayeux Tapestry, which has to do with the Battle of Hastings. Then we went to hear the "Sons et Lumières" at the ancient cathedral. It was extremely good. Finally we went to a café-bar for a drink and a chat before returning to the hostel at 10 o'clock.

WRITTEN ASSIGNMENTS

THE REACTION QUESTION

This section of the book can be studied in unison with the section on 'Creative Writing'. The 'Reaction Question' as it could be called, refers to a newspaper article, cartoon or photograph which deals with a serious topic relevant to today's world. You are then asked to give your reaction to the article or picture in 75 words. As already said in the creative writing section, you cannot waffle with this one! It is too short. There are a few 'pointers' which you can use to tackle this question:

(1) Understand the headline which tells you what the topic is about. So then you can anticipate what kind of text will follow.

(2) Read the column/article at least twice – the first time rather quickly to get an idea of what is happening in the item; the second time more slowly. You get a first impression. Now you should underline key words which help to assess briefly the theme. In the case of the 1997 Department Sample Paper, Question 4(a) entitled <u>LA MARINE ARRAISONNE</u>, you might underline the following words:
> "protester – essais nucléaires – Greenpeace – arrêtées, interrogées – manifestation – gouvernement français – décision de poursuivre."

(3) You can now write your opening sentence; this gives you the confidence to get moving. It wastes time when you are stuck on your first line. There are useful 'openers' for this purpose:

"Dans cette rubrique (column), ce qui nous préoccupe, c'est (what we're dealing with here is) les essais nucléaires effectués (carried out) par la marine française pas loin de la Nouvelle-Zélande."
OU
"Cet article se rapporte au (refers to the) conflit entre le gouvernement français et Greenpeace. Il s'agit des (it's about) arrestations à bord du navire de Greenpeace."

In this section, you have briefly outlined what the article is about; the arrests by the French Navy of Greenpeace protesters. The next thing to do is to compile your own ideas. You have already written about 20 words.

(4) Give your own reaction to these events. What is your own opinion?

"Greenpeace manifestait contre les essais nucléaires, à juste titre selon moi. (and rightly so, in my opinion). N'importe quel (any – whatsoever) groupe pacifique a le droit de protester, surtout contre un gouvernement agressif qui menace l'écologie des îles autour de l'atoll de Mururoa. Cet incident fait penser à (reminds/brings to mind) un évènement qui s'est passé en 1985 quand les Français ont posé une bombe dans un autre navire de Greenpeace, faisant un mort."

(5) Draw a conclusion:

"Tout compte fait (at the end of the day) / pour conclure (to conclude), qui va arrêter et interroger les coupables cette fois ? Qui va punir les Français ? Les Nations Unies ? Je doute que cela se produise."

LA MARINE ARRAISONNE LE RAINBOW WARRIOR

Entré dans la zone d'exclusion de 12 milles (22 km) autour de l'atoll de Mururoa, à l'est de l'île de Tahiti, pour protester contre la reprise des essais nucléaires français, le navire de Greenpeace a été abordé, dimanche 9 juillet, par la marine nationale. L'arraisonnement s'est déroulé sans heurts. Les 21 personnes qui se trouvaient à bord du bateau contestataire – dont Mgr Gaillot – ont été arrêtées, interrogées puis remises en liberté. L'interception, qui coïncide presque jour pour jour avec l'anniversaire de l'attentat contre le Rainbow Warrior I (10 Juillet 1985), a suscité une vague de protestations en Australie et Nouvelle-Zélande. L'équipe de rugby des All Blacks pourrait annuler sa tournée prévue en France cet hiver. En Angleterre, une manifestation a eu lieu devant l'ambassade de France à Londres. Devant cette vague de contestation internationale, le gouvernement français, inflexible, maintient sa décision de poursuivre les huit essais prévus.

SAMPLE:

Department Sample Paper **(75 words)**

(a) LA PLUS BELLE FEMME DE FRANCE.

La plus belle femme de France, c'est peut-être vous . . .

Après "Miss France" voici "Mme France": une compétition pour les femmes de 20 à 30 ans, mariées, divorcées, mères de famille ou non. Vous faites 1,70m, vous êtes libre le week-end ? Envoyez votre candidature (*) et une photo en pied au plus tard début novembre. L'élection se déroulera le 10 décembre à Chartres.

(*) Mme Mangapatty, 3, allée j. Mermoz 93390 Clichy-sous-Bois.

Ce dont il est question ici, c'est les compétitions de beauté. Dans cet article, ce concours a pour but de trouver "Madame France", destiné aux mariées, aux mères de famille, et ainsi de suite. Il y a ceux qui croient que ces concours sont offensifs et démodés. Pourtant, c'est un petit divertissement pour les femmes. Elles ne vont que s'amuser sans être exploitées comme les jeunes mannequins. Je doute qu'il y ait une fortune à gagner. Ce n'est pas une grande affaire.

(b) Non au téléphone de voiture !

NON AU TÉLÉPHONE DE VOITURE !

Je suis tout à fait de l'avis votre lectrice qui, dans le n°5869, critiquait le téléphone de voiture. J'ai même déjà écrit à la Sécurité routière dans ce sens. Et je souhaite que vous ayez beaucoup de courrier à ce sujet et qu'il sera pris en considération. On ne peut en effet suivre correctement sa route et prendre part en même temps à une conversation téléphonique qui peut être plus ou moins tendue, animée, triste ou passionnée.

J. Couttenoire, Tarare (69)

Cet article parle du phénomène du téléphone de voiture. Cet appareil est très populaire. C'est presque un symbole de statut. À mon avis, ils sont dangereux pour deux raisons. D'abord, une enquête récente a révélé que ces téléphones peuvent porter atteinte à la santé de l'utilisateur. Cela est dû aux rayons électromagnétiques du téléphone.

Deuxièmement, je suis d'accord avec ce lecteur qu'on ne peut pas participer à une conversation et conduire en même temps. Comment tenir le combiné et changer de vitesse, tenir le volant et clignoter ? D'ailleurs, l'usage du téléphone de voiture tout en conduisant est contraire à la loi en Irlande.

SAMPLE ARTICLES:

Donnez votre réaction aux articles qui suivent:

(1) L'EVOLUTION DE LA DEMOGRAPHIE MONDIALE.

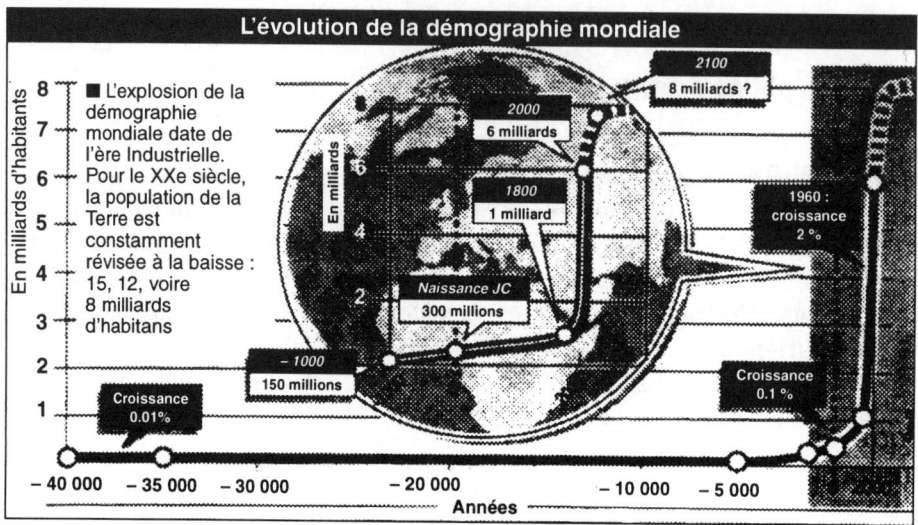

Cette rubrique se rapporte à l'augmentation de la population du monde. Selon l'article, il y aura huit milliards d'individus sur Terre en l'An 2000, par rapport à un milliard en 1800. On dit que cette augmentation stupéfiante a commencé lors de la Révolution Industrielle.

Il est à noter que les prévisions de la population sont révisées à la baisse de quinze à huit milliards.

Est-ce qu'il se trouvera assez d'espace pour loger la population à l'avenir ? Y aura-t-il assez de nourriture, d'emploi et de logement pour tant de gens ? Je crois que non; de nos jours, on ne peut déjà pas fournir ces choses pour la population actuelle.

Vocabulary:

. . . se rapporte à . . . = . . . refers to . . .
l'augmentation de / la baisse de = increase in / decrease in
stupéfiante = staggering (as in 'huge increase')
Il est à noter que . . . = it is worth noting that . . .
les prévisions . . . sont révisées à la baisse = the forecasts . . . are being revised downwards
Est-ce qu'il se trouvera ? = Will there be?
Y aura-t-il ? = Will there be?
fournir = to provide
Je crois que non / oui = I don't think so / I think so.

WRITTEN ASSIGNMENTS

(2) Advertisement about WEEKENDS IN DUBLIN for Belgians.

> # DUBLIN
> Un véritable petit déjeuner irlandais, du shopping dans de petites rues marchandes, savourer une fameuse tasse de thé ou un whisky devant un feu de cheminée. Dublin, à partir de **8.690 FB*** pour le vol aller-retour et 2 nuits en B & B avec un copieux petit-déjeuner irlandais. Demandez des informations à votre agence de voyages ou téléphonez au 02/548.98.48.
>
> ## Aer Lingus
>
> •Offre valable chaque week-end du 1/11/96 au 31/3/97, sauf certaines périodes.

Cette annonce qui a paru dans "Le Soir", un journal belge, vend des weekends à Dublin. Pour ma part, c'est intéressant de voir ce que les Belges considèrent être digne de connaître à Dublin. La pub offre un petit déjeuner 'irlandais' ; on peut déguster la célèbre tasse de thé, et se reposer devant un feu de cheminée. On se sert du mot 'copieux' pour décrire notre petit déjeuner, qui inclut des saucisses, des tranches de bacon, des œufs sur le plat, du pain grillé, de la marmelade et un pot de thé.

Je suis d'accord avec cette publicité pour Dublin. Nous avons de la chance d'avoir une si bonne nourriture, une ville séduisante et le meilleur petit déjeuner d'Europe. Que les Belges s'amusent !

Note: Even though it may be necessary to repeat certain words from the text to make your point, you can avoid full repetition by supplying some of your own vocabulary and verbs:

- déguster la célèbre tasse de thé = to sample the famous tea
- se reposer devant un feu de cheminée = to relax in front of an open fire

Other words:
Cette annonce / pub = ad
Pour ma part = as far as I'm concerned
. . . ce que les Belges considèrent digne de connaître . . .
= . . . what the Belgians consider worth experiencing . . .
on se sert du mot . . . = they use the word . . .

Je suis d'accord avec . . . = I agree with . . .
une ville séduisante = an attractive city
Que les Belges s'amusent ! (subjonctif)
= May the Belgians enjoy themselves.

(An alternative reaction):

DUBLIN.

Ce qu'on nous présente ici, c'est une publicité pour Dublin. Dans cette pub, on décrit, très brièvement, un weekend à Dublin. Il me semble que les attractions de Dublin comprennent le thé et le whisky, et surtout le petit-déjeuner irlandais (en fait, cela provient d'Angleterre). Le touriste peut aussi faire des achats, peut-être à des prix beaucoup moins chers qu'à Bruxelles ou à Paris, mais trop élevés pour nous ! Cependant, la pub ne présente pas les autres 'bijoux' de Dublin, nos mille ans d'histoire et nos pubs traditionnels. Je suis un peu déçu. Ma ville offre plus aux touristes que du "shopping" et du "whisky".

Vocabulary:
Ce qu'on nous présente, c'est . . . = what we are presented with, is . . .
Une publicité / une pub = an advertisement / an ad
provient de = comes from (i.e. originates from)
trop élevés = too high (i.e. prices)
ne présente pas = doesn't promote (i.e. develop)

(3) AUTRICHE : POUSSÉE DE L'EXTRÊME DROITE.

Élections européennes

Autriche : poussée de l'extrême droite

Avec 28% des voix, selon les premières estimations, le FPOe progresse de six points en dix mois.

Selon les premières estimations, la droite nationaliste autrichienne (FPOe) du populiste Joerg Haider a obtenu hier, aux élections européennes, 28,1 % des voix, soit un gain de 6,2 % par rapport aux élections législatives de décembre 1995.
• Joerg Haider a qualifié ce résultat "d'historique"

• Le parti social-démocrate (SPOe) du chancelier Franz Vranitzky essuie une cuisante défaite en ne recueillant que 29,7 % (contre 38,1 % en 1995), tandis que son partenaire au sein de la coalition gouvernementale, le parti conservateur (OeVP), gagne un peu plus d'un point à 29,7 %.
• La participation pour ces premières élections européennes depuis l'entrée de l'Autriche dans l'Union européennes, le 1er janvier 1995, a été de 68%.
• La campagne électorale a été notamment marquée par le scepticisme des Autrichiens qui avaient espéré de l'Europe des améliorations immédiates.

Il paraît que les Autrichiens ont apporté leurs voix au parti d'extrême droite. Qu'est-ce que cela veut dire, l'extrême droite ? Est-ce que ça doit mener au fascisme ? Je crois que non. Il n'y aura pas de retour aux années trente. À notre époque, on en a marre des hommes politiques qui sont élus pour quatre ans. Ils ne font rien de bon pour les électeurs, mais à la place, ils gagnent leurs retraites.

En votant pour l'extrême droite, on envoie un message aux gouvernements de centre disant qu'on est désabusé et qu'on exige un changement immédiat. Ce phénomène se déroule dans d'autres pays en Europe. Les hommes politiques du centre, partout en Europe, n'ont pas l'adresse de résoudre les problèmes de la société, tels que le crime, le chômage et la drogue.

Vocabulary:
... ont apporté leurs voix au ... = ... gave their vote to the ...
on (en) a marre des ... = they are fed up of the ...
on est désabusé = they are disillusioned
on exige = they demand (English: 'exigencies' = requirements)
se déroule = takes place
l'adresse = skill

(4)

Divorce

Il est clair que les soucis des gouvernants (ministres, députés, journalistes, ets.) sont bien différents de ceux de la piétaille. Les premiers pensent fascisme, racisme, fiscalisme et mondialisme, alors que le menu peuple (celui des électeurs) pense emploi, pouvoir d'achat, immigration et insécurité. Quel divorce ! Les premiers rêvent, les seconds subissent.

Cette rubrique ne se rapporte pas au divorce commun, soit entre mari et femme. Il s'agit du fait que les 'élus', les hommes et les femmes politiques vivent dans une rêverie. C'est-à-dire, qu'ils ne sont pas sensibles aux besoins de l'homme et de la femme de la rue. Le gouvernement ne s'inquiète ni de l'insécurité ni du chômage des citoyens. À la place, ils font attention aux problèmes académiques tels que le fascisme, le mondialisme ou peut-être la nouvelle devise européenne. Par contre, le peuple subit tous les grands problèmes de la vie.

Vocabulary:
... ne se rapporte pas au ... = ... has nothing to do with ...
les 'élus' = the elected representatives
sensibles = sensitive (Note: the French word "prudent" means 'sensible')
une rêverie = a dream
la nouvelle devise = the new currency
Par contre = on the other hand
le peuple subit ... = the people are subjected to ... ('subir' includes the preposition 'to')

EXERCISES :

Donnez vos réactions aux articles suivants :

1.

Drogue "douce"

L'article percutant du professeur Gabriel Nahas ("Opinions" du 7 octobre), que j'ai reproduit en photocopies, a stupéfait nombre de jeunes qui – pour la première fois de leur existence – étaient informés que fumer des "joints" avait comme effet pervers la "désintégration moléculaire de leur intelligence". Tous étant, jusqu'alors, persuadés que le haschisch n'était pas plus nocif que le tabac, combien les ai-je senti véritablement ébranlés, voire traumatisés par cette information.

Pourquoi les enseignants n'auraient-ils pas à coeur de distribuer un tel article de valeur à leurs élèves, en leur demandant d'en faire un résumé ? Une trentaine de lignes par exemple ?

2.

Immigration

L'article : "Immigration : problème majeur" de Yves-Marie Laulan ("Opinions" du 8 octobre 1996) est, en lui-même, un article majeur que tout Français devrait lire. Oui, l'immigration est la pire catastrophe que la France ait connue. La troisième guerre mondiale est commencée, sans bombe atomique, mais par simple immigration passive.

3.

LA FRANCE EN DIRECT
Ce soir 22h40
Qu'avons-nous fait de nos enfants ?

France

22.40 La France en direct

Magazine. Présentation : Benoît Duquesne. Parents, qu'avons-nous fait de nos enfants ? Quel genre de parents sommes-nous ? Des parents qui démissionnent, baissent les bras ou au contraire font face aux difficultés des jeunes, à leur malaise, à la violence ?

4.

en bref

L'Irlande à la Foire de Francfort

C'est aujourd'hui que s'ouvre la 48e Foire du livre de Francfort, plus grande manifestation du genre et rendez-vous international de la profession. Comme chaque année, la Foire met à l'honneur un pays : ce sera cette fois l'Irlande. Tandis que le prix Nobel Seamus Heaney et la présidente de la République irlandaise Mary Robinson assisteront à l'inauguration officielle, quarante-huit écrivains et poètes sont attendus à Francfort pour un "automne irlandais", parmi lesquels John Banville, Roddy Doyle, Edna O'Brien et William Trevor.

5. Quai des Songes

Date limite d'envoi 31/10
Envoyez vite votre lettre
max. 1 page
Faites référence
à la ville et au métro).
Ouvert à tous à partir de
14 ans. Les meilleurs
rêves seront publiés et
récompensés.

Concours d'écriture du plus beau rêve

Adresse :

'Quai des songes'
Boîte Postale
47 Avenue Rogier
1030 Bruxelles 3

info : 223 27 95

Donnez vos réactions à l'un des documents qui suivent ; (a) ou (b) :

Vos droits, vos devoirs

Par les temps qui courent, il n'est pas superflu de connaître tous ses droits ainsi que ses obligations en matière d'emploi, même pour un job.

(a)

OU (b)

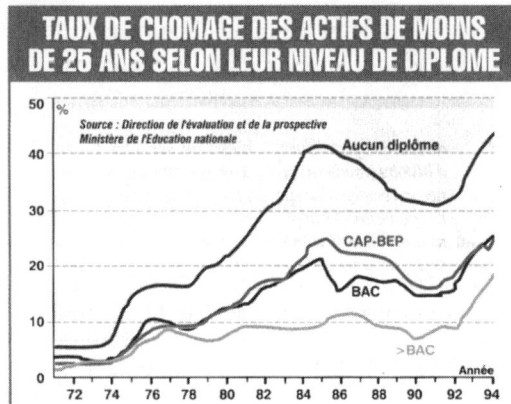

Donnez vos réactions à l'un des documents qui suivent, (a) ou (b).

(a)

Mariage, union libre : la fidélité garde la cote

Diriez-vous qu'être fidèle est une obligation ou pas une obligation pour :

	Un couple marié	Un couple vivant en union libre
C'est une obligation	**88**	**70**
Ce n'est pas une obligation	12	29
Sans opinion	0	1
	100%	100%

OU

(b)

3 Questions à

Rony Brauman, ancien président de Médecins sans frontières :

Talents : L'engouement actuel des jeunes pour l'humanitaire est-il un phénomène de mode ?

R. B. : Cet engouement provient du sentiment que quelque chose de concret, de palpable, ancré dans une morale pratique, peut être fait par des individus, ici comme ailleurs, et tout de suite. Un sentiment d'autant plus fort qu'il n'y a plus de projet politique qui puisse satisfaire cette aspiration morale des jeunes. La vogue médiatique n'a fait qu'amplifier le phénomène.

Section 5 – The Listening Comprehension Test

This exam now lasts 40 minutes, and involves 5 sections. It takes place immediately after the conclusion of the written paper.

The Listening Comprehension (Aural Examination) is worth 80 marks, that is, 20% of the entire examination.

Each individual <u>question</u> in the 1997 Listening exam was worth 3 marks. Each section varied depending on the number of questions. They were as follows;

Section 1   12 marks
Section 2   21 marks
Section 3   18 marks
Section 4   15 marks
Section 5   14 marks
   (Total 80 marks).

Here are several points which will hopefully help you through the aural examination:

1. To start with, get as much practice as possible listening to tapes. You could also tune in to French radio, watch TV5 and French films. Regarding the latter, you could read the sub-titles while, at the same time, listening to the actual words spoken. This way you can connect the English version with the French one.

2. Buy your own tape and listen to it regularly, perhaps for 10 minutes per day to begin with, slowly building it up to a length of time which suits your own needs. Obviously, the more French that you listen to, the more that you will understand and learn. Furthermore, buy a tape at the proper level of difficulty. A tape which is either too easy or too hard is of little use.

3. Keep a small notebook to jot down vocabulary which relates to different topics that appear during trial tapes used in class during the year. Such topics might crop up again. This "carnet de vocabulaire" would also be useful for the 'Opinion / Reaction' questions.

4. The advantage of sitting the aural exam after the written one is that your mind should be well 'switched-on' in French. The French language ought to be 'buzzing' inside your mind. You are ready for the tape.

5. The supervisor must allow you 5 minutes before starting the tape to read the questions and instructions. Use this time fully and sensibly. Avoid the temptation to gaze nervously around at your classmates in an effort to get their reaction. This will actually render you more nervous!

Instead, acquaint yourself with the questions. Be clear about the task ahead, because once the tape is played, there can be no interruptions.

6. Underline, if you have the time, the various question words, such as 'what, when, how long, give reasons, how many, etc.'

7. Perhaps use a pencil, as corrections can more easily be made. Make sure that your handwriting is legible. The examiner cannot give marks if he is unable to read the answer.

8. Note also the number of times that a section will be played. It is usually 3 times, but sometimes twice.

9. All students have a tendency to write down answers while the tape is still playing, just because they wish to get that question answered and out of the way. However, this is inadvisable, because, while a student is writing, the tape continues; the student is concentrating on his particular answer, and therefore does not hear the rest of the tape. If the section is being played 3 times, this student will now limit him/herself to 2 plays! So, write answers during the gaps in the tape. That is what they are for.

10. Naturally write your answers in English (except, of course, place names, etc. which have no English translation). Answers in French, even if correct in French, earn no marks. Complete sentences for answer are not necessary.

11. If you do not know the answer to a question, at least guess! A blank line earns a blank. Make some educated effort; there is still a possibility that you will get some marks. This applies especially to MCQ's (Multiple-Choice Questions) whereby you have a 25% (1 in 4) chance of being correct. Always attempt an answer!

12. Always read the questions before hearing the tape. This way you will know what to expect in terms of vocabulary and content.

13. The questions are almost always in the same order as the answers heard on the tape. The parts of a section played before a gap on the tape usually represent only one question (though a question may be divided into sub-questions (i) and (ii)). So if a section has four questions, then you will hear four parts individually. This is normally the case.

14. Be relevant. To show the examiner that you understand the French, write down all the relevant material.

15. Finally, it might help to listen to a French tape on the morning of the French exam. This may enable you to attune your ear to the language.

DEPARTMENT OF EDUCATION

LEAVING CERTIFICATE, 1997
TAPESCRIPT FOR LISTENING COMPREHENSION TEST, WITH QUESTIONS, SAMPLE ANSWERS AND ALLOCATION OF MARKS

FIRST PART
Tapescript

– Danièle Bernadet, d'où est venue l'idée de créer 'P'titour' ?
– Eh bien, à l'âge de 50 ans, je me suis trouvée au chômage, et comme vous le savez, il y a très peu d'entreprises qui soient prêtes à vous embaucher à cet âge-là. Alors, la seule solution c'était de créer ma propre entreprise. Or, j'ai toujours aimé les chiens et je savais qu'il y a beaucoup de maîtres qui n'ont pas le temps de promener leurs chiens. Donc, après avoir fait un stage de gestion j'ai monté "P'titour" – une société qui s'occupe des animaux des gens qui, pour une raison ou pour une autre, ne peuvent pas le faire.

– Avez-vous beaucoup de clients ?
– Oui. Il y a beaucoup de demande, surtout pendant les vacances – c'est la période de pointe pour nous – les vacances de février lorsque les gens partent au ski, et bien sûr le mois d'août. Il n'est pas toujours pratique de partir en vacances avec un animal. Alors, nous, on prend l'animal en charge jusqu'au retour de son maître.

– Avez-vous des employés ?
– Oui. Le nombre varie selon la période de l'année. J'embauche des étudiants de l'école vétérinaire. Ils sont nombreux à demander ce travail qui est d'une grande utilité pour eux. Ils travaillent pour moi à temps partiel.

QUESTIONS/SAMPLE ANSWERS
FIRST PART (12 MARKS)

You will now hear an extract from an interview with Danièle Bernadet who recently set up her own business called *P'titour* in Paris.

The material will be played three times: first right through, then in three segments with pauses and finally, right through again.

1. (i) What age was Danièle Bernadet when she became unemployed?
   Fifty (years of age) **3**
   (ii) What service does P'titour provide?
   Minding (accept "boarding") dogs/ . . . pets/ . . . animals/walking dogs **3**

2. When is the demand for the services of *P'titour* greatest?
   During holidays/in February/during skiing season/August/summer   3

3. What type of people work for Danièle Bernadet?
   Veterinary students ("students" = 2; "part-time workers" = 2; "vets" = 0)   3

SECOND PART
Tapescript

– Marie-Jo Pérec, on dit que vous êtes indépendante et aussi un peu réservée. Est-ce que c'est vrai, à votre avis ?
– Oui, je dirais que je suis plutôt réservée. Je n'aime pas avoir beaucoup de bruit autour de moi, Je suis bien toute seule. Je n'ai pas besoin d'avoir un entourage . . . d'être accompagnée par plein de gens. Je fais tout toute seule . . . J'aime être indépendante.

– Dans quelques jours vous partez courir un 200 mètres à Tokyo. Vous connaissez déjà toutes les concurrentes ?
– Pas toutes non.
– Vous vous entendez bien avec elles ?
– On se connaît un peu. Ce ne sont pas des copines mais des connaissances. Certes on fera des choses ensemble – on ira aux magasins ou on prendra un pot ensemble mais c'est tout. Ça s'arrête là.

– Vous vous êtes installée depuis quelque temps aux États-Unis.
– Oui, je m'entraîne avec John Smith à Los Angeles.

– Quand vous vous entraînez, comment votre journée est-elle organisée ?
– Je pars au stade à 9 heures du matin et je fais 3 heures de musculation. L'après-midi, je cours pendant 3 ou 4 heures. Je suis dans un groupe où, à part moi, il n'y a que des hommes. Le soir on mange tous ensemble et après, on joue à des jeux de société ou on regarde la télé. On ne sort jamais en boîte.

– Vous comptez continuer encore jusqu'à quel âge ?
– Encore 4 ans. Mais si la France est choisie pour les Jeux Olympiques de 2004, je continuerai jusque là. J'aurai alors 36 ans.
– Que ferez-vous après ?
– Je ne me vois pas entraîner. J'espère plutôt jouer un rôle dans la technique des chaussures . . . ou peut-être dessiner une ligne de vêtements de sport.

QUESTION/SAMPLE ANSWERS
SECOND PART (21 MARKS)

You will now hear an extract from an interview with the athlete Marie-Jo Pérec, a French gold medallist at the Olympic Games in Atlanta.
The material will be played **three times**: first right through, then in **four segments** with pauses and, finally, right through again.

1. What does Marie-Jo Pérec tell us about the kind of person she is? (**One** point)

Independent/reserved (shy)/doesn't like noise/likes being (working) alone   **3**

2. Write down **two** examples that Marie-Jo Pérec gives here of how she and her competitors will spend some of their times off the track in Tokyo?

Doing things together (spending time together)(going out together) /going to shops/having a drink   **3+3**

3. Write down **two** examples Marie-Jo Pérec gives here of what she and her training group do at night.

Eat (together)/play games/watch T.V. (engage in sport = 0)   **3+3**

4. (i) In what circumstances would Marie-Jo Pérec decide to continue her athletic career until the age of 36?

If olympic games held in France in that year in 2004/second next olympic games held in France (If olympic games held in France = 1)   **3**

(ii) What does she hope to do after she retires from her athletic career?
(**One** point)

Design (develop, make ...) shoes/design sportswear/casual wear/leisure wear ("shoes" on its own = 1; "design" without correct object = 1) ("sportswear on its own = 1)   **3**

THIRD PART
Tapescript

– Marie-Ange Parère, vous faites un travail très dangereux. Ça ne vous fait pas peur ?
– Absolument pas. Je n'ai pas du tout peur du danger. Je suis très contente d'avoir réalisé mon rêve d'enfance qui était de devenir pompier. Or, jusqu'en 1976 le métier de pompier était fermé aux femmes. L'année suivante, quand j'avais 18 ans, j'ai posé ma candidature et on m'a acceptée.

– Au début mes collègues étaient tous des hommes. Certains d'entre eux considéraient que je n'étais pas à la hauteur . . . que je serais jamais capable de faire le travail. D'autres essayaient de me protéger . . . il ne voulaient pas que je sois exposée au danger. C'est précisément cela qui m'a poussée à continuer.

– Et votre famille, comme voient-ils votre travail ?
– Pour ma famille c'est un peu difficile à vivre. Mais ils respectent mon choix parce qu'ils savent que je suis heureuse.

QUESTIONS/SAMPLE ANSWERS
THIRD PART (18 MARKS)

You will now hear an extract from an interview with a French fire-fighter, Marie-Ange Parère.
The material will be played **three times**: first right through, then in **three segments** with pauses and finally, right through again.

1. (i) What is Marie-Ange's attitude to danger?
   Doesn't fear danger **3**
   (ii) Why was 1976 a significant date for the fire service?
   Women allowed to join the service for the first time **3**

2. How does Marie-Ange describe the two different attitudes towards her which she found among her colleagues when she first took up her job?
   (i) Some thought she was not able for the job **3**
   (ii) Others tried to protect her (keep her away from danger = 1 point) **3**

3. Write down two separate points Marie-Ange makes about her family's attitude to her work.
   (i) They found it hard to live with (it is difficult for them to accept)* **3**
   (ii) They respect her choice/They know that she is happy **3**

* Accept approximate trans. of "c'est un peu difficile à vivre" (e.g. "They are not altogether happy about it" but "They think it is a difficult job" = 1)

FOURTH PART
Tapescript

La crise économique cache une crise plus profonde. Il s'agit d'une crise morale. C'est ce qu'écrit le Ministre de l'Education, François Bayrou dans son dernier livre. Ce livre s'intitule "Le droit au Sens !"

The Listening Comprehension Test

– On parle beaucoup de la crise économique, mais je crois qu'il y a une crise plus profonde sous cette crise économique. Il s'agit d'une crise morale.
– Pour sortir de cette crise, vous indiquez un certain nombre de possibilités.
– Oui. Je pense que d'abord il faut accepter de parler des sujets dont on ne parle plus depuis longtemps – les sujets qui touchent à l'identité française. Il est plus que jamais nécessaire d'être conscients de notre identité. Et qu'est-ce que c'est que la France – notamment au moment où on construit la grande aventure européenne? Deuxièmement, il faut parler de ce qui nous réunit et nous permet de vivre ensemble – aussi différents que nous soyons – chacun avec nos consciences et nos croyances.

– François Bayrou, dans votre livre vous parlez d'un retour à l'humanisme. Est-ce que cette notion-là, qui nous vient de la Renaissance et qui a donc près de cinq siècles aujourd'hui, est-ce que cette notion est suffisante pour entrer dans le 21ème siècle ?
– Cette notion de l'humanisme est essentielle. Nous sommes aujourd'hui en situation de constructeurs – ce que nous faisons a du sens – c'est le "droit au sens" dont je parle. Nous savons où nous allons. Nous essayons de construire contre toutes les forces de l'argent, des médias, des forces qui rendent le monde anonyme, nous essayons de construire un monde plus humain.

QUESTIONS/SAMPLE ANSWERS
FOURTH PART (15 MARKS)

You will now hear an extract from an interview with François Bayrou, a member of the French Government.

The material will be played **three times**: first right through, then in **three segments** with pauses, and finally, right through again.

1. François Bayrou draws a distinction between **two** crises which, he believes, affect France and the world today. What are these **two** crises?
   (i) (an) economic (crisis)   3
   (ii) (a) moral (crisis)   3

2. François Bayrou mentions subjects which, he thinks, French people should talk about. Name two of those subjects.
   French identity (what is France?) / France's place in the new Europe / what unites them.   3+3

3. François Bayrou mentions forces which make it difficult to build the type of world he wants to see. Name **one** of the forces he mentions.
   money / the media / forces which make for an anonymous world / anonymity   3

FIFTH PART
Tapescript

No 1. Les routiers manifestent aujourd'hui dans toute la France : barrages sur les routes, opération escargot et péage gratuit sur certaines autoroutes. Les chauffeurs routiers réclament de meilleures conditions de travail et la retraite à 55 ans.

No 2. France Infos Express 22 h 53. Brouillard. Une visibilité réduite à quelques mètres seulement. Carambolages en série aujourd'hui sur les autoroutes de la région Nord-Pas de Calais. Au total, une demi-douzaine de collisions, deux cent cinquante voitures impliquées. Dernier bilan provisoire : deux morts, huit blessés graves et quatre-vingts blessés légers. L'autoroute entre Lille et Paris a été rouverte en milieu de soirée, mais la circulation reste difficile. Le brouillard persiste.

No 3. Les réfugiés rwandais venus de Tanzanie continuent à franchir la frontière de leur pays pour rentrer chez eux. "C'est un flot continu, les routes sont pleines de réfugiés", a rapporté un représentant des Nations Unies. Le passage entre les deux pays se fait sur un pont étroit qui enjambe une rivière qui ralentit encore le retour des réfugiés.

QUESTIONS/SAMPLE ANSWERS
FIFTH PART (14 MARKS)

You will now hear each of three radio news items twice.
There will be a pause after each playing.

1. (i) What group is protesting?
    Drivers (of large vehicles) (accept "bus drivers") ("motorists" = 0) 2
    (ii) Write down two of the demands that they are making.
    (a) Better working conditions
    (b) Retirement at 55 ("early retirement" = 1; "retirement" = 0) 2

2. (i) What type of weather caused these accidents?
    Fog/mist ("reduced visibility" = 0) 2
    (ii) How many cars where involved in these accidents?
    250 2

3. (i) Of what nationality are these refugees?
    Rwandan (accept spelling that sounds right) 2
    (ii) Name one factor that is said to be slowing down the movement of the refugees.
    (They have to cross a narrow) bridge/ . . . a river / There is a large number (of refugees on the roads) 2

Section 6 – Examination Papers

EXAM PAPER 1

AN ROINN OIDEACHAIS

LEAVING CERTIFICATE EXAMINATION, 1997
FRENCH—HIGHER LEVEL (220 MARKS)

TUESDAY, 17 JUNE — MORNING 9.30 to 12.00

SECTION I: COMPRÉHENSION ÉCRITE (120)

Répondez à Q.1 et à Q.2

Lisez les passages suivants et répondez aux questions. Dans le cas des questions à choix multiple, indiquez la bonne réponse en marquant (a) ou (b) ou (c) ou (d) dans la case. Aux autres questions en français, il faut répondre en français. Aux questions posées en gaélique/anglais, il faut répondre en gaélique ou en anglais.

Q.1.

1. — Pierre, lève-toi, c'est l'heure !
  Pierre dort avec le calme obstiné de ses vingt ans et sa confiance aveugle en la vigilance de sa mère. Elle ne risque pas de laisser passer l'heure, sa vieille, insomniaque et nerveuse comme elle est. Il se retourne d'un block contre le mur, retranchant son sommeil derrière son dos puissant et sa nuque rasée. Elle le regarde en pensant aux petits matins si proches où elle le réveillait déjà pour l'envoyer à l'école du village. Il a l'air de s'être rendormi profondément, mais elle n'insiste pas. Elle sait que pour lui la nuit est terminée, la journée a commencé et va désormais dérouler inexorablement son programme.
  2. Un quart d'heure plus tard, il la rejoint à la cuisine et elle lui verse un épais chocolat dans un grand bol fleuri. Il regarde le rectangle sombre de la fenêtre.

— Il fait noir, dit-il, mais tout de même les jours augmentent. Dans moins d'une heure, je pourrai éteindre les phares.
  Elle paraît rêver, elle qui n'a pas quitté Boullay-les-Troux depuis quinze ans.
  — Oui, le printemps est à la porte. Là-bas dans le Midi, tu vas peut-être trouver les abricotiers en fleur.
  — Oh tu sais, le Midi ! À cette heure, on ne descend pas plus loin que Lyon. Et puis des abricotiers sur l'autoroute . . . Quand même il y en aurait, on n'aurait guère le temps de les regarder.
  3. Il se lève et par pur respect pour sa mère — car selon la tradition paysanne un homme ne fait pas la vaisselle — il rince son bol sous le robinet de l'évier.
  — Je te revois quand ?
  — Comme d'habitude, après-demain soir.

Un aller-retour Lyon avec dodo dans le bahut en compagnie de l'ami Gaston.

— Comme d'habitude, murmure-t-elle pour elle seule. Moi je ne m'habitue pas. Enfin puisque tu as l'air d'aimer ça...

Il hausse les épaules.

– Faut bien !

L'ombre monumentale du semi-remorque se détachait sur l'horizon que l'aube blanchissait. Pierre en fit lentement le tour. Chaque matin, c'était pareil, ses retrouvailles après la nuit avec son énorme joujou lui faisaient chaud au cœur. Il ne l'aurait jamais avoué à sa vieille, mais au fond il aurait préféré y faire son lit et y dormir. On avait beau tout verrouiller, le bahut était si mal défendu dans sa démesure contre les agressions de toute sorte, chocs, démontages, vols à la roulotte ! Le vol du véhicule lui-même avec tout son fret n'était pas impossible, cela s'était vu malgré l'invraisemblance.

4. Cette fois encore pourtant tout paraissait en ordre, mais il faudrait procéder au plus tôt à un lavage. Pierre appuya une petite échelle à la calandre et entreprit de rincer le vaste pare-brise bombé. Le pare-brise, c'est la conscience du véhicule. Tout le reste peut à la rigueur rester boueux et poussiéreux, le pare-brise, lui, doit être rigoureusement impeccable.

Ensuite il s'agenouilla presque religieusement devant les phares pour **les** essuyer. Il souffle sur les verres et y passe un chiffon blanc avec le soin et la tendresse d'une mère débarbouillant le visage de son enfant. Puis la petite échelle ayant repris sa place contre les ridelles, il escalade la cabine, se jette sur le siège et appuie sur le démarreur.

5. À Boulogne-Billancourt, quai du Point-du-Jour, à l'angle de la rue de Seine, se dresse un vieil immeuble à la silhouette déhanchée, dont la vétusté contraste avec le café-tabac du rez-de-chaussée qui flambe de son néon, de son nickel et de ses flippers multicolores. Gaston habite seul une chambrette au sixième étage. Mais il se tient fin prêt devant le bistrot, et le semi s'arrête à peine pour le cueillir.

– Ça va, petit père ?

– Ça va.

(In *Le Coq de Bruyère*. Michel Tournier, 1987)

1. Citez dans la **première** section **deux** raisons pour le sommeil profond de Pierre.
   (i) ....
   (ii) ....

2. Relevez dans la **deuxième** section **un** exemple d'un pronom objet indirect.

3. Dans la **deuxième** section Pierre dit :
   (a) qu'il ne va pas jusqu'à Lyon das son camion.
   (b) qu'il aime regarder les fleurs au bord de l'autoroute.
   (c) qu'il y a beaucoup d'abricotiers à Lyon.
   (d) qu'il ne s'attend pas à voir des abricotiers en fleur.

4. Trouvez dans la **troisième** section :
   (i) un synonyme de "camion" ....

(ii) **deux** exemples de ce qui, d'après Pierre, aurait pu arriver pendant la nuit.
 (a) ....
 (b) ....

5. (i) Pour le pronom en italique (**quatrième** section), relevez le mot auquel il se réfère.
 (ii) Relevez dans la **cinquième** section les éléments qui font ressortir l'opposition entre l'immeuble et le café-tabac.

l'immeuble	
le café-tabac	

6. What is your impression of the relationship between Pierre and his mother? Refer to the text in support of your answer.

(About 50 words).

Q.2.

Huguette Bertolotti, restauratrice à Cassis

"Six ans ont passé, mais je vis avec l'idée que le feu peut frapper à nouveau"

1. Jusqu'à cet été 1990, je n'avais jamais redouté le feu. Je vivais avec l'idée que ça ne nous arriverait jamais. Sans doute nous sentais-je protégés par la mer qui s'étend en contrebas ! Quelle illusion ! Ce qui est arrivé ce 20 août 1990 fût pour moi un choc terrible. Ce jour-là, tous les vents étaient au rendez-vous, ce qui n'augurait rien de bon. Dans l'après-midi, le feu qui venait de Marseille a passé la calanque. L'odeur, la fumée, la chaleur . . . Il arrivait. On avait beau me dire que la presqu'île ne risquait rien, je commençais à m'inquiéter sérieusement. Il fallait commencer à arroser pour limiter les dégâts si le feu passait à cet endroit. Mais il n'y avait plus une goutte d'eau dans les canalisations. Alors, nous avons constitué une chaîne pour descendre prendre l'eau dans la mer. C'était épuisant,

nous suffoquions dans l'air brûlant et chargé de fumée. Les hélicoptères survolaient la presqu'île depuis un moment et nous exhortaient à descendre jusqu'à la calanque. Nos vies étaient en danger. Grâce aux services des pompiers, nous avons été évacués par bateau.

Nous suffoquions dans l'air brûlant et chargé de fumée

2. Arrivée dans mon appartement à Cassis, je suis montée sur la terrasse et c'est alors que j'ai vu cette formidable illumination à la hauteur de la presqu'île. Je me suis jetée sur le téléphone. La ligne du restaurant ne sonnait plus. Elle venait d'être coupée par l'arrivée du feu . . . Il me fallait me rendre là-haut le plus vite possible. J'avais besoin de voir, de savoir, d'agir. Les routes étaient coupées et les pompiers ne laissaient passer personne. Je me souviens de ce petit gars en Mobylette qui m'a proposé de m'emmener.

3. Quand je suis arrivée devant le restaurant, les pompiers étaient là mais le feu avait déjà fait des ravages considérables. Le choc !

Quelques minutes plus tard, tout le personnel était là lui aussi. Tous ensemble, nous nous sommes battus pour tenter de sauver la cave à vins, du matériel . . . En vain. Comment décrire nos senti-ments ? Notre désarroi, notre révolte mais aussi notre abbatement . . . Il fallait repartir. Je n'avais pas d'autre alternative : ce restaurant, c'était ma vie. Ce fût une course contre la montre pour rouvrir au début de la saison suivante.

Il fallait repartir, tout remettre en état
4. Nous avons passé huit mois très difficiles, faits de lutte, d'incertitude, de stress et d'épuisement. Je voulais que tout redevienne comme avant. Je voulais gommer toute trace de l'incendie. Le 1er mai 1991, moins d'un an après la catastrophe, le restaurant rouvrait ses portes. Pour toute l'équipe, c'était un bonheur incroyable. Six années ont passé, mais je vis à présent avec l'idée que le feu peut frapper à nouveau. Aujourd'hui, la végétation s'épanouit comme avant et le restaurant a retrouvé son charme, son cachet, comme s'il n'avait jamais été le théâtre du moindre incident. Certain clients de passage me disent parfois: "C'est extraordinaire que votre restaurant n'ait jamais été touché par les incendies . . . " Maintenant, parce que pour moi l'avenir est plus important que tout, je me plais à répondre: "Oui, c'est vrai, j'ai eu beaucoup de chance."

1. (i) Pourquoi, avant le 20 août 1990, Huguette ne craignait-elle pas un incendie ? (**première** section)

   ....

   (ii) Qu'est-ce qui a indiqué à Huguette ce jour-là que son restaurant était réellement en danger ? (**première** section).

   ....

2. Relevez dans la **première** section:
   (i) une phrase/expression qui indique ce qu'ont fait Huguette et ses employés pour protéger sa propriété du feu.

   ....

   (ii) la phrase/expression qui indique comment Huguette et les autres ont pu quitter la presqu'île.

   ....

3. En arrivant dans son appartement à Cassis, Huguette :
   (a) a téléphoné à la police.
   (b) a composé le numéro de son restaurant.
   (c) a passé un coup de fil à une amie.
   (d) a reçu un appel téléphonique.

4. Relevez deux difficultés qu'a rencontrées Huguette au moment où elle a voulu retourner à son restaurant. (**deuxième** section).
   (i) ....
   (ii) ....

5. (i) Trouvez dans la **troisième** section un exemple d'un verbe pronominal au passé composé. ....
   (ii) Trouvez dans la **quatrième** section un exemple d'un verbe au présent du subjonctif. ....
   (iii) Relevez la phrase qui veut dire "mes employés et moi, nous étions très heureux." (**quatrième** section). ....

6. "Oui, c'est vrai, j'ai eu beaucoup de chance", says Huguette in the **fourth** section. This reply can be interpreted as being true in one way, but misleading in another. Explain briefly, referring to the text.

(About 50 words)

SECTION II : PRODUCTION ÉCRITE (100)

Répondez à trois questions — Question 1 et deux des questions 2, 3, et 4.

N.B. QUESTION 1 EST OBLIGATOIRE.

Q.1. Répondez à (a) ou à (b) (40 points).

(a) Des nos jours, le véhicule — camion, moto ou voiture — devient pour certains une obsession (cf. Pierre, Section I: Compréhension Ecrite, Q.1). Qu'en pensez-vous ?

(90 mots environ)

OU

(b) Connaissez-vous quelqu'un qui, comme Huguette (Section I: Compréhension Ecrite, Q.2), a fait preuve de beaucoup de courage face à une situation catastrophique ou dangereuse ? Quelles étaient les circonstances ?

(90 mots environ)

Q.2. Répondez à (a) ou à (b). (30 points)

(a)
> **VOTRE HOROSCOPE POUR JUIN, 1997**
>
> - Très belle période où vous serez d'une rare efficacité.
> - Vos initiatives personnelles seront la plupart du temps très heureuses.
> - Bien dans votre peau, vous vous emploierez à créer un climat chaleureux et positif dans votre vie familiale.
> - Côté amour, vous aurez bientôt une belle surprise !

Après avoir lu ces prédictions, quelles pensées notez-vous dans votre journal intime ? (Il suffit de faire allusion à trois prédictions).

(75 mots environ)

OU

(b)
> **Hôtel restaurant**
> **"Les arcades" — Roscoff**
>
> - **cuisiniers**
> - **serveurs/serveuses**
> - **plongeurs/plongeuses**
> - **femme de chambre**
> - **réceptionniste**
>
> Embauche immédiate
> Adresser lettre, C.V. et photo:
> Le Directeur, "Les Arcades",
> 29680 Roscoff
> Tél. 02 98 69 70 45 ou se présenter

Note: plongeur/plongeuse = personne chargée de laver la vaisselle

Write a letter of application in response to the above advertisement. In your letter:

- give details of your age and education,
- say which job(s) you are interested in,
- mention past work experience and your suitability for the work for which you are applying.
- say that you have spent a lot of time in France, and that you speak French well,
- mention that you are enclosing a C.V. and a photograph.

You are Patrick/Patricia Healy and your address is New Street, Dungarvan, Co. Waterford.

(About 75 words)

Q.3. Répondez à (a) ou à (b). (30 points).

(a) Donnez vos réactions à ce texte:

> **LE CHIFFRE**
> # 314
> C'est le nombre de personnes exécutées par la justice américaine depuis le rétablissement de la peine de mort le 2 juillet 1976. Plus de 3 000 condamnés attendent aujourd'hui dans le couloir de la mort, dont 46 femmes et 42 mineurs.

(75 mots environ)

OU

(b) *"Si je veux être heureux, il me faudra trouver en moi les secrets du bonheur – et ce n'est pas l'argent qui me les offrira . . . ."*
(Extrait d'une interview avec Mikey, membre du groupe "Boyzone")

- Que pensez-vous de ce que dit Mikey ?
- Pour vous, qu'est-ce que c'est que le bonheur ?

(75 mots environ)

Q.4. Donnez vos réactions à l'un des documents qui suivent, (a) ou (b).
(30 points).

(a)
> **Hausse de 0,5% du chômage**
> ## Emploi: toujours pas d'embellie
>
> Le nombre de demandeurs d'emploi s'est accru de 15.700 en février, soit une augmentation de 0,5% par rapport au niveau de fin janvier, et atteint 3.031.600.
>
> La hausse est plus limitée pour les jeunes demandeurs d'emploi (+ 0,2%) et touche surtout les hommes adultes de 25 à 49 ans (+ 0,9%). Les chômeurs de longue durée représentent environ le tiers des inscrits. Le taux de chômage reste stable à 11,8%.
> Ci-contre : le nombre d'offres d'emploi déposées à l'ANPE a diminué légèrement (-0,8%).

(75 mots environ)

OU

(b)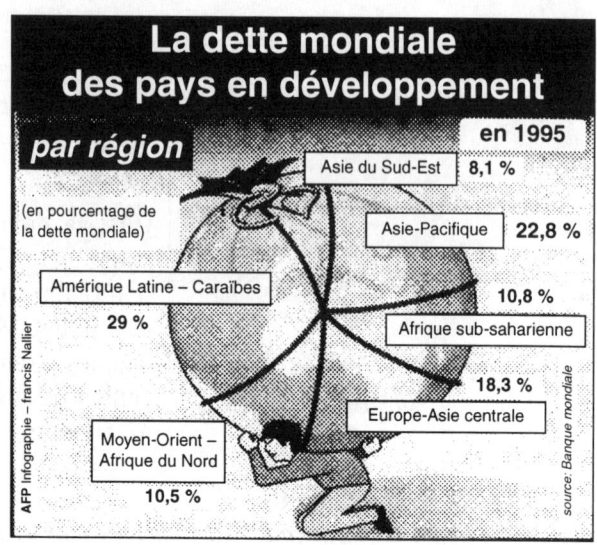

EXAM PAPER 2

LEAVING CERTIFICATE EXAMINATION 1997

FRENCH HIGHER LEVEL
LISTENING COMPREHENSION TEST (80 MARKS)

TUESDAY, 17 JUNE — 12.10 to 12.50

N.B. Questions to be answered in English, not necessarily in complete sentences. You may use the full width of the page when answering.

FIRST PART

You will now hear an extract from an interview with Danièle Bernadet who recently set up her own business called *P'titour* in Paris.

The material will be played **three times:** first right through, then in **three segments** with pauses and finally, right through again.

1. (i) What age was Danièle Bernadet when she became unemployed?
   ....
   (ii) What service does *P'titour* provide?
   ....
2. When is the demand for the services of *P'titour* greatest?
3. What type of people work for Danièle Bernadet?

SECOND PART

You will now hear an extract from an interview with the athlete Marie-Jo Pérec, a French gold medalist at the Olympic Games in Atlanta.
 The material will be played **three times:** first right through, then in **four segments** with pauses and, finally, right through again.

1. What does Marie-Jo Pérec tell us about the kind of person she is? (**One** point)
   ....

2. Write down **two** examples that Marie-Jo Pérec gives here of how she and her competitors will spend some of their time off the track in Tokyo?
   ....

3. Write down **two** examples Marie-Jo Pérec gives here of what she and her training group do at night.
   ....

4. (i) In what circumstances would Marie-Jo Pérec decide to continue her athletic career until the age of 36? ....
   (ii) What does she hope to do after she retires from her athletic career? (**One** point) ....

THIRD PART

You will now hear an extract from an interview with a French fire-fighter, Marie-Ange Parère.
 The material will be played **three times**: first right through, then in **three segments** with pauses and finally, right through again.

1. (i) What is Marie-Ange's attitude to danger?
   ....
   (ii) Why was 1976 a significant date for the fire service?
   ....

2. How does Marie Ange describe the **two** different attitudes towards her which she found among her colleagues when she first took up her job?
   (i) ....
   (ii) ....

3. Write down **two separate points** Marie-Ange makes about her family's attitude to her work.
   (i) ....
   (ii) ....

FOURTH PART

You will now hear an extract from an interview with François Bayrou, a member of the French Government.

The material will be played **three times**: first right through, then in **three segments** with pauses, and finally, right through again.

1. François Bayrou draws a distinction between **two** crises which, he believes, affect France and the world today. What are these **two** crises?
   (i) ....
   (ii) ....
2. François Bayrou mentions subjects which, he thinks, French people should talk about. Name **two** of those subjects.
   (i) ....
   (ii) ....
3. François Bayrou mentions forces which make it difficult to build the type of world he wants to see. Name **one** of the forces he mentions.

FIFTH PART

You will now hear each of **three** radio news items **twice**. There will be a pause after each playing.

1. (i) What group is protesting? ....
   (ii) Write down **two** of the demands that they are making.
      (a) ....
      (b) ....

2. (i) What type of weather caused these accidents? ....
   (ii) How many cars were involved in these accidents? ....

3. (i) Of what nationality are these refugees? ....
   (ii) Name **one** factor that is said to be slowing down the movement of the refugees. ....

END

EXAM PAPER 1

AN ROINN OIDEACHAIS AGUS EOLAÍOCHTA

**LEAVING CERTIFICATE EXAMINATION, 1998
FRENCH—HIGHER LEVEL (220 marks)**

TUESDAY, 16 JUNE — MORNING 9.30 to 12.00

SECTION I: COMPREHENSION ÉCRITE (120)

Répondez à Q.1 et à Q.2
Lisez les passages suivants et répondez aux questions. Dans le cas des questions à choix multiple, indiquez la bonne réponse en marquant *(a)* ou *(b)* ou *(c)* ou *(d)* dans la case. Aux autres questions en français, il faut répondre en français. Aux questions posées en gaélique/anglais, il faut répondre en gaélique ou en anglais.

Q.1.

1.—Le soir, à la maison, le père de Victor racontait les crises philosophiques de son patron et la cuisine résonnait des éclats de rire de son épouse.

C'était une femme petite mais très belle, une brune aux yeux clairs. Son rire cascadant était célèbre dans la maison de la rue de Trévise.

Le père de Victor partait très tôt pour son travail, mais juste avant, il entrait dans la chambre de son fils pour le regarder dormir. Il s'approchait tout doucement, sans faire de bruit pour ne pas le réveiller, mais la plupart du temps Victor ne dormait plus. Tourné vers le mur, il ouvrait un œil qu'on ne pouvait voir et regardait fixement le papier peint tandis que son père s'attendrissait sur son sommeil. Victor ne dormait pas, mais rien au monde ne l'aurait incité à le manifester. Il aimait ces instants de contemplation silencieuse. Il se laissait adorer, un œil fixé avec intensité sur le mur.

2. Son père rentrait tard de l'atelier, jamais avant sept heures, le menton bleu par la barbe. Victor venait s'accrocher à son cou et se laissait pendre, jambes relevées, les mains croisées derrière la nuque. Puis, lorsque son père s'asseyait en le prenant sur ses genoux, Victor frottait sa joue contre la joue râpeuse, avec délice. Il respirait chaque soir une

→

odeur indéfinissable, une odeur propre mais qui avait quelque chose de vécu, d'utilisé . . . une odeur que Victor ne retrouva jamais mais qu'il eût pu reconnaître sans peine.

—Alors, demandait le père, comment vont les affaires à l'école?

C'était la plaisanterie quotidienne, presque rituelle. En fait, à l'école, les affaires allaient plus ou moins bien mais cela ne se voyait pas dans le carnet de notes. En classe, Victor s'appliquait honnêtement et se rangeait dans la bonne moyenne. C'est à la récréation et à la sortie que les choses prenaient un tour inconfortable.

3. Sa mère envoyait Victor à l'école dans un col blanc amidonné qui dépassait du pull bleu roi un peu étroit qu'elle avait elle-même tricoté. Ce col blanc embarrassait Victor. Il le classait à part. Il enviait la blouse grise de ses camarades; elle lui semblait plus anonyme. Sorti de chez lui, *il ne voulait être que cela, anonyme, semblable*. Mais seul le col blanc était digne du fils d'un homme venu de Pologne à pied. Ceci symbolisait cela.

A l'école de la rue Milton, ce col ajouté à son drôle de nom (Rabin-ski . . . chien-ski!), ce col et ce nom le plaçaient dans une situation délicate, à la fois subtile et explosive, une situation qu'il lui fallait manier avec toutes les ressources de son instinct. Il savait admirablement se taire à temps, éviter dans les rangs le voisinage du garçon pressenti hostile, esquiver la question directe et rire avec les autres aux obscénités qu'il ne comprenait pas. Il savait tout cela admirablement . . . et sans savoir pourquoi!

1. Trouvez dans la **première** section
   (a) un exemple d'un sujet de conversation entre Monsieur et Madame Rabinski.
   ....
   (b) une manifestation de la bonne humeur de Mme Rabinski.
   ....

2. Avant de partir au travail, Monsieur Rabinski.
   (a) réveillait son fils.
   (b) parlait à son fils.
   (c) contemplait son fils qui était encore au lit.
   (d) se disputait avec son fils.

3. Relevez dans la **deuxième** section **deux** gestes qui montrent l'affection que Victor portait à son père.
   (a) ....
   (b) ....

4. D'après la **deuxième** section, Monsieur Rabinski
   (a) s'inquiétait au sujet de son fils.
   (b) pensait que son fils ne travaillait pas assez à l'école.
   (c) se désintéressait des progrès de son fils.
   (d) questionnait son fils sur ce qui se passait à l'école.

5. *(a)* Victor prenait des précautions pour éviter de provoquer l'hostilité de ses camarades (**Section 3**). Trouves-en **deux** exemples.
   (i) ....
   (ii) ....
   (b) Trouvez dans la **deuxième** section
   (i) un exemple d'un participe passé au masculin singulier.
   ....
   (ii) un exemple d'un verbe pronominal.
   ....

6. Explain the significance in this passage of the way Victor was dressed when he went to school. Refer to the text in support of your answer. (**Two points** – about 50 words).

Q.2.

Algérie: la femme traquée

Une Algérienne, réfugiée politique en France, raconte pourquoi et comment elle a dû fuir avec ses enfants. Dominique Sigaud

1. Elle était sage-femme, aisée, propriétaire de sa clinique dans la ville de M., épouse "comblée" d'un haut fonctionnaire et mère de deux enfants. Elle aimait avec fierté ce pays qui lui avait permis de poursuivre des études, de faire du sport et d'apprendre des langues étrangères. En juillet 1996, elle l'a quitté via l'Espagne. A la frontière, un policier en civil lui a souhaité: "Bienvenue en France". Elle savait qu'elle devrait peut être se terrer définitivement dans ce pays d'accueil.

Par crainte de représailles contre sa famille restée en Algérie, elle dissimule encore son visage, sa véritable identité (nous l'appellerons Mme A.). Pourtant, au moment où la violence redouble, elle tient à témoigner, "pour que les gens d'ici comprennent".

2. La vie, là-bas, a basculé. La sienne et celle de milliers d'autres. Elle est venue en France pour sauver sa peau et celle de ses enfants. En janvier dernier, elle a obtenu le statut de réfugiée politique. Une décision très rare qui la coupe définitivement de l'Algérie. "Je ne dois plus y penser," dit-elle, la voix basse. Elle se tait, puis poursuit: "Je dois élever mes enfants dans une nation qui les protège." Un jour de décembre 1992, en allant à l'école, sa fille est témoin, dans la rue, de l'assassinat d'un gendarme. Quelques heures plus tard, des gens du quartier viennent lui "conseiller" de mettre l'enfant à l'abri. "A l'époque, les actes terroristes allaient crescendo, se souvient-elle: de plus en plus de lycéennes étaient kidnappées, violées, sauvagement

➤

Une femme dans les rues d'Alger. "Exposée au pire à tout moment."

assassinées; des commerçants, rackettés ou liquidés; des salons de coiffure, saccagés . . . De ce fait, j'ai commencé à réduire mes activités professionnelles de nuit, en limitant les admissions dans ma clinique aux seules urgences de patientes que je connaissais."

3. "Ils étaient venus m'abbatre"

Mais cela ne suffit pas. Début 1994, un jeune homme se présente à la clinique, très tôt le matin. Il dit être à la recherche d'un appartement à louer, mais pose d'étranges questions sur le look de Mme A., sa tenue, son âge, sa coiffure.

"Quatre islamistes en armes attendaient dans les escaliers, raconte-t-elle. Ils étaient venus m'abattre. J'ai aussitôt fait évacuer et fermer la clinique et je me suis réfugiée chez une sœur habitant une autre région."

Dés lors, elle va vivre presque cloîtrée. Elle ne sort plus sans son "déguisement": foulard sur la tête, lunettes noires et long manteau sombre.

4. Quelques mois plus tard, elle apprend qu'on a trouvé sur le cadavre d'un "émir" une liste de gens à assassiner. Son nom y figure. "Le commanditaire potentiel de mon exécution étant mort, j'ai réintégré mon domicile." Mais c'est pour vivre, comme des milliers d'autres Algériens, en quasi-clandestinité, ne répondant plus à aucun appel téléphonique, n'ouvrant à personne, "sauf à ma famille, quand j'avais été avertie à l'avance de sa venue".

5. Elle croit enfin être sortie d'affaire lorsqu'on propose à son mari une mission dans une autre région du pays où les cliniques manquent. Elle envisage de s'y établir. Mais sa vie, une fois de plus, bascule. En janvier 1996, son mari, parti en reconnaissance dans cette nouvelle région, disparaît. Elle ne le reverra que quatre jours plus tard. A la morgue. Elle ne saura jamais qui l'a abattu, pourquoi, ni comment. Ses forces l'ont abandonnée. "C'est à ce moment-là que j'ai décidé de quitter le pays. Je n'étais plus qu'une femme traquée, exposée au pire à tout moment."

Sa voix pleure, elle baisse les yeux. "Depuis que je suis ici, le moindre bruit me fait sursauter. La peur que j'avais contenue jusque-là a débordé. C'est terrible d'entendre parler de massacres commis là-bas sans pouvoir rien faire. Je tremble pour ma famille, mes amis. Mais *je n'avais pas d'autre choix que d'essayer de refaire entièrement ma vie.*"

1. *(a)* Quelle profession Mme A. exerçait-elle en Algérie? . . . .
   (b) Quelle était la profession de son mari? . . . .

2. *(a)* Pourquoi Mme A. ne veut-elle pas donner son vrai nom? (**Section 1**)
   ....
   (b) Pour quelle raison a-t-elle accepté de raconter son histoire? (**Section 1**)
   ....

3. Mme A. a quitté l'Algérie en 1996
   (a) pour faire des études en France.
   (b) parce qu'elle avait commis des actes terroristes.
   (c) pour rejoindre sa famille en France.
   (d) parce que sa vie, ainsi que celle de ses enfants, était en danger.

4. *(a)* Trouvez dans la **deuxième** section une phrase/expression qui indique que Mme A. ne rentrera jamais dans son pays.
   ....
   (b) Trouvez dans la **quatrième** section **deux** exemples de mesures prises par Mme A. pour être moins exposée au danger.
   (i) ....
   (ii) ....

5. Trouvez dans la **cinquième** section
   (a) un exemple d'un verbe au futur simple. ....
   (b) un exemple d'un verbe au plus-que-parfait. ....

6. To what extent, in your opinion, is Mme A. now free? (**Two points** will suffice; support by reference to the text). **(About 50 words)**

SECTION II: PRODUCTION ECRITE (100)

Répondez à *trois* questions — Question 1 et deux des questions 2, 3, et 4.

N.B. QUESTION 1 EST OBLIGATOIRE.

Q.1. Répondez à (a) ou à (b) (40 points).

(a) Victor (Section I, Q.1.) "ne voulait être que ... semblable."
Et vous, aimez-vous être semblable aux autres, ou préférez-vous être différent(e)? **(90 mots environ)**

OU

(b) "... je n'avais pas d'autre choix que d'essayer de refaire entièrement ma vie", dit Mme A. (Section I, Q.2.). Comment envisagez-vous la vie future de Mme A.? **(90 mots environ)**

Q.2. Répondez à (a) ou à (b). (30 points)

(a)
> **AVEZ-VOUS UN RÊVE À RÉALISER?**
> Quand on demande à une fille son rêve, c'est généralement de rencontrer le mec de sa vie, et côté garçons, c'est souvent de devenir footballeur... moi je rêve de changer le monde... **Elodie, 17 ans.**

Et vous, avez-vous un rêve à réaliser? Qu'est-ce que vous notez à ce sujet dans votre **journal intime**?

OU

(b) A group of musicians and dancers from France will shortly come on a visit to your town/area. You are helping with arrangements. The organising committee has asked you to send a message in French by **fax or electronic mail** to the group leader. You must include the following points:

- they will be collected by bus at the airport/ferry port and you will be there to greet them,
- they will be accommodated in the homes of Irish families,
- the group has been invited to take part in a concert in your school,
- you wish to know what leisure time activities they would like to pursue while in Ireland,
- you wish to find out if the group would be willing to take part in a programme for a local radio station. **(about 75 words)**

Q.3. Donnez vos réactions à l'un des documents qui suivent, (a) ou (b). (30 points)

(a)
> **Pourquoi exclure les SDF?**
> "À Nice, le 24 Novembre 1996, a eu lieu un référendum demandant aux gens de la ville de voter pour exclure les mendiants, SDF et autres, de la ville. La réponse est "oui" à 66%. Je trouve ça horrible. Répondez-moi."
>
> **Xavier, 14 ans, Toulouse (31)**

SDF = les personnes **s**ans **d**omicile **f**ixe/les sans-abri. **(75 mots environ)**

OU

(b)

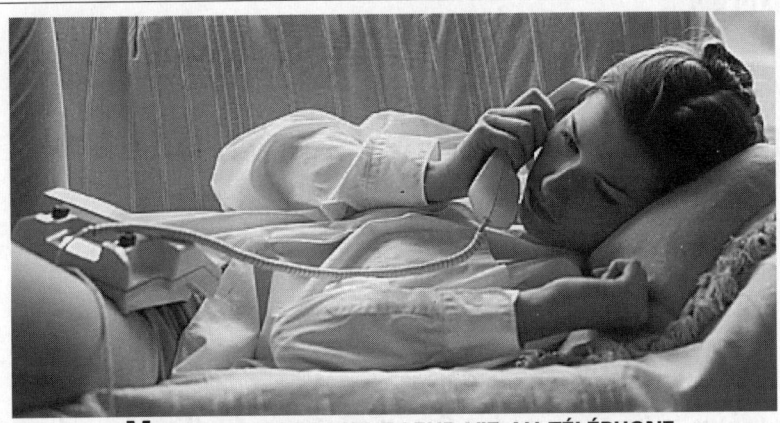

MES ENFANTS PASSENT LEUR VIE AU TÉLÉPHONE

Un quart d'heure, une demi-heure, une heure pendus au bout du fil... L'opération se répète quotidiennement.   Geraldine

(75 mots environ)

Q.4. Répondez à (a) ou à (b). (30 points)

(a) "Les petits boulots, c'est très bien, mais souvent les jeunes se font exploiter."
Qu'en pensez-vous?   **(75 mots environ)**

OU

(b) Donnez vos réactions au document suivant.
Trouvez-vous les développements scientifiques fascinants ou, au contraire, vous font-ils peur?   **(75 mots environ)**

EXAM PAPER 2

AN ROINN OIDEACHAIS AGUS EOLAÍOCHTA
LEAVING CERTIFICATE EXAMINATION, 1998

FRENCH—HIGHER LEVEL
LISTENING COMPREHENSION TEST (80 marks)

TUESDAY, 16 JUNE — 12.10 to 12.50

N.B. *Questions to be answered in English, not necessarily in complete sentences. You may use the full width of the page when answering.*

PART I

You will now hear a radio interview with Claude Issora, a paralympic champion. The material will be played **three times**: first right through, then in **three segments** with pauses and finally, right through again.

1. What is Claude's handicap?
   ....

2. What event spurred Claude to begin training very seriously?
   ....

3. Write down **two** sources of income that Claude says he has.
   (i) ....
   (ii) ....

PART II

You will now hear an interview with the French actress Isabelle Adjani who will be present at the Cannes Film Festival.

The material will be played **three times**: first right through, then in **three segments** with pauses and finally, right through again.

1. Write down **two points** made by Gilles Jacob to persuade Isabelle Adjani to become President of the Festival jury.
   (i) ....
   (ii) ....

2. (a) What is Isabelle Adjani's attitude towards rules? (**Two points**)
   (i) ....
   (ii) ....
   (b) Name **one** official evening function which Isabelle Adjani will attend.
   ....

3. (i) What does Isabelle Adjani say about the extent of her film viewing?
   ....
   (ii) What type of British film does she admire?
   ....

PART III

You will now hear an interview with Yvonne Knibiehler who has written a book on motherhood.
   The material will be played **three times**: first right through, then in **four segments** with pauses and finally, right through again.

1. *(a)* Show in the spaces below how, after the war, young women differed from their mothers in their attitude to motherhood.
      (i) **mothers' attitude** ....
      (ii) **young women's attitude** ....
   (b) What civil right did French women acquire after the war?
      ....
2. Mention **two** aspects of their life that caused resentment in women who worked outside the home.
      (i) ....
      (ii) ....
3. Write **one** point which Yvonne Knibiehler sees as a consequence of women's greater participation in education.
      ....
4. Write down **two** predictions that the speaker makes about motherhood in the Third Millenium.
      (i) ....
      (ii) ....

PART IV

You will now hear an interview with André Rauch, a specialist on holidays. He speaks about recent opinion polls conducted among foreigners who had holidayed in France.
   The material will be played **three times**: first right through, then in **four segments** with pauses, and finally, right through again.

1. Mention **one** criticism made by foreign visitors.
      ....
2. Mention **one** point André Rauch makes here when asked if tourists' criticisms are justified.
      ....

3. How does André Rauch explain the present situation? **(Two points)**
   ....

4. Give **one** example of foreign tourist behaviour patterns which can lead to unsatisfactory relations with the French.
   ....

PART V

You will now hear **three** news items from radio. Each item will be played **twice**.

1. (i) Why are farmers said to be relieved?
      ....
   (ii) What do farmers predict about this year's wheat crop?
      (a) Yields will be greatly increased.
      (b) Yields will be slightly increased.
      (c) Yields will be average.
      (d) Yields will be reduced.

2. What price range is given for these types of fruit?
   ....

3. What is unique about Christine Janin's trip to the North Pole?
   ....

END